小学数学"问题提出"教学案例研究

本书编写委员会

主　编　［美］蔡金法　王　涛
副主编　莫延安　沈　洋　李建良　俞　波
编　委　余晓明　吴小燕　何小平　周月文
　　　　徐　红　陈沙沙　胡佳丹　来铭杰

浙江教育出版社·杭州

前言

精雕细琢　大器可成
——"问题提出"教学在中国小学数学课堂的实践

蔡金法

✓ "问题提出"和中国数学教学

数学"问题提出"（problem posing）是指基于某个问题情境，通过运用已知或改变已知的方式来提出新的数学疑问，然后将其以问题的形式表达出来。鼓励和帮助学生在教学过程中提出自己的数学问题经研究证实为一种有效的教学手段。在中国的数学课堂中引入"问题提出"有着特殊的意义和挑战。

在过去40多年的比较研究中，中国的数学教育被认为教师过分控制整个教学过程，学生在学习过程中通常是被动的，缺乏自主性和创造性。而"问题提出"的教学活动的优势恰恰能改变这种状况。越来越多的实证研究表明，"问题提出"不仅可以深化学生对数学知识本质的理解，加强对数学知识间内在关系的认识，激发学生数学思维的发散性与逻辑的缜密性，促进学生数学技能的习得与问题解决能力的提升，更重要的是，它能有效提高学生课堂参与度、数学学习兴趣，激发数学自信等积极的数学情感，创建一个积极的、良好的课堂学习环境。

正因如此，在我国的课程标准中，"问题提出"开始占据越来越重要的位置。《义务教育数学课程标准（2022年版）》（以下简称"课程标准"）在课程理念中关于课程目标有如下阐述："发展运用数学知识与方法发现、提出、分析和解决问题的能力（简称'四能'）"，明确"问题提出"是课程目标之一；课程标准中表达"问题提出"意思的频次高达81次，可见其重要性。任何课程改革的主体都是作为课程执行者的教师，要成功实施课程改革首先要改变教师的教学信念和行为。然而，在面临切中要害的信念改变时，教师内心的焦虑和抵触通常较为强烈。例如，一些教师在尝试"问题提出"的教学时，由于需要放弃已经习惯的对课堂的掌控，面对课堂的不确定性（如学生提出超出教师预测的问题），内心的焦虑常常会阻碍他们去尝试这一新方法。然而正如著名教育学家布鲁纳（Bruner）在其名著《教育过程》中一针见血地指出的那样，任何课程改革若要成功，其前提必须是新的教学方法能被"普通"的教师用来成功地教"普通"的学生。要实现这样的结果，必须有一批勇于突破的一线教师在专家的指导下进行尝试。本书正是这样的一种有意义的尝试：一群"普通"的中国小学数学教师和研究者，一起合作探索"问题提出"教学模式，在他们"普通"的课堂里，教一群"普通"的学生"普通"的数学内容。在课后，教师和专家一起对每一堂课进行反思，深入细致地探讨"问题提出"教学在课堂细节中的得失，最后将这些生动的教学案例汇编成册。这一以研究为基础的实践反思汇编不仅可以直接帮助中国的小学数学教师在课堂内使用"问题提出"教学方法，还可以为"问题提出"的教学研究提供有益的启示。

✓ 本书的基本结构和特点

本书由两部分组成：理论部分和案例部分。由于"问题提出"是一个较为复杂的教育理念和教学方法，在实施"问题提出"的教学方法前应该在理论上对它有总体的了解，以厘清以下三个基本问题：什么是"问题提出"，为什么要用"问题提出"，以及如何设计"问题提出"教学。由于本书主要的阅读对象是一线的小学数学教师和教研员，因此，理论部分的作者运用了大量的课堂实例来阐述上面的三个基本问题，以期内容读起来不仅易懂而且切合实际。

第一章（姚一玲、蔡金法）以个人建构和社会建构理论为基础，以参加"问题提出"工作坊的教师为研究对象，说明用"问题提出"进行数学教学的理论支撑及其优势，以期为一线数学教育工作者开展"问题提出"教学提供理论支持和实践参考。第二章（许天来、蔡金法）结合数学"问题提出"教学的一个框架，基于一些具体课堂情境对作为教学目标和教学手段的数学"问题提出"进行讨论，明确适合"问题提出"的具体情境、操作方法和长远目标。第三章（许天来、蔡金法）区分了教师在实践中易混淆的两个概念：学生质疑和"问题提出"。他们指出："学生质疑是指学生在课内外向教师提出学习中的疑难问题，要求解答或解释；'问题提出'活动是指教师根据不同的教学目标，设置不同类型的情境，学生根据情境提出数学问题。"这样的概念区分可以帮助教师认识二者内涵与外延上的区别，并根据其不同的教学功能合理地运用在自己的教学过程中。第四章（贾随军、姚一玲、蔡金法）聚焦课堂，在阐述"问题提出"的教学意义后，用一系列课堂实例从四个方面介绍了"问题提出"教学设计中的四个具体要点：哪些内容适合"问题提出"教学，教师如何设计"问题提出"的教学任务，"问题提出"任务中如何设计引导语，以及学生提出问题的预设和相应的教学处理。这一章的作者结合了实证研究和具体案例，为小学数学教师实施"问题提出"设计和教学提供了全面具体的指导。第五章（李欣莲、蔡金法）进一步展开第四章中所提及的第4个要点：对学生所提出的问题的评估和教学处理。考虑到如何评估学生的"问题提出"是教师在实施"问题提出"教学时所面对的最大挑战之一，本章作者用一系列具体案例提供了多角度的评估框架，为教师应对这一挑战提出可操作的具体方法。

如果说第一部分的5篇文章是基于实例的理论研究，那么第二部分的17个案例则是基于理论的案例呈现。这17个案例内容丰富、结构完整（表1）。其内容的丰富性体现在：学生的年级横跨二至六年级，教学内容涉及小学数学的四个领域——数与代数、图形与几何、统计与概率、综合与实践，授课类型包括新授课、复习课、练习课、综合与实践活动课。结构的完整性则表现在每篇教案中，作者不仅分享了自己的设计思路以及在该课中尝试"问题提出"的原因，还详细记录了相应的课堂活动过程，并对相应教学过程的得失进行了反思。除了教师本人的反思，在每个案例的最后都附有学者对该课"问题提出"活动的专业评析，以帮助读者在更高的理论层面理解"问题提出"对该课教学的有效性。我们期待教案内容的丰富性和完整性能为读者实施"问题提出"提供全面而具体的支持。

表1

序号	教学内容	年级	所属领域	课型	"问题提出"实行的时机
案例1	混合运算	二年级	数与代数	复习课	课中
案例2	认识几分之一	三年级	数与代数	新授课	课中
案例3	求一个数是另一个数的几倍	三年级	数与代数	新授课	课中
案例4	年、月、日	三年级	数与代数	新授课	课前、课中
案例5	商的变化规律	四年级	数与代数	新授课	课中
案例6	一个数除以小数	五年级	数与代数	新授课	课中
案例7	用字母表示数	五年级	数与代数	新授课	课中
案例8	分数乘法	六年级	数与代数	练习课	课中
案例9	百分数	六年级	数与代数	复习课	课中
案例10	周长	三年级	图形与几何	新授课	课中
案例11	平行四边形的面积	四年级	图形与几何	新授课	课中
案例12	长方体和正方体	五年级	图形与几何	复习课	课中
案例13	圆的周长	六年级	图形与几何	复习课	课中
案例14	平均数	四年级	统计与概率	新授课	课中
案例15	一亿有多大	四年级	综合与实践	综合与实践活动课	课前、课中、课后
案例16	确定起跑线	六年级	综合与实践	综合与实践活动课	课前、课中
案例17	邮政资费问题	六年级	综合与实践	综合与实践活动课	课中

▼ "问题提出"教学的设计

研究表明,"问题提出"活动可以使任务更具挑战性,从而让课堂教学更为有效。例如,一旦学生成为问题提出者后,他们就有更多的机会来理解数学。这无论是对学生个人的数学认知建构还是社会互动建构都大有裨益。再者,虽然"问题提出"可以提高教学过程的认知难度，但却不妨碍，甚至有利于各种能力水平的学生都积极参与学习。这是因为"问题提出"是一种低门槛、高天花板的认知活动，它既可以让水平较差的学生积极参与并提出有价值的数学问题，也可以给高水平的学生足够的挑战性。所以，有效的"问题提出"教学可以让不同水平的学生同时参与提出有价值的数学问题。而要达到这样的教学效果，教师必须在设计"问题提出"教学时考虑以下四个方面：

1. 明确需要改进的具体方面及"问题提出"教学的目的。

2. 了解学习目标与学生学习基础。

3. 确定教学任务并完善引导语设计。

4. 分析学生学习路径并细化教学步骤。

本书收录的17个案例为我们如何在课堂里落实"问题提出"教学做出了可喜的探索，为后来的实践者提供了很多可借鉴的启示。

第一，明确需要改进的具体问题及"问题提出"教学的目的。教师在学习运用"问题提出"进行某一数学内容的教学设计之前，要明确为什么在这堂课的这个环节需要用"问题提出"。也就是说，使用"问题提出"需要利用其特点并实现其特殊的教育价值。在本书中，每节课的授课教师均仔细分析了教材，并且反思自己以往使用传统的问题解决方法的不足，然后设计"问题提出"的环节来弥补这些不足。例如，钱荷英老师在设计分数乘法的练习课时，发现传统的问题解决方法常常让学生对"稍复杂的求一个数的几分之几是多少的问题"缺乏抽象的分率换算与理解。在解答"一年级学生做了60朵小红花，二年级学生比一年级多做了$\frac{1}{5}$，请问二年级学生做了多少朵小红花"时，总体是运用直观的加法作为问题解决的主要架构：$60+60\times\frac{1}{5}$。于是钱老师尝试用$60\times(1+\frac{1}{5})$的数学表达式，让学生进行"问题提出"，进而帮助学生主动从代表分率换算的抽象表达式出发，建立分率换算这一抽象的数学运算和具体生活情境之间的关联。显然，这样的设计不仅凸显了"问题提出"的优势，而且有效弥补了传统教学方法的不足。从这个案例中我们看到，当我们明确了在某个环节使用"问题提出"的原因时，对如何设计"问题提出"的情境（如本案例中的数学表达式）也就有了相应的思路。

　　第二，了解学习目标与学生学习基础，创设"问题提出"情境。不同的"问题提出"任务具有不同程度的认知要求，亦需要不同的知识储备或能力基础。因此，教师在教学设计过程中，必须考虑到学生的年龄、同一年龄段不同学生的个体差异，以及他们在不同学习阶段对知识的了解程度。本书所收录的案例涵盖了二至六年级，教师在设计"问题提出"时对年龄的考虑给我们很多有益的启示。例如，任燕芳老师在教授"求一个数是另一个数的几倍"的新授课时，充分考虑到三年级学生认知的具体形象性以及对"问题提出"方式的陌生感，在设计问题情境时不仅提供具体的动物图片，还在学生提问前给出"问题提出"的示范。有意思的是，吴丹老师在教授更为低龄的二年级学生时（见"混合运算"一课），反而直接用更为抽象的数学表达式作为问题情境。其中一个主要的原因是任燕芳老师三年级的课是新授课，而吴丹老师二年级的课是复习课。相比较而言，新授课的教学目标往往是让学生理解、掌握新的知识点，而复习课则是为了使学生巩固已学知识。显然，考虑到两种类型的课程教学目标不同，学生对知识掌握程度不同，教师"问题提出"设计也会相应不同。

　　和一般的复习课不同，综合与实践活动课不仅复习已经学过的数学知识，还在教师的指导下，基于学生经验，密切联系学生的生活和社会实际，让学生对已学知识进行自主的综合和应用。在综合与实践活动课开始前，学生对数学知识已经有一定的掌握，对所应用的生活情境也有一定的体验。如何抓住这些特点开展有效的"问题提出"？倪红芳、余钢杰、李建良的3个案例为我们提供了宝贵的经验。在这4节课中，考虑到上课前学生对数学知识和生活情境两方面的内容都已经有一定的了解和体验，除了李建良老师，其他两位老师把"问题提出"教学环节提早到课前，让学生在系统学习前就尝试用数学的思维重新考察探究已经熟悉的生活情境。这样的教学探索，不仅是把"问题提出"引入综合与实践活动课的实践，也从研究层面提出了课前"问题提出"的意义这样有价值的问题。

　　第三，确定教学任务并完善引导语的设计。由于"问题提出"教育价值的多样性与独特性，不同"问题提出"任务与引导语的设计所产生的效果亦不同。对于引导语的设计，可以结合教学目标及学生"问题提出"水平设计不同的引导语，让学生提出不同个数、难度、结构或某一具体知识点的数学问题。例如，有些教师用"请你提出尽可能多的数学问题"来发散学生的思维；有些教师用"你能提出一个简单和一个复杂的数学问题吗"来了解学生的"问题提出"水平；有些教师用"基于给定情境（图形），增加一条线段，提出数学问题"来帮助学生提出某一类知识的数学问题，等等。在"认识几分之一"一课中，周月文和石高文两位老师有效地用了引导语的不同功能，在不同的教学阶段引导学生质疑和提出数学问题。例如，在演示了分月饼的过程后，教师用了较为开放的引导语："看了分月饼的过程，你有什么疑问？"学生提出了"'半个'用什么数表示？""'一半的一半'可以用什么数表示？"等有价值的问题。在出示了"$\frac{1}{2}$"这个表达式后，教师再次用相似的开放性引导语进行指引："你对$\frac{1}{2}$（这个表达式）有什么疑问？"学生又有了一系列不同的疑问："为什么一半要用$\frac{1}{2}$来表示？""为什么要写两个数字？""为什么是$\frac{1}{2}$，而不是$\frac{2}{1}$？"等。虽然这些疑问都是对符号表达的疑惑，但其背后的含义却和分数的概念密切相关。通过这样一系列的质疑和解答，在学生已经理解分数的意义和表达方式之后，才出示图片，要求学生根据图片"提出尽可能多的与分数有关的数学问题"。类似这样的案例，为教师在不同的环境下设计合理的引导语、实现不同的教学效果提供了宝贵的启示。

第四，分析学生学习路径并细化教学步骤。教师在进行"问题提出"教学任务的设计时，不仅需要考虑如何围绕教学目标、学生基础与"问题提出"特点等设计问题提出活动，还要思考如何根据学生所提问题进一步展开教学等具体问题。"问题提出"不是教学的结束，而是更深入的探究活动的开始。在17个案例中，最常用的三种处理方法为问题解决、问题分类、变换条件再提问题。从案例中可以看到，教师都会引导学生对自己提出的问题进行问题解决，并引导学生对自己提出的问题进行分类。分类的标准有问题难度、所涉及的知识点、问题的可解决性等。除此之外，有5个案例的教师利用问题分类和变换条件再提问题的方法帮助学生完成数学建模。例如，王加明老师在教授"百分数"一课时，帮助学生通过梳理全班学生所提出的问题，发现两类共性的问题，即"a是b的百分之几""a与b的差是a的百分之几"，这也是反映百分数意义的两大类问题；接着以学生所提出的问题为研究素材，让学生通过比较、辨析，梳理出几种基本结构的百分数问题，以解决问题为突破口，经历百分数问题模型建构的过程。

西尔弗（Silver）曾经指出，学生的"问题提出"为教师提供了非常宝贵的教学资源，因为它是教师窥见学生真实思维的窗口。如何充分而又合理地利用学生所呈现的思维，展开以学生为中心的教学，这对很多已经习惯于以自己为主导的教师来说无疑是一个重大的挑战。这本书为我们突破这一障碍提供了非常宝贵的指导。

需要指出的是，本书不仅为我们如何运用"问题提出"来教学提供了很多有意义的启发，还为进一步强化中国数学教学的优势提供了可借鉴的方法。例如，"双基"扎实是中国数学教学的一大亮点。钱荷英老师的"分数乘法"一课让我们看到如何用"问题提出"来活化"知识理解"，让练习课不再是机械的重复，而是理解的深化。众所周知，变式教学是中国数学教学的一大特色。周月文、王飞钢、余钢杰、钟富尧四位老师在他们的课堂中把"问题提出"和变式教学结合在一起，把传统的教师"变题"转换成了学生"变题"，不仅保留了传统变式教学的效果，还让学生在创设变式的过程中理解不同的变量如何产生不同的变式。

✓ "问题提出"教学的一般模式

徐冉冉、李丹杨、姚一玲、蔡金法曾经提出一个数学课堂中"问题提出"活动教学过程的教学模型，改进后的这一模型如图1所示。

步骤一和步骤二常常是连续进行的。但有时同样的问题情境因为引导语的不同，整个活动的难度和性质就会发生变化。例如，在引导语中，教师可以要求学生提出不同数量、不同难度的问题，甚至有时可以要求学生提出"可以难倒你的数学老师的问题"。这样的引导语往往能激发学生的数学思考和提出问题的积极性。

步骤三是在步骤一和步骤二后学生提问的过程，既可以让学生独立思考提出各自的问题，也可以通过小组讨论提出问题。虽然"问题提出"过程中的认知思考过程还没有形成固定模式，但可以明确的是，学生必须在理解问题情境和引导语的前提下才能提出问题。也有研究表明，很多学生在提出问题时已经或多或少地考虑了如何解答自己所提的问题。

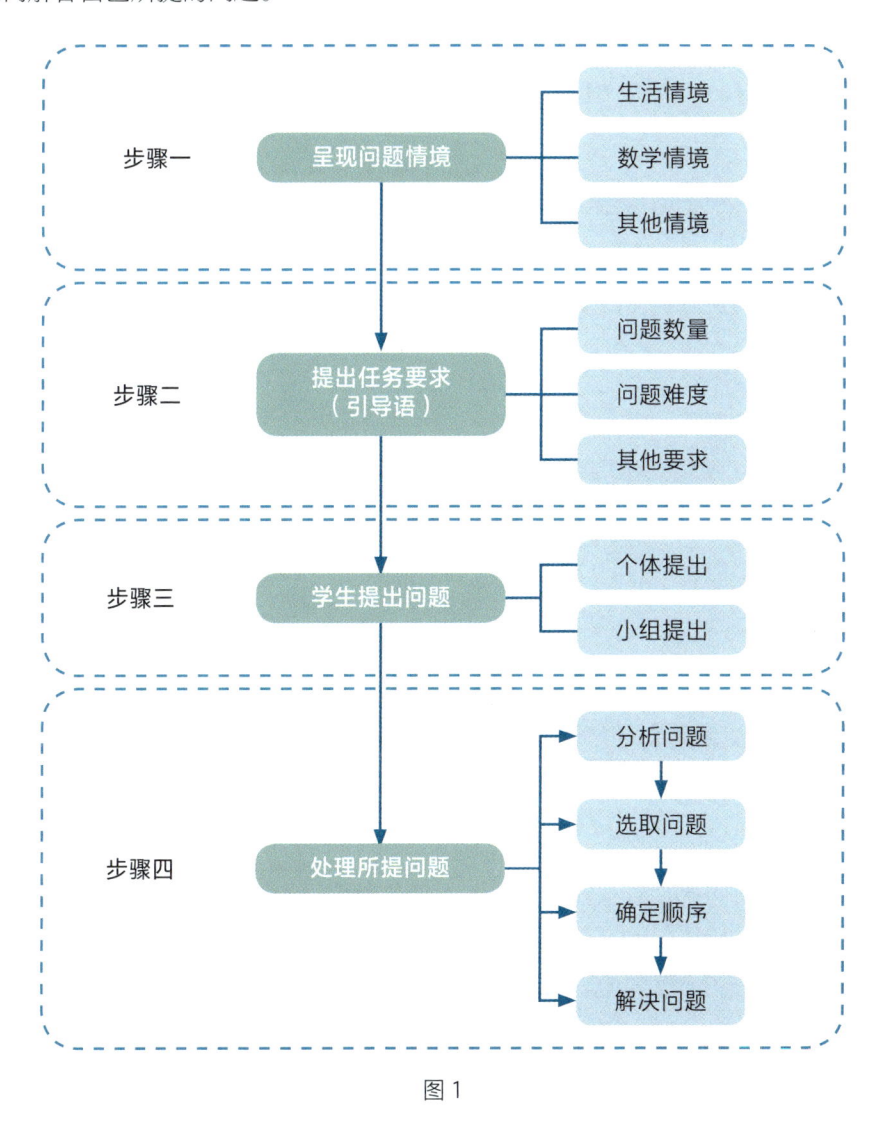

```
步骤一 —— 呈现问题情境 ——┬── 生活情境
                         ├── 数学情境
                         └── 其他情境

步骤二 —— 提出任务要求 ——┬── 问题数量
         （引导语）      ├── 问题难度
                         └── 其他要求

步骤三 —— 学生提出问题 ——┬── 个体提出
                         └── 小组提出

步骤四 —— 处理所提问题 ──── 分析问题
                              ↓
                           选取问题
                              ↓
                           确定顺序
                              ↓
                           解决问题
```

图 1

步骤四是处理学生所提出的问题的方法。虽然"问题提出"过程中学生已经有了较为成熟的数学思考，但是我们还是强调在课堂中要对一些学生所提出的问题进行解答。因此在步骤四中突出了四个相关联的过程：分析问题、选取问题、确定顺序、解决问题。

分析问题：教师引导学生对自己所提出的问题进行分析、归类。有时学生提出的问题可能并不明确，教师可以帮助学生进行梳理。这样的交流不仅让学生对自己提出的问题"自我纠正"，还让他们明白什么是"好"问题。而教师在这一过程中可以迅速判断学生所提问题的难度和教学目标内容的关联度，为接下去的课堂教学提供重要的信息。

选取问题：在分析问题的基础上，教师依据所定的教学目标和学生的程度选择合适的问题，为学生提供广泛的学习机会。

确定顺序和解决问题：在这两个过程中，教师需要仔细考虑如何呈现学生提出的问题以及如何进行问题解答。

需要指出的是，在本书的案例中，一堂课中往往有多个"问题提出"活动，而每个"问题提出"活动会由该模型中不同的步骤组成，甚至不同案例会因为特定的教学任务和教学对象突出模式中的某些步骤。例如，在案例4中，为了让三年级的学生能在课前提出有价值的数学问题，问题情境的设计既要让学生能感受到实际的生活情境，又要突出数学的信息，因而问题情境的设计和呈现（步骤一）成为整个"问题提出"中至关重要的步骤。而案例9是一堂六年级的复习课，教师突出了问题处理（步骤四），通过引导学生对所提问题的处理，把他们对百分数的认知上升到数学建模的水平。尽管每个案例呈现了略微不同的过程差异，但是这些案例总体反映了一般模式中的四个步骤。希望不同案例对模式中不同步骤的处理也能为教师如何设计适合自己课堂的"问题提出"教学提供有益的启示。

✓ 精雕细琢　方成大器

15年前，蔡金法在系统比较了中美学生的数学问题解决、认知特点、"问题提出"后，全面反思了中国数学教育的优点和不足。蔡金法在专著《中美学生数学学习的系列实证研究》中，用"他山之石，何以攻玉"作为副标题，意味深长。此言源自《诗经·小雅·鹤鸣》，意思是别的山上的石头可以作为工具来雕刻自己的玉石。

而作者引用此句，是想唤起中国数学教学的有识之士一起来寻找、开拓一条中西合璧的改革之路。面对蔡金法这八字之问，中国数学教育的前辈、蔡金法在北京师范大学的导师钟善基先生用另外八个字做出了回答：精雕细琢，方成大器。这本书可以说是在钟老先生所指导的方向下的一项努力成果：如何用"问题提出"这一"他山之石"来精雕细琢中国数学教学这块"玉石"。

当米开朗基罗被问到如何雕刻出《大卫》这一惊世之作时，他从容地回答："我只是把多余的石头凿去而已。"精雕细琢就是精细地去掉不好的，把隐藏的、好的显现出来。

"问题提出"保留了中国数学教育的优势，是一把可以直击中国数学教育不足之处的利器。如何使用好这一利器，使中国数学教育强化优势、修正不足，杭州萧山的一线教师和研究者做了勇敢而又细致的探索。诚如钟老先生所言，只要我们保持一颗谦卑而踏实的匠心，不断努力，中国数学教学必大有可为。

本书只是一个开端，意在抛砖引玉，期待各位同道一起努力完善我们的研究。

目录

第一部分
"问题提出"教学理论

第一章　运用"问题提出"进行数学教学的理论基础……………………… 3
第二章　作为教学目标和教学手段的数学"问题提出"…………………… 10
第三章　数学课堂中"问题提出"与教师提问、学生质疑的联系与区别… 23
第四章　基于"问题提出"的小学数学教学设计…………………………… 32
第五章　数学课堂中学生"问题提出"的评估……………………………… 46

第二部分
"问题提出"教学案例与评析

案例信息汇总……………………………………………………………… 61

案例1　基于"问题提出"的数学复习课教学 …………………………… 63
　　　　——以"混合运算"单元复习课的教学为例

案例2　从学生质疑到"问题提出" ……………………………………… 72
　　　　——以"认识几分之一"的教学为例

案例3　提出问题，形成算理……………………………………………… 88
　　　　——以"求一个数是另一个数的几倍"的教学为例

案例4　大问题理清知识逻辑，大环节推进数学思考…………………… 99
　　　　——以"年、月、日"的教学为例

案例5　在"问题提出"中整合资源、实施教学 ………………………… 115
　　　　——以"商的变化规律"的教学为例

1

案例 6	创编问题情境，学习小数除法	124
	——以"一个数除以小数"的教学为例	
案例 7	问学交融促思维发展	135
	——以"用字母表示数量关系"的教学为例	
案例 8	用"问题提出"活化知识理解	141
	——以"分数乘法"的练习课为例	
案例 9	用"问题提出"架起学生数学思考的空间	156
	——以"百分数"的复习课为例	
案例 10	"问题提出"助力概念理解的教学实践与思考	167
	——以"周长"的教学为例	
案例 11	"问题提出"教学：让学习真正地发生	178
	——以"平行四边形的面积"的教学为例	
案例 12	复习课中的分类提问	190
	——以"长方体和正方体"的复习课为例	
案例 13	借助"问题提出"，突破原有认知	199
	——以"圆的周长"的教学为例	
案例 14	把"问题提出"作为学习的起点	216
	——以"平均数"的教学为例	
案例 15	酝酿真问题，生成真知识	228
	——以综合与实践活动课"一亿有多大"的教学为例	
案例 16	在"问题提出"中促进学生深度学习	240
	——以综合与实践活动课"确定起跑线"的教学为例	
案例 17	借助数学"问题提出"，丰富综合实践经验	253
	——以综合与实践活动课"邮政资费问题"的教学为例	

参考文献 266

后　记　星火开始燎原 273

Part I

第一部分

"问题提出"教学理论

P-PBL

Problem-Posing Based Learning

P-PBL
Problem-Posing Based Learning

第一章

运用"问题提出"进行数学教学的理论基础[①]

■ 姚一玲　蔡金法

"问题提出"作为课程的一部分和重要的教学目标在学校数学教育中已有很长的历史。自20世纪80年代布朗(Brown)和沃尔特(Walter)发表《问题提出的艺术》一文开始，人们对学校数学教育中"问题提出"的研究开始增多。我国《全日制义务教育数学课程标准(实验稿)》和《普通高中数学课程标准(实验)》均从知识与技能、评价方式建议、学习方式、教学建议等多方面对"问题提出"进行了论述。而现行课程标准则进一步从具体实施层面上就"问题提出"在不同学段的教学目标给出了不同要求。在数学教育领域，"问题提出"不仅被视为理解学生数学思维的一种手段，而且被当作教授学生理解数学的一种方法。目前关于"问题提出"的研究包括"问题提出"与"问题解决"关系的研究，"问题提出"与学生创造力关系的研究，以及"问题提出"作为一种手段的研究等。其中作为教学手段的"问题提出"是一线数学教师最为关心的内容之一。

本文将基于蔡金法和姚一玲在《数学"问题提出"教学的理论基础和实践研究》一文中论述的个人建构和社会建构理论，以参加"问题提出"工作坊的教师为研究对象，说明运用"问题提出"开展数学教学的理论支撑及其优势，以期为一线数学教育工作者提供理论支持和实践参考。举办该工作坊旨在帮助中小学数学教师提高"问题提出"的运用能力，逐步学会如何将"问题提出"融入课

---

① 此文曾以《运用"问题提出"进行数学教学的理论基础》为题发表于《小学教学(数学版)》，2019(9):25-28.本书有改动。

堂教学，从而提升教学质量。需要说明的是，虽然本文是以教师（后文称"学习者"）为对象来研究其在"问题提出"工作坊中的学习情况，但专家学者为教师提供学习机会与教师自己在教学中为学生提供学习机会二者在理论上是一致的。因此，本文以教师培训过程中的经验来研讨有关学习理论对"问题提出"教学的支持，该研究结论可推广至教师对学生的教学。

一、学习的个体性和社会性

根据已有研究，关于数学学习形成了两大主流理论，即个人建构主义理论和社会建构主义理论。数学学习既产生于自我的内部建构，是一个个体化的过程，同时又受外部社会和文化环境的影响，在群体中能够获得并建构数学知识，而且二者在课堂上是一种完美的互补。

首先，"问题提出"的个人建构是个体与知识建立联系的过程。在"问题提出"过程中，学习者需要厘清情境与已知对象之间的关系，并创造性地针对不同对象以自己理解的方式提出新的问题。这些问题很可能在认知需要或形式上对问题提出者来说都是独特的。而且作为一种开放式的学习过程，学习者可以综合已有知识，从中提取与新情境相关的内容，进而提出新的问题。这一过程有利于学习者主动将自己的旧知与新知自然地建立联系，也有助于不同学习者基于自己的水平和背景提出不同的问题，从而形成知识的建构。因此，在运用"问题提出"进行教学的过程中，问题不仅是教师教学的焦点，也是学生探究数学的工具。同时，在这个过程中，学习者始终处于主动和自主的学习状态。

例如，"问题提出"工作坊调查了学习者对分数除法意义的理解情况，表1是学习者针对算式 $1\frac{3}{4} \div \frac{1}{2}$ 从不同理解层面提出的数学问题。

第一部分 "问题提出"教学理论

表1

内容	典型案例或说明
没有提出问题或问题完全错误	$\frac{7}{4} \times 2 = \frac{2}{7}$
提出的问题无法解答	如何分出$\frac{1}{2}$份？ 怎样处理分数份？
错用"$\times \frac{1}{2}$"表示"$\div \frac{1}{2}$"	一个三角形，底边长为1，这条底边上的高为$\frac{7}{4}$。问：这个三角形的面积为多少？
错用"$\div 2$"表示"$\div \frac{1}{2}$"	让两名学生平均分享$1\frac{3}{4}$瓶果汁。问：每名学生能分到多少瓶？
正确的数学问题，且增加了附加条件，但与算式不匹配	4个苹果价格1元，现有7个苹果，运到别处，2个苹果能卖1元。问：这7个苹果能卖多少元？
正确且符合算式的问题，但因计算结果存在小数而不符合问题情境	每本本子的价格是$\frac{1}{2}$元，$1\frac{3}{4}$元能买几本？
既定的几类数学问题（如工程问题、行程问题、面积体积问题等）	一只昆虫每分钟爬行$\frac{1}{2}$米，爬行$1\frac{3}{4}$米需要多长时间？
乘积与因数关系	有2块蛋糕，小明吃了其中一块的$\frac{1}{4}$，剩下的蛋糕是半个蛋糕的几倍？ 修路队第一天修了$1\frac{3}{4}$千米的路，修了全程的$\frac{1}{2}$，全程共多少千米？
将$\div \frac{1}{2}$转换为$\times 2$	某种粮食去年的产量为$1\frac{3}{4}$，今年的产量是去年产量的2倍，求今年的产量。
分数除法的意义（$1\frac{3}{4}$中有多少个$\frac{1}{2}$）	$1\frac{3}{4}$米长的尺子，以$\frac{1}{2}$米为一格，可以分多少格？

从个人建构层面看，不同学习者会以不同的形式提出不同的问题，主要包括以非问题的形式呈现、因为错误理解算式的本质含义而提出不匹配的数学问题、基于运算过程中的算式提出问题，以及根据分数除法的本质提出的问题。

5

从概念性理解角度看，教师提出的问题有"$1\frac{3}{4}$ 是 $\frac{1}{2}$ 的几倍"这样的乘积与因数关系问题，根据既定的几类数量关系而提出的问题，例如行程问题、单价与总价问题、工程问题等，以及基于"$1\frac{3}{4}$ 中有多少个 $\frac{1}{2}$"这样的"包含除"含义而提出的问题。

所有这些问题根据其反映出的个体的数学认知水平可大致分为三类：所提问题完全错误或没有提出问题、对分数除法具有程序性理解的问题（即将 $1\frac{3}{4} \div \frac{1}{2}$ 转换成 $1\frac{3}{4} \times 2$ 之后提出的问题）、对分数除法具有概念性理解的问题（即根据分数除法的意义"包含除"提出的问题）。在这个过程中，学习者能够基于自己的认知水平尝试从多方面主动建构分数除法的本质含义，而非只是对算式规则与程序的被动接受。

其次，从社会建构层面看，"问题提出"的课堂活动会涉及课堂作为社会的数学活动。课堂活动属于一种社会活动，因而课堂就是一个社会单位。在这个社会单位中，利用"问题提出"的教学手段，先让学习者经历个人建构过程，之后再让不同学习者汇报各自的方法。如此，学习者通过相互交流、辩论和批判的方式实现课堂的社会建构过程。在数学"问题提出"教学过程中的积极学习框架（active learning framework）中，埃勒顿（Ellerton）划分了学习者从被动参与到积极主动参与的范围，认为没有"问题提出"和"问题解决"的数学课堂会剥夺学生反思、质疑和批判的机会。这一框架将课堂中的"问题提出"视为一种能让学习者巩固自己所学知识，并对其进行批判性学习的重要活动。道尔（Doyle）认为，不同认知水平的问题会导向不同形式的学习。因此，在工作坊中，"问题提出"教学模式不仅有助于教师探究教学方法，更重要的是为他们提供相互交流的机会，以促进概念性理解。在这种教学模式下，教学的核心目标是理解概念，而非掌握程序性知识，学习者可以参与到更有价值的任务中来获得算理知识、掌握基本技能。

例如，在表1教师所提的问题中，有的只是对算式的错误或不完整描述，有的是与原算式不匹配的问题，还有的问题虽然是正确的且符合原来的算式，但又有程序性理解和概念性理解之分。因此，在教学过程中，可以将学习者提出的不同水平或不同角度的问题作为教学资源，讨论这些问题所涉及的数学理解，从而建构对分数除法本质的概念性理解。当有学习者汇报自己提出的数学问题时，其他人可以代入对方的思路及其对数学概念的理解方式进行思考，从中发现与自己想法不同或有漏洞的地方，进而达成共识。最后，借助学习者所提的问题，进行适当组织、引导和选择，让学习者在讨论、交流、辨析的过程中完善并解决同伴所提的问题。在这样的课堂环境中，学习者既可以自己提出问题，又能思考并解决同伴提出的问题。而且，由于这些问题的难度有差异，不同层次的学习者都可以参与其中，为课堂的社会建构过程作出自己的贡献。

基于以上讨论，可见学习者在课堂中提出的不同层次的问题不仅能够作为优质的教学素材，还能为课堂创造更多可能性。将"问题提出"作为一种教学手段，能够揭示学习者的个体建构和课堂中的社会建构过程，从而让学习者经历数学个人建构和社会互动的完整过程，巩固和拓展自己所学知识。此外，有研究表明，学生提出的数学问题可以让教师了解学生的知识掌握情况，从而开展相应的教学评价。

二、为不同学生提供不同的学习机会

作为一种教学手段，相较于问题解决教学，"问题提出"教学给学生提供了更多的学习机会。孔特勒拉（Contreras）认为，"问题提出"教学能够满足不同学生的需求。已有研究表明，学生在解决问题时，高水平的学生解决完问题后他们的学习便停止了，而低水平的学生却没有办法参与其中，学习机会也会更少。久而久之，后者的课堂参与度、注意力降低，甚至数学情感都会变得消极。但在以"问题提出"为手段的教学过程中，尽管程度不同的学生所提的问题在结构、难度和综合程度等方面都会有所不同，但他们几乎都能参与数学活动。

在"问题提出"过程中，学生既能发挥"个体"在课堂这个"社会"中的作用，也能让教师发现适合各个学生的学习内容。同时，由于"问题提出"的过程和形式是开放的，较低水平的学生也能够尽可能发挥其能力，从而挖掘更多潜力。

此外，大量研究显示，开放的问题形式能够提供更多互动和挑战空间，而教学任务越有挑战性，学习机会就越多。从课堂这个社会单位看，不同水平的学生既可以就自己提出的问题展开讨论和辨析，也可以从别人提出的问题中理解任务所涉及的数学概念，并尝试解决问题，互相验证，最终达到数学学习的目的。

在"问题提出"工作坊中，培训者给学习者呈现了三个问题：

（1）计算 $1\frac{1}{4} \div \frac{5}{8}$。

（2）用图示表示你在解决 "$1\frac{3}{4} \div \frac{1}{2} = ?$" 时的解答过程。

（3）根据算式 "$1\frac{3}{4} \div \frac{1}{2} = ?$" 提出两个不同层次的问题。

经统计，第一题的正确率为100%。第二题有17%的学习者没能用图示表示自己的解答过程；有54%的学习者表现出对分数除法的程序性理解，也就是将 $1\frac{3}{4} \div \frac{1}{2}$ 转换为 $1\frac{3}{4} \times 2$；仅有29%的学习者表现出概念性理解，也就是根据分数除法中的"包含除"的意义设问。然而，在第三题的"问题提出"题目中，有近88%的学习者能够提出至少一个涉及概念性理解的数学问题。

由此可见，单纯的计算无法让学习者真正理解数学概念，而且计算完成后学习也就结束了。同时，评价者也很难真正了解学习者对算式意义的理解程度。而图示方法也只是让学习者将自己的计算过程呈现出来，不管学习者能否画出图示，都很难有机会主动地从分数除法的意义角度画图。而在"问题提出"题目上，则需要学习者根据自己已有的知识建构或创造新的问题。由于问题的开放性，学习者可以从各个方面思考，提出不同类型、不同难度和不同情境的数学问题。"问题提出"的过程能够刺激学习者更准确、更全面地思考分数除法的意义，甚至能让他们不仅停留于对分数除法意义的理解上，还拥有更多空间提出更高认知水平的问题。

此外，在运用"问题提出"进行教学的过程中，虽然有些学习者可能无法提出问题，或者所提问题属于程序性理解的范畴，但他们仍然有机会思考分数除法算式有可能会涉及的实际生活情境。当除法难以理解时，他们也可以将其转换为乘法并提出问题。总体来看，相比只解决给定问题，提出问题能够为学习者提供更多的学习机会。

三、总结

尽管课程标准已经提出要关注学生数学"问题提出"能力的发展，但将其作为教学目标、教学手段或教学评价工具，还未得到广泛尝试。长期以来，我国数学课堂教学都是以问题解决为主，且将其作为重要的教学目标，而"问题提出"与问题解决对学生的数学学习有着很多相似的影响。因此，本文认为将"问题提出"作为一种教学手段同样能够较好地促进数学的教与学。

此外，相较于只进行问题解决的教学，包含"问题提出"的教学能够让学生经历更为丰富的数学学习过程。本文从"问题提出"教学为学习者提供个人和社会建构的教学环境，以及为不同程度的学习者提供不同的学习机会两方面，分别举例阐述了运用"问题提出"进行教学的优势，为教师采用"问题提出"手段开展教学提供了理论和实践支持。虽然本文的研究对象是专家学者对数学教师的数学"问题提出"教学，但与此相关的理论成果也同样适用于教师与学生的教学实践。本书力图帮助教师从教学意愿和教学方法上逐渐接受并运用"问题提出"开展数学教学，进而更加全面地发展学生的数学素养。

第二章

作为教学目标和教学手段的数学"问题提出"[①]

■ 许天来　蔡金法

在《数学问题提出的例子、类型和内涵》一文[②]（以下简称《内涵》）中，我们从问题提出者的角度讨论了什么是"问题提出"，即面向学生的"问题提出"。实际上，数学"问题提出"本身可作为一个教学目标，即培养学生成为一个好的问题提出者。同时，数学"问题提出"还可作为一种教学手段，帮助教师更好地了解学生对数学的理解情况，从而有针对性地突破特定的教学重难点，并为学生创造更多的学习机会。以上两点即为面向教师的"问题提出"。在本文中，我们将结合数学"问题提出"教学的一个框架，对作为教学目标和教学手段的数学"问题提出"进行探讨。

一、数学"问题提出"教学的一个框架

蔡金法曾从改进学生的数学学习这一宗旨出发，提出了一个基于问题情境进行有效数学教学的框架。（图1）

[①] 本文曾以《作为教学目标和教学手段的数学"问题提出"》为题发表于《小学教学(数学版)》，2019(10):9-14. 本书有改动。

[②] 蔡金法，许天来.数学"问题提出"的例子、类型和内涵[J].小学教学(数学版)，2019(14): 34-40.

图1

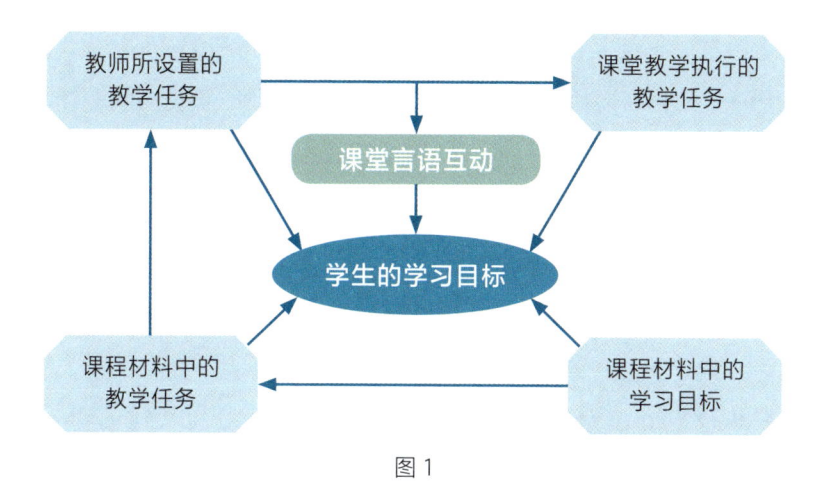

在上述框架中，课程材料设置的学习目标、教学任务、课堂言语互动均围绕着"学生的学习目标"这一中心进行。课堂教学始于课程材料设置的学习目标，终于学生在一堂课的学习后所应达成的目标，二者可能存在差异。这一差异来源于教师不同的教学效果，以及教师在结合学生实际情况后，对课程材料设置的学习目标的修正。可以看出，尽管这一框架并未指出教师的角色，但"实际上，从确定学习目标、设计课堂的言语互动，到选取课堂的学习任务，这些都是由教师来完成的"[①]。

在这一框架的基础上，本文给出了数学"问题提出"教学的一个框架。（图2）

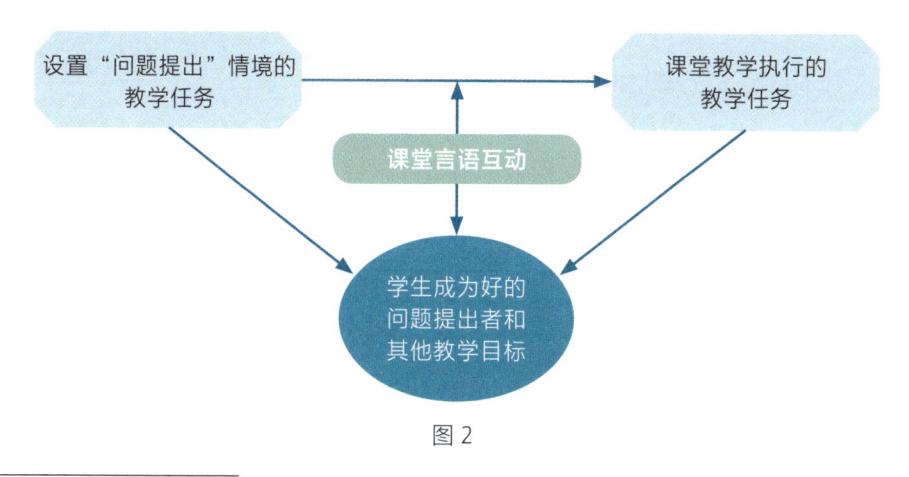

图2

---

① 蔡金法. 小学数学教师的专业素养——以如何上好一堂课的视角来探讨 [J]. 小学教学（数学版），2014(Z1):10-14.

实际上，这一框架与图1是一致的，只是突出强调基于"问题提出"的数学教学。在图2中，将"教师所设置的教学任务"变更为"设置'问题提出'情境的教学任务"。在教学中，这一框架强调达成课标中关于"问题提出"的相关教学目标，如丁玉华老师在教学乘法分配律时[1]，帮助学生"尝试从日常生活中发现并提出简单的数学问题，并运用一些知识加以解决"[2]。显然，"问题提出"并不是唯一的教学目标，其他教学目标也同样重要，如"探索并了解运算律（乘法的分配律）"[3]。

在数学课堂上，作为教学手段的"问题提出"，不仅能培养学生成为优秀的问题提出者，还能为学生创造更多的学习机会，以达成课程材料中要求的其他目标。在《内涵》一文中，我们将"问题提出"的教学手段划分为以下五类：（1）教师自身基于给定的情境提出数学问题；（2）教师自身基于给定的情境，通过改变（或改编）已知条件提出数学问题；（3）教师创设情境让学生提出数学问题；（4）教师预测学生可能会提出的数学问题；（5）教师在课堂上提出数学问题让学生求解。

结合以上五类教学手段，可以较好地完成图2中的"设置'问题提出'情境的教学任务"，最终实现教学目标中对"问题提出"的要求。下面，本文将对作为教学目标和教学手段的数学"问题提出"展开论述。

二、作为教学目标的数学"问题提出"

多个国家的数学课程标准均提出要将"问题提出"作为课程培养的目标。本文仅以我国的课程标准为例进行说明。作为"四能"之一的"问题提出"在课程标准中首先是作为教学目标被提出的。在"课程目标"中关于"三会"核心素

---

[1] 丁玉华，曾令鹏."乘法分配律"教学实录与评析[J].小学数学教育，2017(21):43-46.
[2] 中华人民共和国教育部.义务教育数学课程标准（2011年版）[M].北京：北京师范大学出版社，2012:12.
[3] 中华人民共和国教育部.义务教育数学课程标准（2011年版）[M].北京：北京师范大学出版社，2012:21.

养的构成有以下表述:"能够在实际情境中发现和提出有意义的数学问题,进行数学探究";"能够运用符号运算、形式推理等数学方法,分析、解决数学问题和实际问题";"能够在现实生活与其他学科中构建普适的数学模型,表达和解决问题"。[①]在"总目标"中,有以下表述:"在探索真实情境所蕴含的关系中,发现问题和提出问题,运用数学和其他学科的知识与方法分析问题和解决问题"。[②]在"学段目标"中,第一学段表述为"能在教师指导下,从日常生活中提出简单的数学问题,尝试运用所学的知识和方法解决问题";第二学段要求学生能"尝试从日常生活中发现和提出数学问题,探索分析和解决问题的方法,经历独立思考并与他人合作交流解决问题的过程";第三学段表述为"尝试在真实的情境中发现和提出问题,探索运用基本的数量关系,以及几何直观、逻辑推理和其他学科的知识、方法分析与解决问题"。[③]可以看出,随着学段的上升,课标对学生提出问题的能力有了更高的要求。

当然,在实际的教学中,学生最终应掌握的"问题提出"能力根据不同的教学内容有细微的区别,或者可以说仅仅是课程目标的细化。如丁玉华老师在教学"乘法分配律"时,让两组学生分别以乘法分配律的一种形式来编制问题,让学生相互猜测对方是根据什么算式编制问题的,以此教学"乘法分配律",其教学目标(希望学生真正达成的教学目标)为"在经历探索规律的过程中培养学生提出问题的能力"。[④]

此外,相关研究表明,学生提出数学问题的能力与其解决问题的能力、创造力、数学兴趣等密切相关。因此,通过"问题提出"活动,不仅可以培养学生提出问题的能力,亦可间接达成培养学生创新能力、问题解决能力、激发学习兴趣等其他教学目标。

[①] 中华人民共和国教育部.义务教育数学课程标准(2022年版)[M].北京:北京师范大学出版社,2022:5-6.
[②] 中华人民共和国教育部.义务教育数学课程标准(2022年版)[M].北京:北京师范大学出版社,2022:11.
[③] 中华人民共和国教育部.义务教育数学课程标准(2022年版)[M].北京:北京师范大学出版社,2022:12-14.
[④] 丁玉华,曾令鹏."乘法分配律"教学实录与评析[J].小学数学教育,2017(21):43-46.

三、作为教学手段的数学"问题提出"

（一）教师基于给定的情境提出数学问题

教师基于给定的情境，通过接受已知的方式提出数学问题。这些数学问题的求解要用到情境中所给的信息，《内涵》中的例1、例3—例14均属此类。本文另给出两例。

例1 一家冰淇淋店的某款雪糕在晴天时单价为1.8元，阴天和雨天时的单价则分别为1.2元和0.5元。请你运用以上信息，提出尽可能多的数学问题。

评析 在不添加新条件的情况下，教师可能会提出以下问题："这款雪糕在阴天时的单价比雨天时的单价高多少？""这款雪糕在雨天和阴天时的单价之和，是否大于其在晴天时的单价？""这款雪糕在阴天时的单价比晴天时的单价少多少？"此例可用于教学小数的加减法。

例2 教师出示人教版《数学》教材五年级上册（2014版）第59页中的一个例子，让学生根据图形，提出相关的数学问题，写在作业纸上，并列出解答算式。（图3）

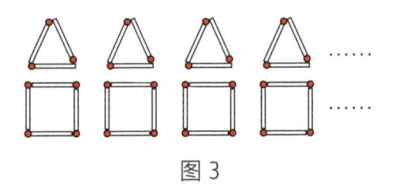

图3

评析 此例改编自教材中"用字母表示数"一课的例题，在"接受已知"的情况下，问题提出者可能会提出以下问题："摆了5个三角形，一共用了多少根小棒？""摆了x个正方形，一共用了多少根小棒？""摆了5个三角形和5个正方形，一共用了多少根小棒？""摆了x个三角形和x个正方形，一共用了多少根小棒？"

（二）教师基于给定的情境，通过改变（或改编）已知条件提出数学问题

教师可以通过"否定假设法（what if not）"提出数学问题。它包含5级水平——水平0：选择问题；水平1：列出属性；水平2：否定假设；水平3：提出问题；水平4：分析问题。本文仅介绍其在教学上的简单运用，如图4所示。

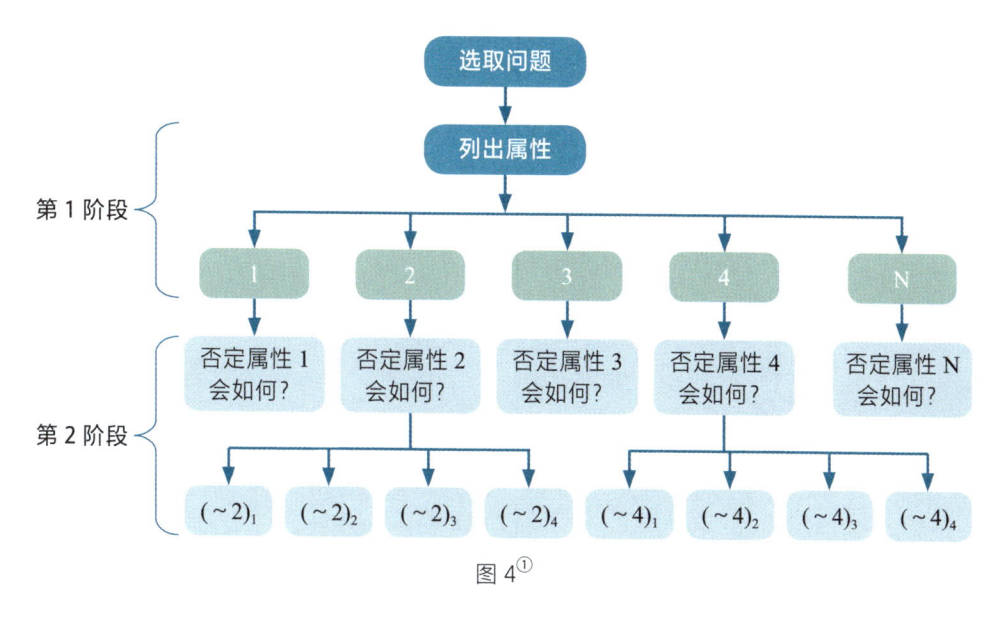

图 4[①]

首先，选取一个问题，尽可能地列出其所有属性（list attributes），通过否定其中任意一个或多个属性，提出新的问题，再对新问题的属性进行分析。《内涵》中的例15—例17均属此类，本文再结合例3进行说明。

例3 观察图3，若摆了5个三角形和5个正方形，一共要用多少根小棒？改变一个或多个已知条件，或改变所求项，提出新的问题。

评析 例3至少包含以下属性：（1）有两行小棒；（2）第一行由三角形组成，每个三角形需3根小棒；（3）第二行由正方形组成，每个正方形需4根小棒；（4）第二行的正方形的对角线并未摆放小棒；（5）这些小棒都在同一个平面上；（6）

---

① 图中的 $(\sim i)_n$ 表示否定第 i 个属性提出的第 n 个问题。

三角形小棒与正方形小棒上下对齐；（7）小棒的长度相同；（8）小棒的长度未知；（9）所求项为小棒的数量。

因此，可保持其他属性不变，否定属性（1），提出类似这样的问题："有第三行小棒，由正五边形组成，每个正五边形由5根小棒搭建。若摆了5个三角形、5个正方形和5个正五边形，问：一共要用多少根小棒？"亦可同时否定属性（8）和属性（9），提出以下问题："若1根小棒的长度是10厘米，摆了5个三角形和5个正方形，所用小棒的总长度为多少厘米？"还可同时改变属性（4）（5）（7），提出以下问题："若第二行中每个图形的摆放形状如图5，搭建10个这样的棱锥一共要用多少根小棒？"这样的问题更富创造性。此例也说明"问题提出"具有巨大的潜力。

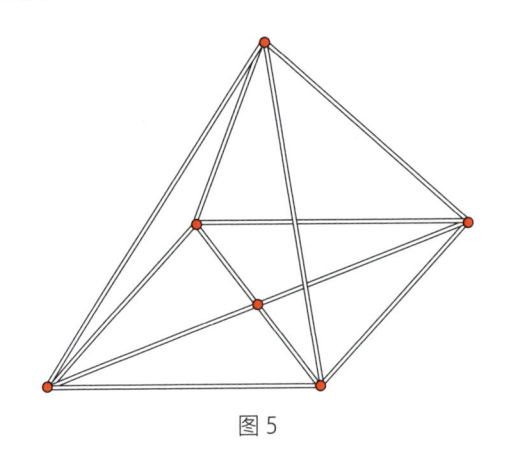

图 5

需要说明的是，当教师运用此法进行教学时，与我国传统的"变式教学"中的"过程性变式"有共通之处，二者都是对原问题进行各种延伸（如改变条件）。不同之处在于，过程性变式是指在数学活动过程中，通过有层次地推进，使学生逐步形成概念或解决问题，从而形成多层次的活动经验系统，而此处作为教学手段的"问题提出"，并不刻意强调有层次的推进，很多情况下仅仅作为一种提出新问题的策略。此外，数学"问题提出"本身也是教学的目标，而过程性变式则并非如此。

（三）教师创设情境让学生提出数学问题

在《内涵》中，我们对"问题提出"的不同情境进行了讨论。实际上，不同的问题情境有着不同的教学效果。如表达式作为一种数学情境，对结构有着较强的限制，因而学生所提问题会较为集中，易于进行教学处理，通常可用于帮助学生更好地理解新的概念或原理。其他数学情境还包括模式、图、表格等，其中模式情境较为常见，适用于数学规律的教学；表格则非常适用于教学统计方面的概念；而让学生根据几何图形自身的性质提出问题能帮助其强化几何思维，但对小学生而言可能更具挑战性。现实情境则最贴近学生的生活实践，能让学生知道数学是有用的，从而引起学生数学学习的兴趣。因此，教师应根据不同的教学目标，设置不同类型的、恰当的问题情境。

如丁玉华老师在教学"乘法分配律"时，选择将表达式作为一种问题情境。

例4 丁老师将班上的学生分为4组，并向1、2组的学生提供算式"$(5+7) \times 4$"，向3、4组的学生提供算式"$5 \times 4 + 7 \times 4$"（教师故意把两个算式隐藏起来，不让1、2组和3、4组的学生知道对方的算式），要求学生根据算式提出生活中的数学问题。

评析 在教学过程中，丁老师将学生分为两大组，通过"竞赛"的形式，让学生产生强烈的认知冲突："为什么对方提出的数学问题可以用我手上的算式求解？教师会给我们同一个算式吗？他们会不会是根据不同的算式编制问题？"这能帮助学生更积极主动地思考另一种形式的算式。根据两个算式，学生提出的问题举例如下："一套书的价格是上册5元，下册7元，小明买4套，一共花了多少元？""游乐园的门票是成人票7元1张，儿童票5元1张，如果成人票和儿童票各买4张，一共要多少元？"

（四）教师预测学生可能会提出的数学问题

教师预测学生可能会提出的数学问题，包括正确的问题和错误的问题。教师不仅需要对学生可能会提出的问题进行预测，以做好充分的课前准备，还可以在课堂上将学生提出的不同水平、不同角度甚至错误的数学问题作为教学资源，进行针对性的教学，为学生提供更多的学习机会。另外，教师可以通过设置不同的问题情境来预判学生可能会提出的数学问题。下面我们将结合具体案例进行分析说明。

在例5和例6中，学生能较好地掌握情境中涉及的数学概念。因此，在课前准备中，可主要预测学生可能会提出的正确问题。

例5 运用27＋39＝66这个加法算式，你能解决生活中的哪些问题？

评析 对于方程或算式类的问题情境，教师能较容易地预测理解这个加法算式的学生可能会提出的数学问题，如："红花有27朵，黄花有39朵，一共有多少朵花？""上午挖了27个土豆，下午挖了39个土豆，一共挖了多少个土豆？""树上有39只小鸟，又飞来27只小鸟，现在树上有多少只小鸟？""笑笑拍了27下球，淘气比笑笑多拍39下，淘气拍了多少下？"尽管学生所提的生活情境各不相同，但总体上的数学结构是一致的。

例6 妈妈给小红20元，叫她买学习用品，商店里笔记本3元一本，钢笔2元一支。请你据此提出数学问题。

评析 对于此例，学生可能会提出更多类型的数学问题："买多少本笔记本和多少支钢笔能把20元用完？""买5本笔记本、2支钢笔，还剩多少元？""用总数的$\frac{1}{2}$能买多少本笔记本和多少支钢笔？""买3本笔记本剩下的钱可用来买几支钢笔？""要买10本笔记本、10支钢笔，还差多少钱？""买1本笔记本和5支钢笔，用去的钱占总数的几分之几？""如果买10本以上笔记本有九折优惠，那么买13本笔记本还剩多少钱？""若文具盒5元1个，橡皮擦0.5元1个，买1个文具盒、1个橡皮擦、1支钢笔，还剩多少钱？"

此外，一些情境本身涉及的数学概念对于问题提出者而言较难理解。因此，教师在备课过程中，需对学生可能提出的错误问题进行较为大胆的预测。

例7 在"问题提出"工作坊中调查教师对分数除法意义的理解情况，让教师根据算式 $1\frac{3}{4} \div \frac{1}{2}$，提出一个与之相关的数学问题。

评析 工作坊的教师提出了不同类型的问题，如"$\frac{7}{4} \times 2 = \frac{2}{7}$""如何分出 $\frac{1}{2}$ 份？""一个三角形，底边长为1，这条底边上的高为 $\frac{7}{4}$，问：这个三角形的面积为多少？""让两名学生平均分享 $1\frac{3}{4}$ 瓶果汁，请问每名学生能分到多少瓶？""4个苹果价格1元，现有7个苹果，运到别处，2个苹果能卖1元。问：这7个苹果能卖多少元？""每本本子的价格是 $\frac{1}{2}$ 元，$1\frac{3}{4}$ 元能买几本？""昆虫每分钟爬行 $\frac{1}{2}$ 米，爬行 $1\frac{3}{4}$ 米需要多长时间？""有2块蛋糕，小明吃了其中一块的 $\frac{1}{4}$，剩下的蛋糕是半个蛋糕的几倍？""某种粮食去年的产量为 $1\frac{3}{4}$，今年产量是去年产量的2倍，求今年的产量。""$1\frac{3}{4}$ 米长的尺子，以 $\frac{1}{2}$ 米为一格，可以分多少格？"可以看出，问题提出者需对分数除法有较好的理解，才能提出恰当的数学问题。（如 $1\frac{3}{4}$ 米长的尺子，以 $\frac{1}{2}$ 米为一格，可以分多少格？）从该案例来看，由于教师本身对分数除法意义的理解不够准确或深入，也就难以对学生可能提出的问题进行预测。因此，一方面，教师首先应当成为一个好的问题提出者；另一方面，教师也可通过教育研究的方式更好地了解学生的思维，以对学生可能会提出的问题有更好的预测。

根据学生可能会提出的数学问题，教师必须进行针对性的教学处理，以此为不同程度的学生提供个性化的教学和更多的学习机会，最终帮助学生达成对数学知识的全面理解。

（五）教师在课堂上提出数学问题让学生求解

第五种面向教师的"问题提出"，是指教学中教师通过提出让学生解决的问题，为学生提供解决问题的机会。无论是对教师还是对学生而言，这种方式都是一种良性的循环，是一种有价值的教学手段。

例8 以下是两份暑期工作的报酬情况，你会选择哪一份工作？为什么？（使用多种解法）

工作一：在李家餐厅，每小时的工资是25元，但必须买一套45元的工作服，每周工作20小时。工作二：在洗衣厂，每小时的工资是24元，但没有工作服的要求，每周工作20小时。

解法1：在1个星期20个小时的工作中，工作一可获得的薪酬为$25 \times 20 = 500$元，工作二则为$24 \times 20 = 480$元。由于两份工作薪酬的差价为20元，而工作服需花费45元，$45 \div 20 = 2.25$，即2.25个星期后两份工作赚到的钱相同。因此，如果工作的时间超过2.25个星期，应该选择工作一。

解法2：在李家餐厅，相对于洗衣厂的工作每个小时可以多赚1元，在工作45小时后，可以多赚45元，这些钱可以抵消此前购买工作服的开销。此后，在李家餐厅可以赚到更多的钱。

解法3：假设工作x个星期，则工作一的净收入为$(500x - 45)$元，工作二则为$(480x)$元，令$500x - 45 = 480x$，解得$x = 2.25$。因此，如果工作时间少于2.25个星期，应选择工作二，否则应选择工作一。

解法4：假设工作x个星期，y_1表示工作一的净收入，y_2表示工作二的净收入，则$y_1 = 500x - 45$，$y_2 = 480x$。运用图形计算器，可以观察到这两个函数的图象交于点（2.25，1080）。因此，如果工作的时间超过2.25个星期，应该选择工作一。

解法5：通过表格列出工作一和工作二在第1个星期、第2个星期、第3个星期等的净收入，通过表格中的信息做出判断。

解法6：假设工作x个星期，则工作一的净收入为$(25 \times 20x - 45)$元，工作二则为（24×20x）元，令$500x-45<480x$，解得$x<2.25$。因此，如果工作少于2.25个星期，应选择工作二，否则应选择工作一。

[评析] 相较于算式情境，此题更加开放，并且要求多种解题策略。从以上解法来看，除了几种算术解法外，此题还渗透了一次分段函数的应用，而且通过函数及其图像的解决方法，能够加深学生对一次函数中斜率和截距概念的理解。因此，教师能否提出好的问题也是"问题提出"能否作为一种有效教学手段的关键。

四、五种教学手段之间的关系

事实上，前两种"问题提出"手段的合理运用是后三种手段顺利开展的基础和前提。教师只有自己是一个好的问题提出者，才能更好地预测不同情境下学生可能会提出的数学问题，从而结合学生现有的学习水平、思维特点以及教学目标，设定恰当的问题情境，让学生提出数学问题。而且，只有教师自身是一个好的问题提出者和设计者，才能提出恰当的问题让学生求解，以此突破教学重难点，改进教学活动。

此外，"教师创设情境让学生提出数学问题"与"教师预测学生可能会提出的数学问题"这两种"问题提出"的教学手段结合在一起，教师才能更好地根据学生的实际情况与教学目标，设置恰当的问题情境，让学生提出数学问题。实际上，前者更多根据教学目标和教学重难点设置情境，教师能熟练创设让学生提出问题的不同类型的、恰当的问题情境；后者不仅为前者服务，还强调教师能对学生可能提出的数学问题进行针对性的教学处理，这既能使教师更好地设置教学任务，又能帮助教师更高效地执行教学任务。

五、小结

数学"问题提出"本身可作为一种教学目标，即培养学生成为一个好的问题提出者。而通过作为教学手段的"问题提出"，不仅能达成这一教学目标，还能为学生提供更多的学习机会，帮助学生实现课标中要求的其他目标。根据不同的教学内容和课型，教师应自行判断是否需要在教学中融入"问题提出"。只有当运用"问题提出"进行教学能取得更好的教学效果时，教师才需要考虑是否运用这一方法开展教学，不能为"问题提出"而提出问题。

第三章

数学课堂中"问题提出"与教师提问、学生质疑的联系与区别[①]

许天来　蔡金法

在第二章中，我们给出了运用数学"问题提出"进行教学的一个框架，并重点分析了如何达成框架中的"设置'问题提出'情境的教学任务"。本章则进一步关注"课堂言语互动"。那么，在数学课堂中运用"问题提出"进行教学与一般意义上的"教师提问""学生质疑"有何联系和区别？下面，我们将结合具体案例对其进行辨析，以帮助教师更好地运用"问题提出"进行教学。

一、数学课堂中的"问题提出"

什么是数学"问题提出"？在学界，较为公认的定义是：数学"问题提出"是指基于某个问题情境，通过接受已知或改变已知的方式来提出新的数学问题，然后将其以问题的形式表达出来。据此，我们将数学课堂中的"问题提出"活动界定如下：教师根据不同的教学目标，设置不同类型的情境，学生根据情境提出数学问题。教师引导学生对所提问题进行修正，并对这些问题进行恰当的处理。

在第一章和第二章，我们已列举部分数学课堂中的"问题提出"活动，此处再补充例1和例2如下。

[①] 本文曾以《数学课堂中的"问题提出"与教师提问、学生质疑的联系和区别》为题发表于《小学教学（数学版）》，2019(12):19-23. 本书有改动。

例1　教师向学生出示"$1200-3x$",让学生提出能用此式求解的数学问题。(1)教师在学生提出问题的过程中,对学生的一些表述错误进行纠正;(2)教师展示学生所提问题,引导学生相互交流;(3)教师就学生提出的一个问题,组织学生进行讨论:"一大瓶饮料有1200克,倒了3小杯,每小杯是x克,这时大瓶里还剩下多少克的饮料?"有学生对问题进行改编:"一大瓶饮料有1200克,倒了x小杯,每小杯是3克,这时大瓶里还剩下多少克的饮料?"

评析　在教学"用字母表示数"时,教师首先提供"表达式"的情境,让学生据此提出数学问题。在学生提出问题的过程中,教师对其语言、表达方式等进行纠正。对于学生所提问题,教师挑选与教学内容密切相关的数学问题进行展示,并有目的地挑选其中一个或多个问题进行分析、解答。这一系列的互动内容组成了一个较为完整的运用"问题提出"进行教学的片段。

例2　在教学北师大版《数学》教材(2013年版)二年级上册第93页"农家小院"问题时,教师并未直接提问教材中的问题,而是采用以下教学方式。(1)教师提问学生:"请用数学的眼光认真观察这个农家小院,你能发现哪些数学信息?"师生整理得到诸如"每串玉米有8根,墙上挂了6串"的几组数学信息;(2)在学生能完整描述数学信息后,教师要求学生根据发现的数学信息提出数学问题;(3)学生小组交流后提出以下数学问题:"一共有几根玉米?""20个南瓜需要装几筐?""每个笼子可以装几只小兔?""黄瓜的高度是青椒的几倍?""柿子能装几盒?"(4)师生共同求解问题"每串玉米有8根,墙上挂了6串,一共有几根玉米?"(5)同桌两人每人选择剩余信息中的1组,一人提出问题另一人解答,再进行交换。

评析　教师提供现实情境,让学生据此提出数学问题。在教学中,教师并未直接运用教材中的问题"说一说,你能提出哪些可以用乘法或除法解决的问题",而是首先要求学生观察发现"农家小院"中所蕴藏的数学信息,然后让学生根据这些信息任意提出数学问题。这样的教学处理,能帮助学生对每种物品的数量这样的基础信息有更好的关注和理解,为进一步提出比较各种物品的数量关系的数学问题打下基础。这一步的互动是为"问题提出"活动降低认知难度。随后，教师通过求解范例帮助学生体会数学问题的完整性，并让学生相互提问求解。在学生两次提出问题的过程中，教师巡视课堂，对寻求帮助的学生给予指导，随时掌握学生提出问题和解决问题的情况。

"问题提出"的教学方式可以让每个学生有机会至少提出一道"自己的"数学问题，并确保每人至少解决了一道"他人的"数学问题。这样的处理既提供了个体建构的空间，也通过生动的社会互动，让个体的社会建构能力得到了提升。

二、数学课堂中"问题提出"与学生质疑的联系与区别

（一）数学课堂中的学生质疑

在教育学领域中，"质疑"被定义为："学生在课内外向教师提出学习中的疑难问题，要求解答或解释。同时，教师也向学生提出问题，进行反诘，以促进学生积极思考，进一步深化学习。"[1] 此处我们仅讨论一般意义上的学生质疑，即"学生在课内外向教师提出学习中的疑难问题，要求解答或解释"，包括教师引导学生质疑（如例3—例6）与学生主动质疑（如例7—例9）。但"质疑"不是作为教学任务提出来的，"质疑"也可能是在课堂提问中师生互动的一部分。

教师引导学生质疑的情形举例如下：

教学片段一：教师让学生理解分数与百分数互化的方法，并提出疑问。

例3 生1：把分数化为百分数的方法中，把分数化为小数时除不尽，为什么要保留三位小数？

例4 生2：把分数化为百分数，如果把分数先化成分母是100的分数，再化成百分数可以吗？

---

[1] 教育大辞典编纂委员会. 教育大辞典：第一卷[M]. 上海：上海教育出版社，1990: 212.

例5 生3：在百分数和小数互化、分数化成百分数的方法中，两处用了"通常"，这是什么道理？

教学片段二：学生在教师引导下对其他学生的解法（图1）提出疑问。

例6 生4：110是从哪里来的？商已经是7了，就应该把22×7的积写在被除数的下面。

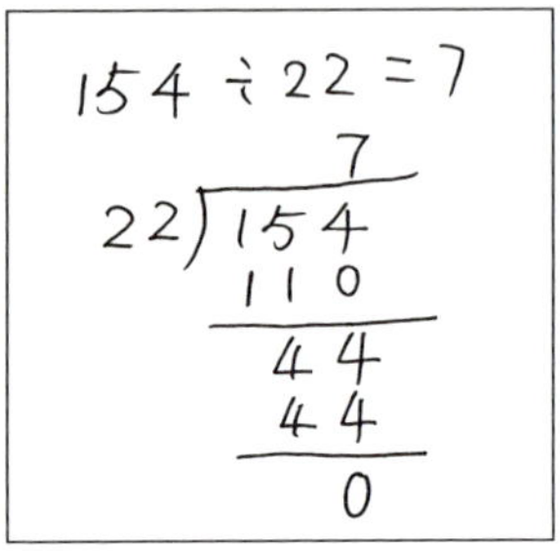

$$\begin{array}{r} 154 \div 22 = 7 \\ 7 \\ 22\overline{)154} \\ 110 \\ \overline{44} \\ 44 \\ \overline{0} \end{array}$$

图1

学生主动提出质疑的举例如下：

例7 学生在学习苏教版《数学》教材（2014年版）五年级下册"圆的认识"一课中，提出以下问题："（是否）圆的直径为y条，半径就为$2y$条？"

例8 在新学了三角形内角和是180°后，有学生质疑："把一个三角形沿底边上的高划分为两个较小直角三角形后，小三角形的内角和为什么不是大三角形内角和180°除以2，而仍是180°呢？"

例9 某教师在教学苏教版《数学》教材（2014年版）五年级下册"分数的意义"一课时，安排平均分桃子、平均分蛋糕、平均分一筐苹果等任务，再让学生抽象概括，得到其中一部分答案以几分之几表示。有学生质疑："分数就是平均分物品得到的数吗？中间的一横，就像用来平均分（蛋糕）的刀。"

可以看出，学生质疑的类型非常丰富，至少包括以下几种类型："为何如此？"（如例3、例5）、"为何不如此？"（如例8）、"可否如此？"（如例4）、"是否如此？"（如例7、例9）、"如此是否错误？"（如例6）。

（二）数学课堂中"问题提出"与学生质疑的联系与区别

从广义上讲，在数学课堂中，学生的数学"问题提出"也是一种质疑，二者都是学生通过对各种数学信息的思考，从中发现并提出疑问。但二者仍有一些本质上的区别，主要有以下三点：

首先，"问题提出"是作为教学任务提出来的，而质疑是在解决教学任务的师生互动过程中提出来的。其次，学生对于所质疑的问题，通常不知道问题的解，是其心中所惑，且较难自行解答。而在本文的讨论中，运用"问题提出"进行教学，主要是指教师根据特定的教学目标，提前设置恰当的问题情境，让学生根据此情境提出数学问题。对于在数学"问题提出"活动中所提出的问题，学生可能已知答案。而这些可能已知答案的问题一方面可帮助教师对学生的学习情况有更全面的认识，另一方面能对学生提出未知答案的问题有所启发。最后，学生质疑的问题不一定是数学问题（如例5、例9）；而"问题提出"教学中，教师引导学生提出的问题主要是数学问题。需要指出的是，在运用"问题提出"进行教学的过程中，应当鼓励并引导学生主动进行质疑，否则很难让学生顺利提出数学问题，二者是相辅相成、相互促进的关系，在教学过程中教师需要根据教学情况适当结合运用两种方式，为学生提供尽可能多的学习机会。

三、数学课堂中"问题提出"与教师提问的联系与区别

（一）数学课堂中的教师提问

在师生互动的数学交流中，教师起着至关重要的作用。很多情形下，师生互动是由教师的提问引导的。在《现代汉语规范词典》中，"提问"的释义为："提出问题并要求回答。"[①]而数学课堂中的教师提问通常被认为是"教师提供一个现有的问题，要求学生进行回答"，并未要求提出的问题一定是数学问题。

---

① 李行健. 现代汉语规范词典[M]. 北京：外语教学与研究出版社，2010:1289.

如李士锜、杨玉东根据数学教学的特点和我国实际情况，将数学课堂上的教师提问划分为管理性提问、机械性提问、记忆性提问、解释性提问、推理性提问、批判性提问六类。[①]根据其内涵给出课堂中的实例如下。

管理性提问：询问或鼓励学生发言等无关学科内容的问题。如："有没有谁愿意回答这个问题？""有谁能提出质疑？"

机械性提问：简单地询问"对不对"或只要求全班齐答显而易见的内容。如："都同意吗？"

记忆性提问：提问要唤起学生对学科知识的记忆，不需要时间思考。如："比较两个带分数时，我们首先应该看什么？"

解释性提问：需要运用知识对问题作出阐释或说明，需要一定思考时间。如：学生在求解应用题的过程中列出算式"（6＋3＋5＋2）÷4"并进行解答后，教师可进一步提问："除号前面的数是什么？除号后面的4表示什么？"本文例2中，"请用数学的眼光认真观察这个农家小院，你能发现哪些数学信息？"同样可归为此类。

推理性提问：需要学生通过逻辑推理得到问题答案，一般需要较长时间。如："哪种烙饼方法可以让大家最快吃上饼？"

批判性提问：需要学生变换角度反思，或能够作深层次思考的问题。如："今天学习的求平均数的应用题和刚才复习的除法中的等分问题有什么区别和联系？"

可以看出，在"有谁能提出疑问"一类的教师提问中，同样未限定学生必须提出数学问题。学生可以质疑教师、同学或教材的正确性（如例6），亦可提出其他非数学问题的疑问（如例5、例9）。

（二）数学课堂中"问题提出"与教师提问的联系与区别

简而言之，教师在课堂上的"问题提出"与提问，都是基于不同的教学目

---

① 李士锜，杨玉东．教学发展进程中的进化与继承——对两节录像课的比较研究 [J]．数学教育学报，2003(3):5-9.

标，对学生提出不同的要求，以课堂言语互动的方式，帮助学生联系旧知并思考新知，从而得到学生的回应。同时，教师通过学生的反馈，对学生的思维能力和知识水平能有更准确的了解，并据此开展针对性教学。

不同之处在于，在学生进行"问题提出"活动时，必须根据教师设定的情境提出数学问题。这些情境能为学生提供更多的机会来建立不同知识或新旧知识之间的联系，帮助其深刻理解所学内容。而且，通过学生自己思考提出数学问题，还有助于培养学生的创造性思维。

如果说"问题提出"属于教师设置的一种教学任务，那么教师提问往往不是作为教学任务提出来的，而是通过教师提供的情境或问题条件等，促进学生主动思考与数学条件、情境或问题有关的各个方面。师生以数学内容为出发点进行课堂言语互动，开展更深入的数学交流，最终促进学生的数学学习。

综上所述，在数学课堂教学中，"问题提出"是以教师"设置教学任务"，并结合自己的课堂提问进行的一种"课堂言语互动"活动。

四、同一节课的两个教学片段

下面，我们将结合同一节课中的两个教学片段（表1），对数学课堂中的"问题提出"与教师提问、学生质疑进行剖析。此课例的教学地点为美国特拉华州克里斯蒂娜学区（一个公立学区）的西公园小学，教学内容为"带分数的借位减法"。

表1

教学片段1	教学片段2
在屏幕上给出"$4\frac{2}{6} - 1\frac{4}{5} = ?$",并给出图示。 师：你能根据这个分数减法提出实际背景的问题吗？ 生1：冰箱里有4张完整的披萨和我昨晚剩下的一张等分成6份中的2份披萨，被我吃掉了一张披萨，另加其中一张分成5份的4份披萨，还剩下多少披萨？ 生2：我有4根绳子和被裁断的1根等分成6份中的2份绳子，做手工用掉了其中的1根另加5份中的4份绳子，还剩下多少根绳子？ 师：这两个问题都是围绕分东西提出的，即几份中的若干份。大家想一想，分数只能代表这个吗？ （生思考） 师：大家说得没错，开始学分数时确实是这样，但我们后来知道分数其实就是一种数，它还可以表示其他量，比如—— 生：长度、质量、路程…… 师：那么大家再来提出身边的问题。 生3：我家离学校$4\frac{2}{6}$英里，早上我走了$1\frac{4}{5}$英里，还剩下多少路程？ 师：生2，修正一下你的问题。 生2：一段绳子长$4\frac{2}{6}$米，被我做手工用掉了$1\frac{4}{5}$米，还剩下多少米？	师：分数减法与我们以前学的减法有何不同？和你的同伴交流。 生4：通分后分数部分不够减。 师：怎么办呢？想一想31－9是怎么解决的？ 生5：借位（原词：borrow）。 师：怎么个借位法？ 生6：借一当十。 师：我想把借位法用于此题的解决，问题在哪里？ 生7：借一不能当十。 师：我们应该思考什么样的问题？ 生8：为什么原来是借一当十？ 师：原理呢？ 生9：1在十位上…… 生9：现在1在个位上…… 生10：借一当$\frac{30}{30}$。 ……

在教学片段1中，教师首先给出数学算式"$4\frac{2}{6} - 1\frac{4}{5} = ?$"，要求学生"根据这个分数减法提出实际背景的问题"，让学生提出能用此式求解的现实问题。学生首先提出两个数学问题，当这两个问题并非教师"想要"的数学问题时，教师进行了课堂提问："大家想一想分数只能代表这个吗？""（分数）还可以表示其他量，比如——"引导学生对其所提的问题重新进行思考。学生最终提出了教师"想要引出"的数学问题。这一教学片段是典型的基于"问题提出"进行教学的活动片段，尽管包含两个教师提问的问句，但这两个问句都是为了

帮助学生提出更准确的数学问题。

在教学片段2中，教师的提问活动同样非常丰富。类似于生8提出的"为什么原来是借一当十"的问题即教师引导下学生的课堂质疑。可以看出，尽管教学片段2包含很多提问活动，但都是教师提问和学生质疑，并未涉及本文所讨论的"问题提出"活动。

数学教育领域中的"问题提出"，一般是指类似于教学片段1的教学过程，而教学片段2则是一般意义上基于问题解决的教学过程。当然，运用"问题提出"进行教学，需二者相结合，共同建构"课堂言语互动"环节，为学生提供更多的学习机会，帮助其更全面深入地掌握所学知识。

五、小结

数学课堂中的教师提问通常被认为是教师提供一个现有的问题，要求学生进行回答。学生回答的内容并不一定是学生提出的数学问题；学生质疑是指学生在课内外向教师提出学习中的疑难问题，要求解答或解释；"问题提出"活动是指教师根据不同的教学目标，设置不同类型的情境，以期学生根据情境提出数学问题。教师引导学生对所提问题进行修正，并对这些问题进行恰当的处理。

教师在数学课堂上设置情境让学生提出问题，是设置教学任务，要求学生提出数学问题。课堂提问和质疑是在课堂言语互动中发生的，是更一般的课堂互动方式。

需要说明的是，本章对数学课堂中的"问题提出"与教师提问、学生质疑进行区分，是为了说明怎样的活动才能被称之为运用"问题提出"进行的教学活动，以期对一线教学有所启发。在实际的数学课堂中，三者应有机结合，以便实现更好的教学效果。

第四章

基于"问题提出"的小学数学教学设计[①]

■ 贾随军　姚一玲　蔡金法

近年来，越来越多的研究者开始关注"问题提出"教学对学生的影响作用，因此在当下和未来的数学教学和教育研究中，有必要把"问题提出"融入数学课程和教学。数学教师对教学内容的理解、对学生的了解都直接体现在自己的教学设计中并最终影响教学效果。本文将以"问题提出"为教学手段和目标，提出基于"问题提出"教学的设计要素，并结合具体实例进行说明。

一、"问题提出"教学的框架

本节基于蔡金法提出的数学教学框架（见第二章），结合"问题提出"的特征，对"问题提出"的教学框架进行详细说明，为后文的教学设计奠定理论基础。

尽管目前已经有教师开始尝试使用"问题提出"开展教学，但由于理论和相关实践经验的缺乏，很多教师对"问题提出"教学的目标缺乏深刻认识，导致教学设计和教学效果并不理想。因此，教师需要基于一定的理论框架和自己的实践经验来思考并确立基于"问题提出"的教学目标。

基于"问题提出"的课程材料中的学生学习目标和教学任务主要是指在课

[①] 本文曾以《基于"问题提出"的小学数学教学设计》为题发表在《小学教学（数学版）》，2020(1):20-26.本文有改动。

程标准、教材等课程材料中设计有关"问题提出"的学习目标和学习任务。然而，研究发现，无论是美国还是中国的教材，都只设置了少量的"问题提出"活动。课程标准在课程目标中虽然已经提出让学生"能够在实际情境中发现和提出有意义的数学问题，进行数学探究"[①]，但由于"问题提出"的关注点仍然是作为问题解决的一部分，"问题提出"的综合优势（如提升学生的概念理解力和创造力）仍未得到充分体现。同时，由于缺乏更为具体的说明与举例，教师很难在教学过程中实施有效的"问题提出"教学。

基于"问题提出"的教学任务包括两个方面，即教师在教学设计中设置的教学任务和课堂教学中真正执行的教学任务。教师自己设置的教学任务指的是教师预期要在课堂上开展的教学活动，包括如何利用"问题提出"引入教学内容，如何设计"问题提出"活动，如何根据学生所提问题进一步教学，以及检测教学目标的达成情况。真正执行的教学任务通常会由于实际的学情和不可预测的课堂生成，使得实际课堂教学与教师的预期设计存在差别。在教学设计过程中，教师需要了解学生提出问题的能力，从而预测学生可能提出的问题，并在学生提出问题后作出即时的反馈和处理。

基于这一框架，下文我们将从教学目标的设计、教学任务的设计、对学生提出问题的预设及教学处理等方面详细阐述如何进行基于"问题提出"的教学设计。

二、"问题提出"教学的目标设计

"问题提出"任务通常具有一定程度的认知要求，而具有不同认知要求的任务支持不同类型或程度的学习。具有高认知要求的"问题提出"活动能够支持学生获得更高程度的数学发展。已有研究指出，"问题提出"活动能够促进学生的概念性理解，培养学生的数学推理和数学交流能力，能够引起学生对数学的

[①] 中华人民共和国教育部. 义务教育数学课程标准(2022年版)[M]. 北京：北京师范大学出版社, 2022: 5-6.

兴趣。蔡金法还指出，"问题提出"教学将有助于教师为不同学生提供不同的、更有针对性的学习机会。

（一）"问题提出"教学的知识目标设计

安德森（Anderson）在综合了不同认知理论对学习本质的定义后，提出了"认知心理学中的一个基本假设：新的知识需要学习者自我建构，然而学习者不是简单地将新知存储在大脑中，而必须将新知与自己的旧知建立关系，这个建立关系的过程就是学习的本质"。[①]从这个意义上说，他认为数学知识——无论是程序性知识还是概念性知识，都是学习者自己建构的。同时，有学者认为，"问题提出"教学对学生学习概念性知识或对数学知识的概念性理解具有显著的积极影响。因此，教师在运用"问题提出"进行教学的过程中，知识目标设计应当考虑概念性知识及知识的概念性理解两个方面。

（二）"问题提出"教学的能力目标设计

研究发现，"问题提出"活动在认知要求上通常超越了问题解决所需的认知能力，它会让学生更深入地理解任务的结构和目标。而具有较高认知水平要求的任务能够更好地使学生在思维和智能水平上得到发展。学生在"问题提出"过程中需要自己从已有问题情境、现实情境，甚至在无情境的情况下发现问题并提出问题。长期的"问题提出"教学有助于促进学生的主动学习，而且能够培养学生积极参与数学活动的意愿和习惯。基于此，"问题提出"的能力目标包括以下几个方面：

1. 培养学生的问题解决能力。

在"问题提出"过程中，学生首先需要对情境进行细致观察，然后加工信息，或进行推理和联系。在此过程中，学生往往会发现某些结果。例如，在一节"组合图形面积"课上，教师让学生尝试计算如图1所示图形的面积。学生在

---

① John R. Anderson Acquisition of Cognitive Skill[J].Psychological Review, 1982,89(4):369-406.

发现两种辅助线（图2、图3）之后，提出如下问题。

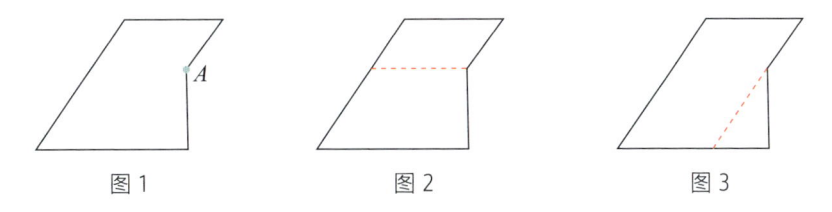

图1　　　　　　图2　　　　　　图3

（1）图2和图3中的辅助线有什么共同特点？

（2）我发现，两种方法的辅助线都是经过A点的。这是为什么？可不可以不经过A点？

由此我们看到，学生在提出问题的过程中已经发现了两条辅助线都经过A点，进而体会到在运用割补法求面积时，如何在凹多边形中寻找关键点，从而进一步理解了凸多边形和凹多边形的性质特征。从这个过程中我们发现，学生在提出问题的时候也是发现问题的一个契机。此外，在学生提出问题后也可以让他们解决自己或其他同学提出的问题，从而为学生提供更多可主动参与的任务。

2. 培养学生的创造性思维。

创造性思维指学生提出新颖独特的见解的思维活动。在"问题提出"活动中，教师所创设的问题情境往往提供了一定的开放空间，这有助于学生在丰富的信息中，以全新的视角发现数学对象之间的联系，从而提出新颖独特的问题。因此，"问题提出"可以是一种创造性活动，能激发学生的创造性思维。教师在"问题提出"的教学设计中应该根据具体内容设计更为开放或更有利于延伸拓展的任务，以给学生提供从不同角度提出不同问题的机会。例如，杨薪意老师在"认识数"的教学中，提供如下问题让学生回答："根据39、27这两个数，你能联想到哪些和它们相关的数？"该任务情境已知且目标开放。一年级学生可以基于自己对数的认识与理解，从39和27联想到不同的数，从而产生多种结果："（1）我想到93，是将39的十位和个位上的数字交换位置得到的；（2）我想到72，同样是将数字27进行位置交换得到的；（3）我想到比27大、比39小的数有：28，29，35…"

3.培养学生数学交流的能力。

"问题提出"也是一种社会建构的过程，因此，学生在提出问题时，需要用尽可能清晰简洁的语言描述自己的问题，以便同学和教师理解。在"问题提出"教学活动中，学生并不只是提出一个问题就结束，而是要提出一系列问题，师生之间需要通过不断的交流、辩论和批判来实现课堂的社会建构过程。因此，教师可以在教学过程中要求学生用清晰简洁的语言描述自己的问题，同时尽可能给予学生足够多的时间，让他们进行小组讨论、汇报、辩论和批判，以实现培养学生数学交流能力的目的。

4.发展学生积极的数学情感。

作为一种教学手段，相比问题解决教学，"问题提出"教学能给学生提供更多的学习机会。这不仅包括更多的认知发展机会，还包括满足不同需求和水平的学生的不同学习机会。由于"问题提出"活动是开放的，它不仅能够让基础薄弱的学生有机会表达自己的想法，基于自己的已有知识和经验提出一些有意思的问题，并感受到他们也能为课堂学习作出独特的贡献，还能让优秀的学生不受限制地提出类型更丰富、认知程度更高的问题。不仅如此，课堂中相互讨论和评价的环节还能提供不同认知要求的话语机会。例如，当一个基础较为扎实的学生质疑一个基础比较薄弱的学生提出的不合理的数学问题时，基础较为扎实的学生必须首先理解基础比较薄弱的学生的问题，并对该问题进行再思考和解释。这样的过程不仅可以满足不同认知能力学生的需要，也能够提升学生参与数学活动的积极性，从而产生对数学学习的兴趣。在课堂中学生自己解决相互提出的问题，还有助于培养他们数学学习的自信心。因此，教师在教学设计过程中，应充分考虑不同学生的认知需求，根据教学内容采用个人汇报或小组合作的形式，为不同学生提供表达自己想法的机会。

三、"问题提出"教学的任务设计

（一）哪些内容适合"问题提出"教学

研究发现，"问题提出"教学可以促进学生的概念性理解。概念性理解要求学习者能够掌握知识之间的各种联系，要求学习者能够把已习得的知识与技能迁移到不同的情境中去，促进新知识的学习或不同情境中问题的解决。

在概念与命题的教学中，首先，需要厘清问题情境与概念、命题之间的关联。学生可以通过"问题提出"的方式熟悉情境、加工情境，分离出情境中的核心要素，从而建构数学对象。其次，在概念与命题的应用阶段，学生可以以"问题提出"的方式考虑数学对象的适用范围，把数学对象与现实情境、其他学科情境、数学学科内部其他对象或问题相关联。最后，通过研讨学生提出的富有梯度性的问题序列，揭示数学对象之间的关联，建构知识网络。特别是在运算意义的赋予及算理的揭示方面，许多一线教师在利用"问题提出"进行教学上已经积累了一些成功经验。在他们的教学实践中，通过让学生根据给定算式讲故事、编制现实问题等途径，既赋予了运算以意义，又揭示了算理。例如，如何揭示三位数乘两位数（如 145×12）的算理呢？学生在三年级下册学习两位数乘两位数的内容时，教材通过点阵图呈现算理。如果依然用点阵图呈现三位数乘两位数的算理，那么一方面导致了教学方式上的重复，另一方面点阵图比较大，不便于在纸面上呈现。有教师尝试用"问题提出"的方法揭示算理。教师出示"145×12"和"$145 \times 10 + 145 \times 2$"两个算式，要求学生提出能用这两个算式解决的实际问题。学生通过把数学问题转化为生活问题，明确了三位数乘两位数的算理，回答了三位数乘两位数的算法合理性问题。从教学目标的层面看，要让学生达到概念性理解的内容都适合以"问题提出"的方式进行教学。

（二）教师如何设计"问题提出"的教学任务

"问题提出"教学对教师来说是一项不小的挑战，这主要是由于"问题提出"教学素材的匮乏造成的。教材作为主要的教学素材来源,其中"问题提出"活动的占比非常低,因此"问题提出"教学任务的设计是十分必要的。

为了有效地设计"问题提出"的教学任务,教师必须掌握一些"问题提出"的策略。布朗和沃尔特提出通过改变问题条件与约束,提出新的问题[①];基尔帕特里克(Kilpatrick)倡导通过观念的联结、类比、一般化、反驳、换位思维法和观念组合法等提出数学问题[②];西尔弗等还提出了接受已知条件和挑战已知条件的策略[③]。这些策略都可以帮助教师设计"问题提出"的教学任务。下面将介绍三种简单易行的"问题提出"策略,供教师教学时参考。

1.删除问题解决任务中的提问句。

如图4所示,这是一个问题解决任务。只需要把提问句删掉,它就可以转化为一个"问题提出"情境,要求学生提出自己的数学问题。

下面是三(1)班黑板报的布局。

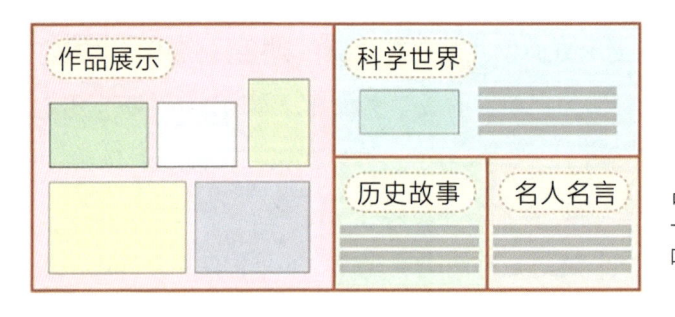

"作品展示"大约占黑板报的几分之一?"科学世界"呢?哪一部分大?

图4

2.提供范例。

给学生呈现情境,根据情境提供一个"问题提出"的范例,让学生在范例的启发下再提出问题,如图5所示。

---

① Brown S, Walter M. The Art of Problem Posing[M]. New York: Psychology Press,1983:50-66.
② Kilpatrick J. Problem Formulating: Where Do Good Problems Come from?[M].// Cognitive Science and Mathematics Education. New York: Routledge,1987:123-147.
③ Silver E, CAI J F. An Analysis of Arithmetic Problem Posing by Middle School Students [J]. Journal for Research in Mathematics Education, 1996,27(5):521-539.

第一部分
"问题提出"教学理论

Write an addition number story about what you see in the picture. Write a label in the unit box. Find the answer. Write a number model.

Example: 7 ducks in the water. 5 ducks in the grass. How many ducks in all?

Answer the question: _12 ducks_
        (unit)

Number model: _7_ + _5_ = _12_

Unit
ducks

Story: _____
_____
_____
_____

Unit

Answer the question: _____
        (unit)

Number model: _____ + _____ = _____

图 5

情境描述：池塘中有7只鸭子，还有5只在池塘边的草丛中，池塘边有4个穿白色衣服的学生、5个穿黑色衣服的学生。

"问题提出"举例：7只鸭子在池塘里，5只鸭子在草丛里，总共有多少只鸭子？

答案：<u>12只鸭子</u>

列式：<u>7+5=12</u>

请你编一个有关加法的数学故事：_____
_____

答案：_____

列式：_____

39

3.让学生提出不同难度的数学问题。

教师根据某一规则画出了三幅圆点图，如图6所示，希望学生据此提出三个问题（简单的、中等难度的、较难的各一个）。

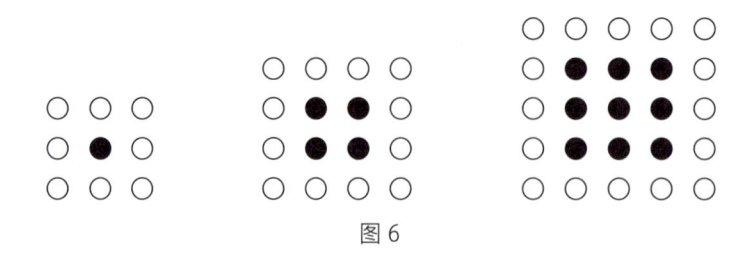

图6

（三）"问题提出"任务中如何设计引导语

在数学"问题提出"任务中，引导语的设计是一个重要的环节。从教学环节的角度看，在概念、命题的引入阶段，学生对数学对象缺乏了解，教师可以使用"你能提出数学问题吗"作为引导语引导学生通过问题情境建构数学对象；而在概念、命题的应用、巩固与复习阶段，教师可以使用"你能提出尽可能多的数学问题吗""你能提出三个不同难度的数学问题吗"作为引导语。

从分层教学的角度看，"你能提出数学问题吗""你能提出尽可能多的数学问题吗""你能提出三个不同难度的数学问题吗"是三句不同层次的引导语。这三句引导语分别适合基础比较薄弱的学生、中等程度的学生及水平较高的学生。尽管水平不同的学生所提的问题在结构、难度、知识综合程度等方面都会有所不同，但通过"问题提出"任务，他们几乎都能参与到数学活动中。

从评价学生思维的角度看，学生能否提出问题、能否提出多个问题反映其思维的流畅性与发散性；能否从不同角度提出问题、能否提出难度不同的问题，则反映其思维的灵活性、深刻性和原创性。

如果学生提不出数学问题，引导语就要相对开放一些，可以选择一些"问题提出"的策略，如"你能把结果一般化吗""你能把它和先前的知识相关联吗""你能把它和生活实际相关联吗"。如果想让学生提出的问题聚焦某一方面，教师的引导语就要相对具体，要有明确的指向。例如，有教师在圆的教学中使用了以下两种引导语：①屏幕上有一个圆，请你提出一个跟圆有关的问题；②请你想一想，圆的特征在生活中有哪些应用，请你列举一个圆形物品，并根据你对它的观察和思考，提出一个相关的数学问题。在引导语①的启发下，学生提出的问题比较分散，涉及圆的各个方面；而在引导语②的启发下，学生提出的问题则基本聚焦于圆的特征及其在生活中的应用。

四、学生提出问题的预设及教学处理

（一）教师预设学生提出的问题

教学设计要基于对课程文本（课程标准、教材等）及学生基本情况的分析进行。而具体到"问题提出"教学实践，要想预设学生可能提出的问题，教师必须具备两方面的能力。

1. 教师自身的"问题提出"能力。

教师提出问题有助于自己深刻理解教学内容，启发学生提出问题，掌控学生"问题提出"的方向，并对学生的"问题提出"进行恰当的评价。

教师只有自己能提出问题，才能够预设学生可能提出的问题，从而及时进行课堂反馈，使教学顺利开展。例如，为了促进学生对乘法分配律的概念性理解，教师需要自己提出并思考更多的问题。教师可以从数学史的角度提出问题，如"乘法分配律是如何起源的"；也可以围绕核心概念（运算）的基本结构提出问题，如"如何赋予乘法分配律意义""如何呈现其运算法则""如何揭示其算理"；还可以从知识关联性的角度提出问题，如"乘法分配律可以和以前学过的哪些知识关联起来"。在"问题提出"的教学中，如果教师想对学生提出的问题进行合理的分类，并作出评价，那么教师必须把握数学对象的本质，并能针对数学对象提出不同类型的问题。例如，"运用 $7-2=5$ 这个减法算式，你能解决生活中的哪些问题"这个问题实际上考查的是减法的意义，如果教师能够全面地理解减法的意义，就很容易举出不同类型的例子。如增加型变化中变化未知——佳佳有2颗弹珠，她想要7颗弹珠，问佳佳还需要买几颗弹珠？减少型变化中结果未知——佳佳有7颗弹珠，她做玩具用了2颗弹珠，问佳佳现在有几颗弹珠？减少型变化中减少未知——佳佳有7颗弹珠，她做玩具用了一些弹珠，现在有2颗弹珠，问她做玩具用了几颗弹珠？部分整体型中部分未知——佳佳有7颗红色弹珠和黑色弹珠，其中黑色弹珠有2颗，问佳佳有几颗红色弹珠？比较型中差异未知——明明有2颗弹珠，佳佳有7颗弹珠，问佳佳的弹珠比明明多几颗？在实际教学中，如果学生对于这个减法算式提不出问题，或者学生提出的问题类型过于单一，教师可以把自己预设的问题提出来。

2. 教师对学生所提问题的预测能力。

学生提出的问题会直接影响课堂教学中教师对学习任务的选择，这在很大程度上决定了教学目标能否达成、能否促进学生的概念性理解、能否培养学生的"问题提出"能力。教师只有具备预测学生提出的问题的能力，才能在课堂教学中通过恰当的引导语启发学生选择合理的"问题提出"的角度与方向，提出有效的问题，使教学活动按照预定的目标展开。教师不仅需要对学生可能提出的问题进行预测，以做好充分的课前准备，还需要在课堂上将学生提出的不同水平、不同角度甚至错误的数学问题作为教学资源，进行针对性的教学，为学生提供更多的学习机会。

要预测学生的"问题提出"，教师首先要了解学生"问题提出"能力的基本现状。陈丽敏等人的研究表明，学生倾向于提出一些常规性的、熟悉的数学问题（与教材中的问题类似），提出的问题类型比较单一，不擅长提出创新性、复杂性的数学问题。[1]另外，小学生"问题提出"能力的发展具有阶段性：二年级之前，学生处于从不会提出问题到能提出问题的过渡阶段；二到五年级，学生处于"问题提出"的局部思考阶段，这个阶段的学生能够在开放的情境下提出问题，但绝大多数是简单问题或零星的发展性问题；六年级学生进入"问题提出"的整体思考阶段，如果学生经历了"问题提出"教学，则有一半左右的学生能够较为系统地提出发展性问题。对学生"问题提出"能力现状的把握有助于

---

[1] 陈丽敏，景敏. 五年级小学生数学问题提出能力和观念的调查研究 [J]. 数学教育学报，2013, 22(2): 27-32.

教师从宏观层面预测学生提出的问题类型。其次，针对某些具体的教学内容，教师可以通过抽取学生样本，整理、分类他们提出的问题，分析他们提出问题的类型，并与教师自己提出的问题类型进行比较，以了解学生"问题提出"的基本规律，从而更有效地预测学生的"问题提出"。例如，纳西尔（Nesher）等的研究表明，学生在有关减法文字题的问题解决任务中，在"混合型"（相当于前文提到的"部分整体型"）、"比较型"中的表现要明显弱于"变化型"[1]。根据学生"问题解决"能力与"问题提出"能力的相关性，我们有理由推断，学生更容易提出"变化型"的问题。在教学中，教师可通过提示语或范例的形式启发学生提出"比较型"与"混合型"的问题。

（二）学生提出问题后的教学处理

教师在课堂上不可能解决学生提出的所有问题，因此教师要对学生提出的问题及时进行分类。分类的目的在于评价学生的数学理解力，提高解答这些问题的效率，以及筛选出需要重点解决的问题，生成新的课堂教学任务。

教师尤其要关注那些具有高认知要求的问题，如推理型问题、开放型问题、可延伸型问题，在这些问题中选择问题解决的任务，作为课堂的生成性资源，从而推动学生的学习。当然，如果有学生提出了非数学问题或条件不足的问题，教师可以鼓励学生修改他们的问题。修改的过程也是学生提取知识、巩固知识、强化知识之间联系的过程。

怀廷（Whitin）记录了他在教学过程中引导学生发现结论、提出问题、对问题进行分类、选择问题解决任务的过程[2]，他的经历或许对我们实施"问题提出"教学有启发意义。

---

[1] Nesher P, Greeno J, Riley M. The Development of Semantic Categories for Addition and Subtraction [J].Educational Studies in Mathematics, 1982, 13(4): 373-394.
[2] Whitin P. Promoting Problem-Posing Explorations[J]. Teaching Children Mathematics, 2004, 11: 180-187.

第一天：让学生用边长为1厘米的单位正方形拼出面积为12平方厘米的矩形，计算拼出的每个矩形的周长，分析与解释他们的发现，陈述一个理论、一个假设或他们感到疑惑的问题。（当学生参与讨论、书写或得出他们的结论时，教师做好记录。）

当天晚上，教师整理学生的发现：学生拼出了周长分别为26厘米、16厘米、14厘米的矩形。教师把学生的发现呈现在卡片上，卡片上预留了空间以供学生提出问题。

第二天：教师要求学生针对卡片上的每一个陈述或命题，提出自己的问题。当课程结束后，学生提出的问题整理如下：

1.周长都是偶数（26厘米、16厘米、14厘米）【前一天学生的发现】

学生提出的问题：周长还可以是其他数吗？周长总是偶数吗？

2.周长的变化先快后慢【前一天学生的发现】

$$26 \xrightarrow{10} 16 \xrightarrow{2} 14$$

学生提出的问题：减少量还会是其他数吗？当小正方形的个数发生变化时，减少量的规律还会是这样吗？

接着，怀廷给出引导语：选择一个你想研究的问题，记录在你的笔记本上，作出预测并给出理由。

第三天：研究学生提出的问题。有些学生研究了周长都是偶数的命题，有些学生研究了周长的变化规律，还有些学生研究了矩形的形状与它的周长之间的关系。

这是一个成功的"问题提出"教学案例。在这个案例中，学生发现了重要结论并提出了很有趣的问题：周长总是偶数吗？当小正方形的个数发生变化时，减少量具有怎样的规律？从学生的角度来分析，学生通过观察发现结论，在自己的发现中寻找"问题提出"的资源，学生提出了许多问题，教师对学生提出的问题进行整理并分类，最后形成了两个主要的问题。整个"问题提出"过程充分体现了学习的主动性，又富含认知冲突。从教师的角度来分析，教师把"问题提出"活动与探究性学习、问题解决相关联，形成了"提出问题—解决问题"的不断循环。活动中还包括教师对学生讨论的细致记录、对学生讨论结果的有序整理分类以及"问题提出"卡片的精心制作。所有这些环节及要素共同促成了学生"问题提出"与解决的有效性。

当然，并不是所有内容都适合"问题提出"教学。教师应明确每一节课中采用"问题提出"教学的目标是什么，而不应该盲目地、不加选择地在所有课中都采用"问题提出"。可能一节课中不止有一个"问题提出"的教学任务，也可能一节课中只有一个片段是"问题提出"的教学任务。

五、结语

"问题提出"教学有助于教师为不同学生提供不同的学习机会。如果想让学生对所学知识达到概念性理解的认知程度，"问题提出"是一种有效的教学方式。"删除问题解决任务中的问题""提供范例""让学生提出不同难度的数学问题"是"问题提出"的任务设计中常见而有效的策略。为了使学生提出更多有价值的问题，教师还要依据教学目标及教学流程灵活地选择引导语。"你能提出数学问题吗""你能提出尽可能多的数学问题吗""你能提出三个难度不同的数学问题吗"是课堂上比较常见的引导语。为了有效地实施"问题提出"教学，教师自己必须具备"问题提出"的能力及预测学生"问题提出"的能力，这为课堂教学中对学生所提的问题进行及时、准确的分类奠定基础。教师可以从数学史的角度提出问题，也可以从学科核心概念结构的角度提出问题，还可以从知识关联的角度提出问题。要预测学生的提问，教师除了需掌握学生"问题提出"的一般规律，还要做一些小样本的调查，以掌握学生提问的类型及角度。对课堂中学生所提问题进行分类，一方面是为了有效率地解决这些问题，另一方面是为了以学生提问为资源生成问题解决任务，从而把"问题提出"与"问题解决"整合起来。

第五章

数学课堂中学生"问题提出"的评估[①]

■ 李欣莲　蔡金法

21世纪以来，国际数学课堂改革不仅重视培养学生分析问题、解决问题的能力，而且意识到发现问题、提出问题对于培养学生的重要性。如今，"问题提出"已成为数学课程目标之一。然而，"问题提出"的教育价值不仅在于它可以作为教学目标，而且可以成为教学手段以及教学评价的手段。近年来，"问题提出"越来越受到数学教育研究者、课程标准制定者、教材编写者以及一线教师的重视。我们的研究团队围绕"问题提出"开展了系列研究，包括但不限于用"问题提出"评估教师与学生的思维、教师学习用"问题提出"进行教学、提供"问题提出"教学的课程资源等七个方面。例如，我们在有关教材的研究中发现，相较于之前的版本，目前的小学数学教材已有更多的"问题提出"内容。针对我国小学数学教师"问题提出"表现的测试结果也表明，我国教师在"问题提出"上有较好的表现，并且他们在观念上也认同"问题提出"对于提高他们的教学效果的作用。然而在实践中，教师仍然对如何向学生提供"问题提出"的学习机会感到困惑，认为将"问题提出"整合于课堂教学中是充满挑战的，如教学经验固化、课堂管理难度大等。其中，最主要的挑战之一是教师实施"问题提出"教学时，如何评估学生的"问题提出"，即学生按照要求完成"问题提出"任务之后，教师如何对学生的"问题提出"质量进行评估、反馈和引导。因

[①] 本文曾以《数学课堂中学生问题提出的评估》发表于《小学教学（数学版）》，2020(6):22-26.本书有改动。

此，本章旨在针对教师的这一挑战和困惑，尝试帮助教师找到"问题提出"的评估方法，以期为教师在课堂教学中运用"问题提出"的方法扫除障碍，使得顶层的教学目标真正在课堂中落实，让更多学生受益。本文将首先讨论"问题提出"任务的类型，在此基础上针对不同问题任务类型建构相应的评估框架，并结合具体实例详细说明评估开展的方法。

一、"问题提出"任务的类型

在课堂中开展学生"问题提出"评估时，教师首先需要明确评估的目的和意义，并结合所学内容设计恰当的"问题提出"任务，再根据学生的作答对其"问题提出"表现进行准确的评估和判断。评估的结果有多种用途，包括课中了解学生的思维状态，提升教学效果；课后掌握学生学习质量，反馈教学成效等。"问题提出"任务类型不同，相应的评估方法也不同。

西尔弗对"问题提出"任务进行了分类：一类是根据情境提出问题，另一类则是通过改编现有问题以提出新问题。[①]蔡金法在此基础上，通过系统梳理"问题提出"的内涵，认为应从学生和教师的角度来看待"问题提出"的含义。对于学生而言，"问题提出"主要包括两方面的心智活动：（1）学生基于给定的问题情境提出数学问题，这些情境包括数学表达式或图表；（2）学生通过改变（或改编）已有问题来提出新的数学问题。对于教师而言，"问题提出"主要包括五方面的心智活动：（1）教师自身基于给定的情境提出数学问题；（2）教师自身基于给定的情境，通过改变（或改编）已知条件提出数学问题；（3）教师创设情境让学生提出数学问题；（4）教师预测学生可能会提出的数学问题；（5）教师课堂上提出数学问题让学生求解。根据这一结果，我们可以将学生的"问题提出"任务按照问题情境的特点分为两种基本类型：第一类为给定现实情境，要求提出数学问题，现实情境包括文字情境、统计图表情境；第二类为给定数学情境，

---

① Silver E. On Mathematical Problem Posing [J]. For the Learning of Mathematics, 1994, 14 (1): 19-28.

要求提出数学问题，数学情境包括数学表达式、表格、模式等。此外，对所提问题的不同要求，又可以交叉细分出其他类型的"问题提出"任务，如有些"问题提出"任务不限定作答，鼓励回答者尽可能多地提出问题；有些则是限定作答，要求回答者按照要求分别提出简单问题、中等难度问题以及复杂问题。不同的"问题提出"任务类型所发挥的教学促进效果不同，教师需要结合所教内容特点以及所要实现的教学目标，选择使用恰当的类型。相应地，不同类型的"问题提出"任务评估既有共同点，又有差异。下文将以三类主要的"问题提出"任务为例，建构相应的评估框架，并结合具体实例说明应用方法。

二、已知数学表达式的"问题提出"评估

（一）评估框架建构

在对学生数学"问题提出"表现的评估中，西尔弗和蔡金法首先将学生的问题分为数学问题、非数学问题、非问题三类；在此基础上将数学问题又分为可解决的问题和不可解决的问题；最后，为了了解学生的认知水平，又将可解决的问题从语义复杂度和语言复杂度进行了第三次细分。[1]在接下来的研究中，西尔弗提出了学生"问题提出"与其创造性思维的"三性"——流畅性、灵活性以及新颖性之间具有重要关联，即以学生"问题提出"的数量表征其思维的流畅性，以学生"问题提出"的多样化表征其思维的灵活性，以学生提出问题的独特、别致表征其思维的新颖性。受此启发，国内学者夏小刚等提出了以问题的数量、问题的种类以及问题的独创性为指标评估学生的"问题提出"能力。[2]我们在已有研究的基础上，结合自身"问题提出"评估实践，构建了如图1所示的学生"问题提出"评估框架。

---

[1] Silver E, CAI J F. An Analysis of Arithmetic Problem Posing by Middle School Students [J]. Journal for Research in Mathematics Education, 1996,27(5):521-539.
[2] 夏小刚，汪秉彝，吕传汉. 中小学生提出数学问题能力的评价再探 [J]. 数学教育学报，2008(2):8-11.

第一部分 "问题提出"教学理论

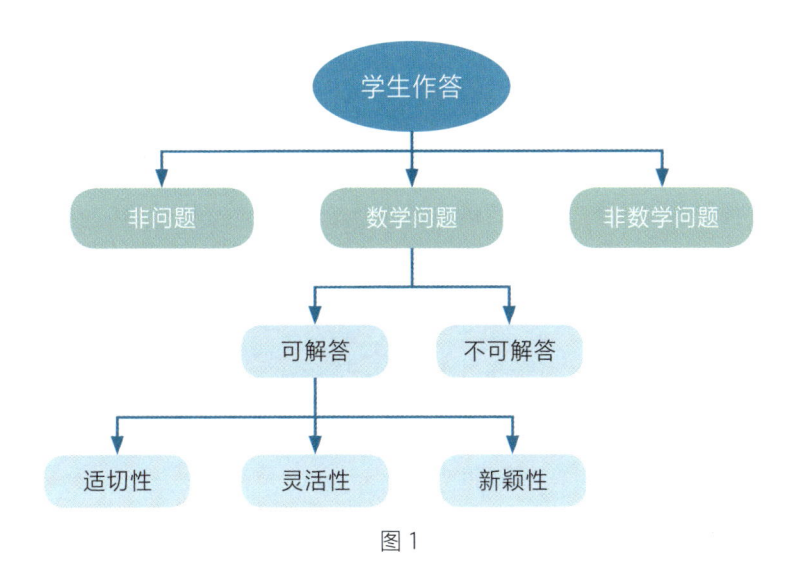

```
                    学生作答
           ┌───────────┼───────────┐
         非问题      数学问题     非数学问题
                  ┌─────┴─────┐
                可解答      不可解答
            ┌─────┼─────┐
          适切性  灵活性  新颖性
```

图1

  首先，进行基本评估。计算学生的作答条目数量，挑选出数学问题，剔除非数学问题以及非问题（有些学生会给出陈述性回答）。这一层面的评估可判断学生对题目含义的理解情况，了解学生是否理解"问题提出"的任务要求。

  其次，进行学科专业评估。在第一阶段的基础上，进一步判断学生所提问题是否为可解决的数学问题，有没有逻辑上的错误，根据已知信息是否可以进行解答，等等。这一阶段的评估，可以量化学生所提问题的正确率，即在其所有作答中恰当数学问题的占比，这一数值可反映学生"问题提出"的流畅性。一个基本假设是，学生所提恰当问题的数量越多，正确率越高，其在"问题提出"流畅性上的表现越好，其"问题提出"的表现也越好。

  最后，进行质量评估。在前两个步骤的基础上进一步对学生的"问题提出"质量进行分析。参考西尔弗关于"问题提出"与创造性的研究，这一类型的问题质量可从适切性、灵活性以及新颖性三方面来分析：

  适切性，指学生所提问题是否符合要求。这一指标在这一类型的"问题提出"任务上的表现为学生提出的问题是否符合生活实际，是否有违基本常识。

  灵活性，指学生是否能够提出种类多样的问题，反映学生思维的丰富性。这一指标在这一类型的"问题提出"任务中表现为学生所提问题情境的多样性。

学生提出的问题情境类型越丰富多样，其"问题提出"的表现越好。这一特点可以反映出学生的知识储备，以及感知数学与社会生活、学校生活的联系的能力，是能否用数学的眼光观察世界的直接反映。问题情境的分类可以根据具体的题目进行不同的划分，如宽泛的个人情境、公共情境和科学情境，或更为详细的购物情境、工程情境、行程情境、学校情境、家庭情境等，教师可以根据需要设定。

新颖性，指学生所提问题与其他常规问题不同，令人印象深刻。这一指标适用于任何类型的"问题提出"任务。增加或改变题设条件、融合不同领域的知识内容是比较常见的新颖问题的特征。

（二）评估案例

任务 $6x+5=35$，尽可能多地提出能用此方程求解的数学问题。

回答示例1

1.果园有梨树35棵，比桃树的6倍还多5棵，桃树有多少棵？

2.比一个数的6倍多5的数是35，这个数是多少？

3.小明一共有35元，到文具店买了6个笔记本后还剩5元，每个笔记本多少钱？

4.甲乙两地相距35千米，小轿车以每分钟6千米的速度行驶，从甲地开往乙地，问：多少分钟后，小轿车离乙地还有5千米？

评估示例1

这类"问题提出"任务有多个回答，需对每个回答进行逐一判断。为了简化判断过程，可以用数值进行表征，具体方法如下：

1.基本判断：非问题、非数学问题赋值为0，数学问题赋值为1（评估者也可以根据自己的喜好设置，意义明确即可）。

2.学科专业判断：可解答者赋值为1，否则赋值为0。据此，上述4个题目可依次赋值为1，1，1，1。流畅性则可用数值4表征，数值越大，表明学生在这一维度上的表现越好。

3.质量判断：

（1）适切性：包括两方面，同时考查题干是否符合生活实际，以及问题的答案是否符合生活实际。根据这一原则，上述四个回答可依次赋值为0，1，1，1（0表示不具有适切性，1表示具有适切性）。第一个问题可以从方程算式的角度进行运算，然而未知数的值为非整数，不符合生活实际。

（2）灵活性：该问题的多样性体现在情境方面，上述四个回答的情境可依次归类为：植树情境、纯数学情境、购物情境以及交通情境，这一维度也可以量化表示。教师首先根据全体学生的回答确定几类基本情境，再对某一学生的回答进行数值标记（涉及某一情境标记为1，否则标记为0），最后将数值相加，所得和即为灵活性的数值表征。在这一实例中，该数值为4。

（3）新颖性：上述四个问题均比较常见，没有体现出新颖性。

完成上述判断之后即可进行整体数值统计，掌握个人、小组和全班学生的"问题提出"表现状况。

回答示例2

1.超市有6箱红富士苹果和5千克水晶苹果，一共有35千克，每箱红富士苹果有多少千克？

2.东东买了6支铅笔和一支5元的钢笔，一共花了35元钱，每支铅笔多少钱？

3.一次接力游戏比赛，先走了6人，第7次走了5米，共走了35米，前6人平均每人走多少米？

4.一根绳子长35米，绕树6圈后还剩5米，问：大树树干的周长是多少？

评估示例2

1.基本判断：1，1，1，1（赋值方式与上例相同）。

2.学科专业判断：1，1，1，1（赋值方式与上例相同），流畅性则可用数值4表征。

3.质量判断：

（1）适切性：1，1，1，1（赋值方式与上例相同）。

（2）灵活性：上述四个回答的情境归类依次为：购物情境、购物情境、体育情境以及测量情境，数值表征为3。

（3）新颖性：上述四个回答中，第四个回答与其他回答明显不同，问题的知识领域不局限于数与代数，还整合了几何背景，显示出独特性，因此上述四个回答依次赋值为0，0，0，1。像这样的回答可以作为典型问题进行深入分析。

三、已知现实情境的"问题提出"评估

（一）评估框架建构

这一类型的"问题提出"评估在基本评估和学科专业评估这两个阶段与第一种类型相同，不同之处体现在第三阶段的评估，即质量评估中。这一类型的"问题提出"质量表征指标有：适切性、深刻性、灵活性及新颖性。该评估框架增加了一个新的指标——深刻性，这一指标可以体现出学生思维的深度。此外，这一框架中的灵活性和适切性虽然与上一类型名称相同，但其内涵有所不同。

适切性，指提出的问题是否符合生活实际、符合常识。在这一类型的"问题提出"中，适切性表现为所提问题的条件、获得的解答是否有违生活实际。

深刻性，指解决所提问题的难度，可以常规解答所需的基本步骤为指标。问题假设所需的解答步骤越多，则说明难度越大，深刻性也越高。对于有几种解答方法的题目，可先确定最基本的解答方法，以此解法的步骤数作为其深刻性的数值表征。

灵活性，指所提全部问题所反映出的多样性程度。由于这一类型的"问题提出"限定了问题情境，因此其多样性不体现为学生提出了各种不同情境的数学问题，而体现为学生提出了不同难度类型的数学问题。这一指标与上一指标联系紧密，在上一指标的基础上即可给出这一指标的数值表征。

新颖性，指学生所提问题与其他常规问题不同，令人印象深刻。这一指标适用于任何类型的"问题提出"任务。

据此建构的评估框架如图2所示。

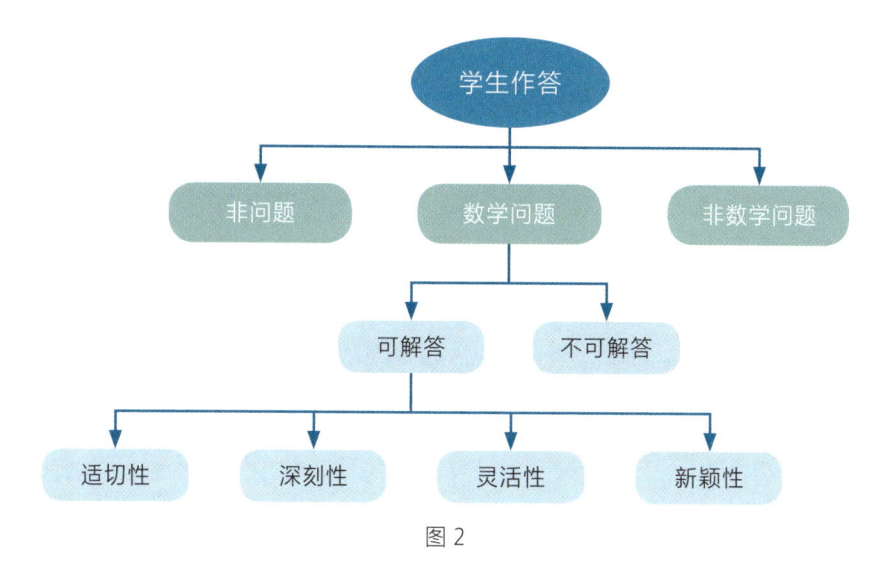

图2

（二）评估案例

任务 佳佳、沙沙和小斌开车一起回家，佳佳比沙沙少开150千米，沙沙开的路程是小斌的12倍，小斌开了50千米。请根据以上信息提出尽量多的数学问题。

回答示例1

1. 沙沙开了多少千米？
2. 佳佳开了多少千米？
3. 沙沙比小斌多开了多少千米？
4. 佳佳比小斌多开了多少千米？
5. 他们三人一共开了多少千米？
6. 沙沙和小斌共开了多少千米？
7. 佳佳和小斌共开了多少千米？
8. 沙沙和佳佳共开了多少千米？
9. 小斌比沙沙少开了多少千米？

10.小斌比佳佳少开了多少千米?

评估示例1

这类"问题提出"任务有多个回答,需对每个回答进行逐一判断。为了简化判断过程,可以用数值进行表征,具体方法如下:

1.基本判断:非问题、非数学问题、重复问题赋值为0,数学问题赋值为1。上述回答中第3个与第9个重复,第4个与第10个重复,二者择其一赋值为0即可。因此,上述10个回答依次赋值为1,1,1,1,1,1,1,1,0,0。

2.学科专业判断:可解答者赋值为1,否则赋值为0。上述8个回答(后两个已在第一层次的评估中剔除)依次赋值为1,1,1,1,1,1,1,1,流畅性则可用数值8表征。

3.质量判断:

(1)适切性:包括两方面,同时考查题目情境是否符合生活实际,以及问题的答案是否符合生活实际。根据这一原则,上述8个回答依次赋值为1,1,1,1,1,1,1,1。

(2)深刻性:以解答所提问题的常规步骤数为难度值的表征,难度值越高表明所提问题的深刻性越强。第一个问题只需一步解答,即小斌开的路程50乘以12,故难度值为1;第二个问题需要两步解答,即先得到沙沙开的路程,再减去150,故难度值为2。按照这一方法,上述回答难度值依次赋值为1,2,2,3,4,2,3,3。

(3)灵活性:该类"问题提出"任务的灵活性表现为学生能否提出不同难度的数学问题,以不同的难度作为灵活性的数值表征。在这一回答示例中,灵活性赋值为4(回答者分别提出了四种难度水平的问题)。

(4)新颖性:上述8个回答均比较常见,没有体现出新颖性。由于该类问题数目较少,可不用数值进行标记,而可以作为重点个案进行专门分析。

回答示例2

1.沙沙开了多少千米?

2.佳佳开了多少千米?

3.三人一共开了多少千米？

4.佳佳开的路程是小斌的多少倍？

5.如果开1千米可以得到2角钱，他们三人各能得到多少钱？

6.佳佳开的路程占总路程的几分之几？

7.沙沙开的路程占总路程的几分之几？

8.小斌开的路程占总路程的几分之几？

> 评估示例2

1.基本判断：1，1，1，1，1，1，1，1（赋值方式与上例相同）。

2.学科专业判断：1，1，1，1，1，1，1，1（赋值方式与上例相同），流畅性则可用数值8表征。

3.质量判断：

（1）适切性：1，1，1，1，1，1，1，1（赋值方式与上例相同，下同）。

（2）深刻性：第4个回答需3步解答，首先用小斌开的路程50乘以12求得沙沙开的路程，再减去150求得佳佳开的路程，再除以小斌开的路程50即得答案，难度值为3。第6个回答需要4步解答，先得到沙沙开的路程，再求得佳佳开的路程，再两两相加得到三人开的总路程，再作比即得答案，难度值为4。按照这一方法，上述回答难度值依次赋值为1，2，4，3，3，4，5，5。

（3）灵活性：在这一回答示例中，灵活性赋值为4（回答者分别提出了四种不同难度水平的问题）。

（4）新颖性：上述8个回答中，第5个回答相比其他回答添加了新的条件，表现出新颖性。

四、已知现实情境但限定难度的"问题提出"评估

（一）评估框架建构

这一类型的"问题提出"题干部分为现实情境，其与前面两种类型的不同

之处在于对所提问题有明确的难度限定：要求学生分别提出简单问题、中等难度问题和复杂问题，考查学生对不同难度水平的理解以及思维层次是否有递进性。与前两种类型的"问题提出"评估方法类似，首先还是分别进行基本评估和学科专业评估，但这一类型的"问题提出"回答条目有限，这两个阶段的评估较容易完成，在此基础上再进行质量评估。这一类型涉及的质量表征指标有：适切性、深刻性和新颖性。

适切性。在这一类型的"问题提出"评估中，主要表现为学生提出的问题的难度水平是否符合题目要求，即按照简单、中等和复杂难度逐渐增加，具有递进性，进而判断学生在适切性上的表现。

深刻性。在这一类型的"问题提出"评估中，仍然可以用常规的问题解决步骤数作为表征。基本假设同样是所提问题解答需要的步骤数目越多，则题目越复杂，提问者所表现出的思维深刻程度也越高。通过对比学生提出的简单问题、中等难度问题、复杂问题的难度水平，可以了解学生对"简单""复杂"问题的理解，以及掌握学生能提出的难度最高的问题。

新颖性。评估方法和前面两种类型相似，主要看学生提出的问题是否有所创新，表现出和其他常规题目所不同的特性。

据此建构的评估框架如图3所示。

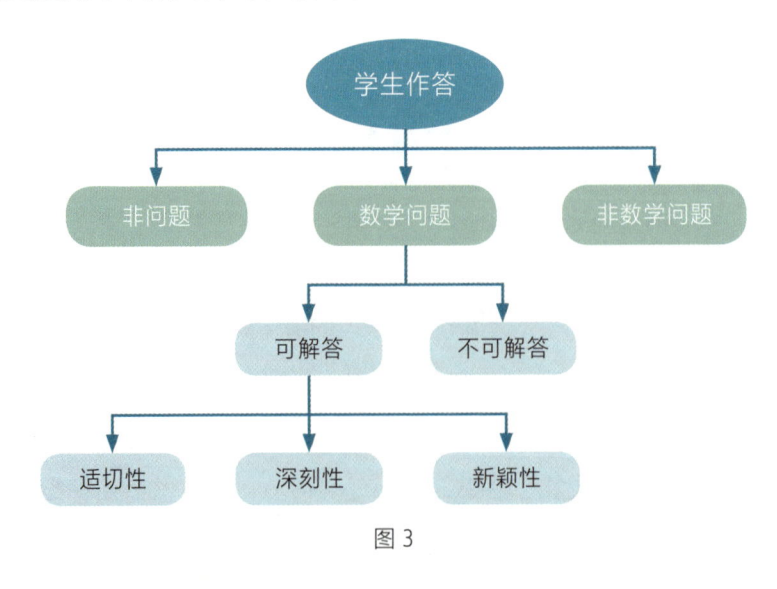

图3

（二）评估案例

任务 黎明小学用来买体育用品的钱恰好可以买12个篮球，篮球每个24元，在买篮球前，学校花了144元买足球。请据此分别提出简单问题、中等难度问题和复杂问题。

回答示例1

表1

简单问题	中等难度问题	复杂问题
买12个篮球一共要花多少钱？	买足球的钱够买几个篮球？	买足球后剩下的钱够买几个篮球？

评估示例1

1. 基本判断：1，1，1（赋值方式与上例相同）。

2. 学科专业判断：1，1，1（赋值方式与上例相同）。

3. 质量判断：

（1）深刻性：第1个回答需要1步解决，用篮球单价乘以个数即得。第2个回答需要1步解决，用买足球的总额除以篮球单价即得。第3个回答需要3步解决，首先计算出买体育用品的总数，再用该总数减去买足球的总额，最后用所得结果除以篮球单价即得。因此，上述三个回答的难度值依次赋值为1，1，3。

（2）适切性：通过分析回答的深刻性可知，第1个回答和第2个回答的难度相同，与分别提出"简单问题""中等难度问题"的要求不符，难度层次没有增加，不符合要求，适切性表现欠佳。

（3）新颖性：问题常规，无新颖性。

回答示例2

表2

简单问题	中等难度问题	复杂问题
黎明小学一共要用多少钱买体育用品？	买了足球后，还剩多少钱？	买了足球后，还能买多少个篮球？

> 评估示例2

1. 基本判断：1，1，1（赋值方式与上例相同）。

2. 学科专业判断：1，1，1（赋值方式与上例相同）。

3. 质量判断：

（1）深刻性：第1个回答需要1步解决，第2个回答需要2步解决，第3个回答需要3步解决。因此，上述三个回答的难度值依次赋值为1，2，3。

（2）适切性：所提三个问题难度逐级增加，适切性强。

（3）新颖性：问题常规，无新颖性。

五、结语

研究表明，教师对学生的思维过程了解越深，能为学生提供的学习机会越多，教学也越有效。而"问题提出"则是教师可选的一种行之有效的了解学生思维的重要途径。在学生完成"问题提出"任务之后，教师如何进行分析？本文尝试为教师提供一个切实可行的分析框架，并结合具体案例帮助教师掌握。

通过上文三类典型的"问题提出"任务评估框架的建立以及评估案例的展示可知，"问题提出"任务的评估有两个共同的阶段：基本评估和学科专业评估。在此基础上，再根据"问题提出"任务的特点进行质量评估。不同"问题提出"任务的质量表征不同，并不限于文中提到的几个重要表征指标。教师在领会了评估基本思路的基础上，结合具体教学内容及教学目标，可适当地增加或调整个别指标。此外，对于提出了多个问题的"问题提出"任务的评估，可以在表格中建立评估维度，对每个题目的每个指标赋值，再给出整体水平报告。

第二部分

"问题提出"教学案例与评析

P-PBL

Problem-Posing Based Learning

P-PBL
Problem-Posing Based Learning

案例信息汇总

序号	作者	教学内容	主要特点
案例1	吴丹 邱利娟	基于"问题提出"的数学复习课教学	数学符号语言、文字语言和图形语言三种表征方式的转换（年龄特点）；兼具数学原理的合理性和生活情境的合理性；用"问题提出"来突出重点、突破难点
案例2	周月文 石高文	从学生质疑到"问题提出"	学生质疑和学生"问题提出"的不同认知要求和教学价值
案例3	任燕芳	提出问题，形成算理	关注多元表征，强化模型构建；解决所提问题所需要的条件：从已知条件到创设条件
案例4	胡佳丹 莫延安	大问题理清知识逻辑，大环节推进数学思考	关注课前"问题提出"的情境设计，利用课前学生"问题提出"的时间特点来分析解读学生的关注点和思维状态，并以此来组织课堂教学
案例5	钟富尧	在"问题提出"中整合资源、实施教学	在问题情境中发现高难度的数学规律；循序渐进地"问题提出"；变式教学；从具体情境的创设到脱离具体情境的理解表征；建模
案例6	李小虎	创编问题情境，学习小数除法	通过知识链找到难点源头；问题提出、问题明晰、问题分析和问题解决；双向建构数学意义和实际情境
案例7	徐红	问学交融促思维发展	以问题解决方式出现的"问题提出"；从学生的"问题提出"中评估已掌握的和未掌握的知识点；问题提出和变式教学

续表

序号	作者	教学内容	主要特点
案例 8	钱荷英	用"问题提出"活化知识理解	文字、符号和图形的相互贯通；用"问题提出"和问题情境的改变突破难点；帮助学生从"直观分裂式"的问题思维上升到"抽象的整体性""问题提出"思维；课前的难点分析，确定目标：抽象的分率换算与理解
案例 9	王加明	用"问题提出"架起学生数学思考的空间	三种学生问题的处理模式：梳理、建模、修改
案例 10	陈沙沙	"问题提出"助力概念理解的教学实践与思考	通过"问题提出"实现从个人知识建构到社会知识建构的进阶；通过选择有价值的问题，让学生自主探索相关的数学概念
案例 11	何小平	"问题提出"教学：让学习真正地发生	通过问题提出帮助学生把生活情境的直观问题上升到有价值的数学问题；建立生活和概念的连接
案例 12	俞波	复习课中的分类提问	根据实物提出问题；建立知识关联；按问题难度分类，反映不同的认知层面和思考过程并探讨和解决问题；满足不同层次学生的需要；主动探索问题，反思自己所提的问题以及和他人所提问题的关联
案例 13	来铭杰 陈柏钢	借助"问题提出"，突破原有认知	通过不断递进的"问题提出"情境，让学生通过"问题提出"来建立已有数学概念和新概念的联系；让抽象的新概念成为自主探索的自然结果
案例 14	王飞钢	把"问题提出"作为学习的起点	通过学生"问题提出"确定需要解决的核心问题；开放的问题解决实际上可以成为一种"问题提出"；变式学习；培养学生的表达欲望和问题意识
案例 15	倪宏芳	酝酿真问题，生成真知识	用"问题提出"建立数学概念和现实表象的关联，进一步体会数学概念的现实意义；问题提出—问题解决—新问题提出；问题解决作为新问题情境的意义；学生也是问题情境的设计者和贡献者
案例 16	余钢杰	在"问题提出"中促进学生深度学习	课前"问题提出"的作用；实际的生活情境中抽象出数学模型（建模）；迁移建模、比较模型、对模型的建模；变式教学
案例 17	李建良	借助数学"问题提出"，丰富综合实践经验	设计、实践、反思、再设计、再实践的过程；质疑和"问题提出"的结合

案例 1

基于"问题提出"的数学复习课教学
—— 以"混合运算"单元复习课的教学为例

■ 执教：浙江省杭州市萧山区靖江第二小学　吴　丹
　　　　浙江省杭州市萧山区靖江第三小学　邱利娟
　　评析：蔡金法

一、教材分析

"混合运算"被安排在人教版《数学》教材（2022年版）二年级下册第五单元，内容为学习简单的四则混合运算，包括只含同一级的混合运算、含有两级的混合运算、含有小括号的混合运算以及用综合算式解决两步计算的实际问题。本单元是学生系统学习整数混合四则运算的运算顺序的重要单元，掌握好本单元的知识，是学生在第二学段学习两步以上混合运算的重要基础。本节课的整理与复习，不仅是对本单元知识的巩固与提升，更是对后续学习的铺垫。

二、学情分析与设计构思

学习本单元之前，学生已经掌握了表内乘法并能熟练进行加、减、乘、除的运算，还具备提出和解决简单问题的能力，这些是学生学习本单元知识的基础。同时他们也具备一定的生活经验，基本上能正确运用整数混合四则运算解决生活中的问题。但是有很多学生并不能真正理解和应用"先算乘除，后算加减"以及带有小括号的算式，需要教师引导学生在具体情境中主动探索、积极思考。

另外，由于是第一次接触这类算式，根据混合运算规律进行计算时，学生会出现一些错误，比如没加小括号、书写不规范、运算顺序不准确、算错得数、抄错数字或运算符号没有看清楚等。

因此，针对学生学习中存在的各种问题，本节课立足复习巩固，通过编写应用题、提出问题的形式突出重点，给学生创设一个主动探索的复习环境。在"问题提出"和"问题解决"中，复习把两个分步计算合并成一个综合算式这一类出错率很高的题型。利用画线段图的方式建立数学符号与具体生活意义的联系，让学生在独立计算时进行演绎推理，经历"观察算式—回忆运算顺序—规划计算步骤—按顺序进行计算—反思积累"的过程，发展他们的数学思维能力，提升运算水平。

三、教学过程设计及实施

（一）任务1：算式分类，复习运算规律

数学单元复习，就是要将平时学习过的零散知识点，通过梳理，形成清晰的知识网络。在本单元，学生学习了加减乘除同一级运算、二级混合运算、带小括号的混合运算。为了使学生对混合运算规律有清晰的认识，课堂在开始时呈现了以下算式：

1.出示算式，根据算式特点分类。

84－34－18	5×（28÷4）	18＋5×7	48÷8×9
84－（34－18）	64－40÷8	45÷9＋14	（14＋35）÷7

师：观察以上算式，你们能将它们分一分类吗？

生：只含有加减法或乘除法的为一类，既有加减法又有乘除法的为一类，含有小括号的为一类。

2.观察讨论，寻找易错题。

师：计算时哪些算式更容易出错？

生：18＋5×7，64－40÷8，84－（34－18），这三题比较容易算错。前两题虽然没有小括号，但要先算后面的乘除，第三题要先算小括号里面的，和84－34－18不同。

师：经过刚才的分类和找易错题，你们还有什么想问的？

生：混合运算的运算顺序是怎样的？

通过对此问题的交流汇报，师生总结：

（1）在没有括号的算式里，只有加、减法或只有乘、除法，都要从左往右按顺序计算。

（2）在没有括号的算式里，如果既有乘、除法，又有加、减法，要先算乘、除法，后算加、减法。

（3）算式里有小括号的，要先算小括号里面的。

【设计意图】教师罗列了本单元学过的各个知识点的数学算式，将这些常见的数学算式分类，相当于"热身"活动，复习了加减乘除同一级运算、二级混合运算、带小括号的混合运算的运算顺序，为接下来的练习作铺垫。算式分类可以激发学生学习兴趣，分类是在更抽象的概念层面上理解算式的性质和相互关系，而寻找易错题的过程就是帮助学生回顾、梳理整个单元要点的过程。学生用递等式计算上述题目之后，提出问题，通过回忆加深对运算顺序的理解。

（二）任务2：给定算式，学生自主提问，把握"算""用"结合

教师给定算式：（1）5×9＝45；27＋45＝72。

（2）26＋14＝40；40÷5＝8。

师：请选择一组算式，提出一个可以用这组算式解决的生活中的数学问题。

【设计意图】提出两步计算的数学问题需要学生理解一组算式中每个算式所表达的意义，也就是要思考三个量之间的数量关系，其中两个量之间产生的结果要与第三个量发生关联，即第一步解决的中间问题是第二步所要解决问题的隐含条件。

提出两步计算的问题，对部分学生来说有一定难度，因此运用第一小题的两个算式，进行"问题提出"的引导。学生指出"5×9＝45可以看成几个几相加"，由此可以提出一个有关乘法数量关系的问题，如"买一种饮料9瓶，每瓶5元"。"27＋45＝72"是求两个数的和，其中的"45"是前一个算式的结果，可以继续提出"再买一种27元的物品，一共花费多少钱"，就可以用这个算式解决。

在举例之后，学生根据"5×9＝45；27＋45＝72"编制的问题如下：

（1）图书室有5包故事书，每包9本。还有27本漫画书，故事书和漫画书一共有几本？

（2）王大妈家有5筐鸭，每筐9只。还有27只鹅，鸭和鹅一共有几只？

（3）小红过生日买了5个小蛋糕，每个小蛋糕9元。买水果花的钱比买蛋糕花的钱多27元，买水果花了多少钱？

（4）妈妈买5瓶牛奶，每瓶9元。剩下27元买了苹果，妈妈原来带了多少钱？

（5）花店有9束白玫瑰，每束5支。红玫瑰比白玫瑰多27支，红玫瑰有几支？

……

根据"26＋14＝40；40÷5＝8"编制的问题如下：

（1）图书室有26本故事书、14本科技书。借给5个班，平均每班借几本？

（2）水果店原来有26个苹果，又进了14个。把这些苹果平均分给幼儿园的5个班，每班分到几个苹果？

（3）老师有26支铅笔，又买了14支。每个小朋友奖励5支，可以奖给几个小朋友？

（4）灾区有26箱泡面，又有人捐了14箱。每个救援小组分5箱，可以分给几个救援小组?

（5）我家本来有26个鸡蛋，又买了14个。平均放在5个篮子里，每个篮子放几个?

（6）小明家原来有26颗糖，又买了14颗。每天吃5颗，这些糖可以吃几天?

（7）学校原来有26个足球，又运来14个。把这些足球平均分给5个班，每个班分到几个?

……

【设计意图】在复习课中，提高学生的解题正确率是其目标之一。但如果单纯地进行题海训练，学生势必失去学习的乐趣。反之，如果通过自主提问的方式，给学生留足思考的时间、想象的空间，则可以让学生感受到数学在日常生活中的广泛应用，进而激发他们学习的热情，提高学习的积极性。基于此，教师在"问题提出"理念的引领下，让学生联系生活实际，根据给定的混合运算式，引导学生提出数学问题，将枯燥的解题训练变成丰富多彩的实际问题，感受数学的魅力。一开始练习确实有难度，但在简单分析并听了举例之后，大部分学生都能围绕自己的现实生活背景，提出各种鲜活而贴近生活实际的数学问题。

（三）任务3：用图式表征问题，促进对数量关系的理解

1.图示表征，理解关系。

师：编制了这么多题目，对于大家所提的问题，你们还有什么想说的？

生：能用其他简单的方式来表示这么多题目的意思吗？

学生讨论后给出了以下解答：

算式①对应图1：

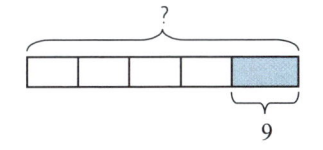

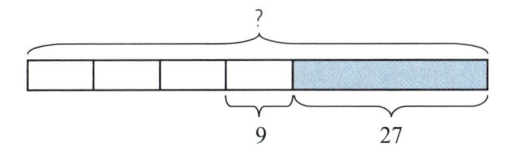

图1

算式②对应图2。

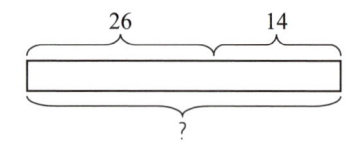

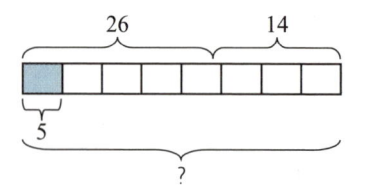

图2

【设计意图】借助将算式还原成生活情境的活动，引导学生回归生活，在提出不同的实际问题的过程中感受数学与生活的密切联系，体会混合运算的数学意义。"问题提出"之后再通过图式表征，在现实生活和数学之间建立桥梁，让学生经历从抽象到具体，再从具体到抽象的过程，学会从数学的角度思考，进一步实现学生的数学认知水平从具体的经验层面向抽象的理性层面进阶。

2.合并算式，加深理解。

师：把下面每一组算式合并成一个综合算式。独立完成，完成后想一想，怎样把自己的想法介绍给大家。

（1）$5 \times 9 = 45$　　　（2）$26 + 14 = 40$
　　　$27 + 45 = 72$　　　　　$40 \div 5 = 8$

生1：$5 \times 9 + 27 = 72$。

生2：$27 + (5 \times 9) = 72$。

生3：$27 + 5 \times 9 = 72$。

生4：$26 + 14 \div 5 = 8$。

生5：$(26 + 14) \div 5 = 8$。

展示讨论后达成共识：

（1）生1、生4按照算式顺序写综合式，没有抓住分步式的运算特点。

（2）生2考虑了运算顺序，但小括号运用不当。

（3）生3、生5抓住了分步式的运算特点，按照运算顺序，先定位，再代入。

根据学生反馈，教师板书结果：

（1）$5×9=45$　　　第一步：定位　　（2）$26+14=40$

　　　$27+45=72$　　第二步：代入　　　　$40÷5=8$

　　　$27+5×9=72$　　　　　　　　　　$(26+14)÷5=8$

【设计意图】如何把含有两级运算的两个算式合并成一个综合算式，进而掌握混合算式的运算顺序、正确使用小括号，是本单元知识的难点。对学生错误的分析可以使他们懂得将分步式合并成综合算式的方法，进一步巩固混合运算的运算顺序，即既有加、减法又有乘、除法，要先算乘、除法；根据学生提出的问题的实际含义，若要先算加、减法，就须添上小括号，体会加小括号的必要性。

四、教学反思

一般的复习课都是以学生练、教师讲的路径开展教学，以提高学生的计算能力，为考试加分，进而获得成功体验。本课打破了教师原有的教学模式，在"问题提出"理念的引领下，让学生经历提出问题、分析问题、解决问题的过程，掌握运算顺序，把握"算""用"结合，发展数学思维。

（一）在问题引领中学习

数学复习课的教学目标，除了巩固知识、提高基本技能外，还有培养学生的问题意识和创新意识。一开始，对"$26+14=40$；$40÷5=8$"这组算式，有学生提出的问题是"妈妈买了26个苹果，14个橘子，每天吃5个，需要吃几天？"这时有学生说，吃这么多对身体不好。在这里教师不要给予否定意见，而是应该鼓励学生再积极思考一下，从数学问题角度作出适当的修改。那名学生就改成了："妈妈买了26个苹果，14个橘子，平均分给5个人，每个人可以分到几个？"这样的修正使得所提问题既有数学原理的合理性，也有生活情境的合理性，真正体现了"不同的人在数学学习中得到不同的发展"这一课标理念。

发现问题、提出问题是数学课程目标之一，在课堂中培养学生提出问题的能力，也是培养创造性思维的有效途径。在"混合运算"单元复习课的教学中，教师利用呈现的算式，多次鼓励学生提出问题，慢慢地引导学生对问题作出自己的判断，体验到成功的喜悦。

（二）在互动中体现智慧

在课堂中展示、交流学生所提的问题后，教师的教学活动并未止步于此，而是让学生继续提问。有学生提出"能用其他简单的方式来表示这么多题目的意思吗"这样有价值的问题。实践证明，学生有能力提出深层次的问题。教师及时放手能够调动学生学习的主观能动性，发展他们的高阶思维能力。教师没有参与其中，这是建立在充分信任基础上的自主学习。促进学生进行有效提问的前提是秉持学生立场，相信学生能学、会学，并建立宽容、相互尊重、和谐的师生关系和和谐、温馨的课堂氛围。这是引导学生自主提问的生态基础。

（三）"问题提出"的无限可能

古人云：学贵有疑，小疑则小进，大疑则大进。提出问题是进步的开始。从课中可以看出，学生的问题很多，因篇幅问题，文中呈现的都是筛选后的部分。正如前文有学生提到"能用其他简单的方式来表示这么多题目的意思吗"，把本课的学习带入了更深层次的探究，这样的课堂培养的是创新思维，也是我们应该追求的目标。本文的另一点思考是教学过程中第二个环节，把两个算式合并成一个综合式，是本单元学习过程中学生经常会出错的难点。用"问题提出"的形式和画线段图进行突破是否能起到更好的巩固效果？

正如蔡金法教授所言："课堂中学生会提出很多问题，也会解决很多问题，但如果解决了问题之后还能提出新的问题，那提出问题就会越来越难，每次提出新的问题，新的可能性又要发生了。"

第二部分
"问题提出"教学案例与评析

评析

就教学层面来说,"问题提出"任务为混合运算的复习提供了有利的抓手。在第一个"问题提出"任务中,教师从出错率较高的分步运算题出发,引导学生编写实际问题,让学生在"编题"的过程中结合实际情境加深对混合运算的关键——分级(步)的理解。接下来,在教师的进一步引导下,学生提出了一个新颖且有价值的问题:"能用其他简单的方式来表示这么多题目的意思吗?"由此推动了学生从图形语言的角度加深对混合运算的理解。整个教学在"问题提出"任务的推动下,经历了从数学到生活再到数学的过程,进行了数学符号语言、文字语言和图形语言三种表征方式的转换。

就教师层面来说,经历"问题提出"的设计、教学和反思让教师看到了学生提出问题的潜力。首先,学生"问题提出"是课堂教学的推手,推动着学生自主学习。从文字语言到图形语言的转换过程,基本上是以学生为主。其次,学生"问题提出"是课堂生成的宝贵素材,可以帮助教师带领学生突破学习重难点。学生在编题的过程中,需要考虑两个算式之间的关系才能编写出合理的数学问题。再次,学生的"问题提出",让教师看到了放手之后的无限可能。在两位教师的反思中,她们看到了学生互动中产生的智慧,是学生提出的问题帮助教师带领学生从不同的视角认识混合运算的关键。

此外,需要指出的是,两位教师围绕教学目标和教学重难点进行"问题提出"活动的方式值得借鉴。"问题提出"活动的目的是实现课时的学习目标,不能为了提出问题而提出问题,需要在明确活动价值后进行设计才更为有效。也就是说,"问题提出"是为了改进教学,而不是为"问题提出"而提出问题。

案例 2

从学生质疑到"问题提出"
―― 以"认识几分之一"的教学为例

- 执教：浙江省杭州市萧山区新街小学　周月文　石高文
  评析：蔡金法

"认识几分之一"是人教版《数学》教材（2022年版）三年级上册"分数的初步认识"这一单元的起始课，内容包括分数（几分之一）的意义、读写和比较分数单位的大小。在以往"认识几分之一"的教学中，我们是按教材安排的顺序进行设计的：先以平均分一个月饼作为素材引入分数 $\frac{1}{2}$，再通过画一画、折一折等活动形成 $\frac{1}{2}$ 具体形象，让学生体会其实际含义，然后迁移学习 $\frac{1}{4}$，$\frac{1}{8}$，$\frac{1}{16}$ ……最后归纳得出"把一个物体或图形平均分成几份，取这样的1份就是几分之一"。这样常规的教学过程中，教师对不同的学生有怎样的不同认知过程，又会有怎样不同的疑惑，常常关注较少。为了使教学既体现教材的意图，满足学生不同的个体建构需要，加强教学的针对性，我们尝试了用"问题提出"的方式进行教学。我们先充分挖掘学生心中的不同问题，然后在解答疑问的过程中全面建构"几分之一"的意义，并运用数学"问题提出"作为巩固练习，加深对分数意义和分数单位大小的理解，充分运用知识解决问题，拓展知识的深度与广度。

第二部分
"问题提出"教学案例与评析

一、数学分析

　　分数的概念比较抽象，它是代表了两个量之间关系的相对量，不能直接通过计数活动得到，但可以从"部分—整体"、测量、比和商等多个角度加以理解。其中，"部分—整体"概念处于基础地位，因此在"分数的初步认识"这一单元中，主要是从"部分—整体"的角度理解分数意义的，即"将一个整体量平均分，表示这样的一份或几份的数，叫作分数"。确定整体量、判断等分、认识部分与整体之间的关系是理解分数的"部分—整体"含义的关键，而"认识几分之一"则是这一内容的基础。分数的初步认识不仅是三年级下册学习"小数的初步认识"的知识准备，也是五年级进一步学习"分数意义和性质"的铺垫。在教学"分数的初步认识"的过程中，学生有丰富的机会用数学的方式表达、交流、解决问题。

二、认知分析

　　"分数的初步认识"是在学生已经认识了整数、理解并掌握了"平均分"意义的基础上学习的。从整数到分数是数概念的一次扩展，无论在意义、读写方法还是计算方法上，分数和整数都有很大的差异。相对于整数而言，分数概念较为抽象而且有多种不同的理解方式，是学生对数的认识的重大飞跃。在用分数表示客观现象时，要先将平均分成若干份的某一整体作为分母，再将所取的份数作为分子，以得到一个分数。因此，分数概念在认知操作的复杂度和数学标准的抽象度上都比整数更高。在"认识几分之一"的教学中，根据"部分—整体"难易程度的不同，可以先从学生经验相对丰富的 $\frac{1}{2}$ 入手，再迁移到 $\frac{1}{4}$，$\frac{1}{8}$ 等其他分数。由于分数概念的复杂性和抽象性，在每一步教学中，学生都会有很多不同的疑问。例如，对于 " $\frac{1}{2}$ " 这个表达式，学生就有一系列不同的疑问：“为什么一半要用 $\frac{1}{2}$ 来表示”"为什么要写两个数字""为什么是 $\frac{1}{2}$，而不是 $\frac{2}{1}$"，等等。虽然这些疑问都是对符号表达的疑惑，但其背后往往隐藏着分数最本质的意义。如果我们能充分挖掘、探究这些困扰学生的疑难问题，就能帮助学生真正理解分数的意义。

三、设计说明

"认识几分之一"这一课是学生第一次正式接触分数。由于在日常生活中，分数出现的频率较低，再加上分数的书写形式与学生常见的整数、小数有明显的差异，学生对分数必然存在很多疑问。因此，本堂课安排了两个提问环节。首先是提出有关分数的疑问（学生质疑，见第一部分第三章），通过独立思考、合作交流等形式，借助多元表征，在解答疑问的过程中体会分数产生的必要性，了解分数的读法、写法和各部分名称，理解"几分之一"的意义；其次是在理解分数意义的基础上，根据数学信息提出与分数有关的数学问题，进一步加深理解，拓宽认知面。这种教学方式推动了学生的自主学习，在质疑、问题提出、问题解决的过程中，不仅发展了学生的思维品质，而且培养了他们的创新能力，学习深度不断拓展。

四、教学过程

（一）任务1：提出疑问，分类梳理

师：妈妈买了一些食品，想平均分给小军和小兰。（图1）

师：看了这个分食品的过程，你有什么数学疑问？

生："半个"用什么数表示？

生："一半的一半"可以用什么数表示？

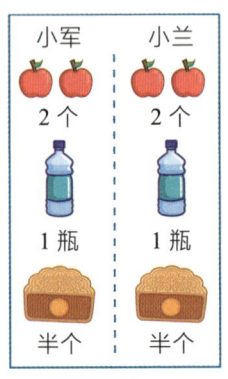

图1

生：几个半圆可以拼成一个圆？

师：你能用数表示"半个"吗？请试一试。

呈现学生作品（图2），并请学生解释说明。

生1：1里面有两个0.5，所以0.5就是半个。

生2：把一个圆平均分成两半，一半就是$\frac{1}{2}$个。

生3：把一个圆平均分成2份，其中1份可以用$\frac{2}{1}$表示。

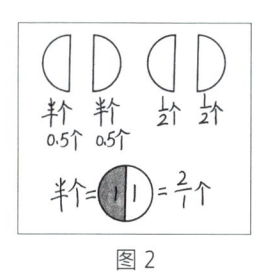

图2

生4：我发现单独的"1"不能表示一半，单独的"2"也不能表示一半，必须用"1"和"2"两个数才能表示出一半。

师：你发现了要用"1"和"2"两个数字才能表示出半个，那到底用$\frac{1}{2}$表示还是用$\frac{2}{1}$表示呢？先让我们来看看古代的人们是如何来表示半个的。

课件出示"$\frac{1}{2}$"的演变历史（图3），教师简单介绍。

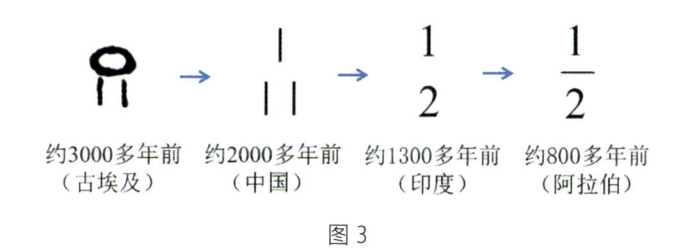

约3000多年前（古埃及）　约2000多年前（中国）　约1300多年前（印度）　约800多年前（阿拉伯）

图3

师：用"$\frac{1}{2}$"可以表示"半个"，你对分数"$\frac{1}{2}$"有什么疑问？请以问题的形式写在作业纸上。

学生展示问题（表1），教师辅助分类梳理。

表1

类别	疑问
分数的意义	为什么要写2个数字？为什么一半要用$\frac{1}{2}$表示？$\frac{1}{2}$表示什么？
分数的来历	为什么叫分数？为什么要发明分数？
分数的读、写法	为什么是$\frac{1}{2}$而不是$\frac{2}{1}$呢？为什么要竖着写？为什么$\frac{1}{2}$是从下往上看？
分数各部分的名称	1是什么？2是什么？分数中间的线叫什么？
分数和"1"的联系	要是分数满了会不会变成1？
分数的拓展	一半的一半怎么表示？三分之一怎么表示？

【设计意图】在现实生活中，"半个"不能用自然数表达，因而需要引入分数$\frac{1}{2}$。学生在尝试用数表示"半个"的过程中，初步体会到分数包含了"半个（部分）"与"整个（整体）"之间的关系，需要两个数字才能表示出"半个"的含义。随后，请学生继续提出与$\frac{1}{2}$有关的疑问，一方面是为了引发学生的深度思考，另一方面是为了了解学生的困难所在，便于开展针对性的教学。

（二）任务2：解答疑问，揭示本质

1. 自主表征"$\frac{1}{2}$"，初步理解"$\frac{1}{2}$"。

师：同学们，你能用自己喜欢的方式在圆形或正方形纸片上表示出$\frac{1}{2}$吗？

学生自主表征，教师收集素材。（图4）

师：这些是同学们表示的$\frac{1}{2}$，大家觉得对吗？

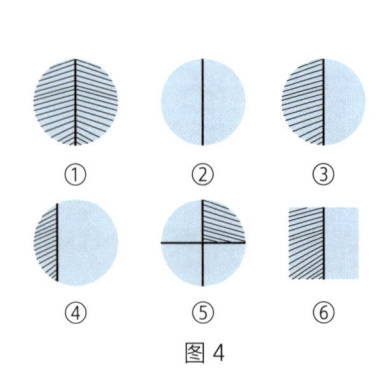

图4

生1：③和⑥表示出了图形的$\frac{1}{2}$。

生2：①号两边都画了阴影，这样就变成$\frac{2}{2}$了，不是$\frac{1}{2}$了。

生3：②号要画出1份阴影才是$\frac{1}{2}$，否则它还是连在一起的一个完整的圆。

生4：④号没有平均分，两边大小要一样才是$\frac{1}{2}$，阴影画多或画少了就不是$\frac{1}{2}$了。

生5：⑤号把一个圆平均分成了4份，取其中1份是$\frac{1}{4}$，不是$\frac{1}{2}$。

师：③和⑥的形状不同，为什么阴影部分都是图形的$\frac{1}{2}$呢？

生6：因为他们都把一张纸（一个整体）平均分成了2份，取了其中1份，所以都是图形的$\frac{1}{2}$。

2.解答疑问，加深理解。

师：很好，那么根据图形的表示，结合书上的描述，你能回答其他问题吗？请你选择其中一个或几个回答。

学生独立思考后交流。

生1：我知道为什么叫"分数"。分数是把一个物品（或图形）平均分成几份，然后取出其中1份或几份，所以叫分数。

生2：我觉得分数可以用来表示一个物体的其中一部分。如果没有分数就没法表示一半，或更小的部分。有些东西（比如半个物品或图形）不能用学过的数来表示，所以要发明分数。

生3：我知道分数中间的这条线叫分数线，表示平均分的意思。2是分母，1是分子。因为1是从2里面分出来的，2是最初的母体，所以叫分母，1是从母体分出来的子体，所以叫分子。

生4：$\frac{1}{2}$读作二分之一，因为先平均分成2份，再取其中1份，所以先读分母，再读分子，表示2份之中取了1份。

教师用课件出示分数各部分的名称和含义，并出示书写过程。（图5）

生5：我认为分数的写法和除号有关。"÷"含有平均分的意思，它的上下各有一点，上面的点用来表示分子，下面的点用来表示分母，就表示$\frac{1}{2}$。

图5

生6：我看到过横着写的分数，先写1，再斜杠，然后写2，也就是1/2。

生7：分数满了正好可以变成1，因为2个$\frac{1}{2}$正好是一个圆，一个圆就用1表示。

生8：我知道一半是$\frac{1}{2}$，一半的一半是$\frac{1}{4}$，相当于把一个圆平均分成了4份，取了其中1份。

3.通过迁移探究$\frac{1}{4}$的意义。

师：你能画图表示出$\frac{1}{4}$吗？

展示学生作品（图6），全班评价。

图6

生1：①表示出了$\frac{1}{4}$的意义，④如果画出分隔线，更容易看清是长方形的$\frac{1}{4}$。

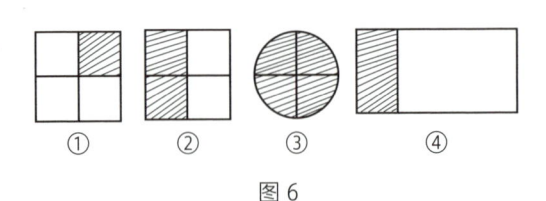

生2：②把一个正方形平均分成4份，取了其中2份，是$\frac{2}{4}$，不是$\frac{1}{4}$。

生3：③号4个$\frac{1}{4}$是$\frac{4}{4}$，正好是1个圆。

4.借助图示，比较分数单位的大小。

师：除了$\frac{1}{2}$，$\frac{1}{4}$，你还能想到几分之一？

生：$\frac{1}{8}$，$\frac{1}{10}$，$\frac{1}{16}$……

师：请把你想表示的几分之一在长方形纸条上有序地表示出来。

学生独立思考并尝试表示，随后展示学生作品（图7）并组织交流。

师：你发现了什么？

生1：同样长的纸条，平均分的份数越多，每一份就越少。

生2：分子都是1，分母越大，这个分数就越小。

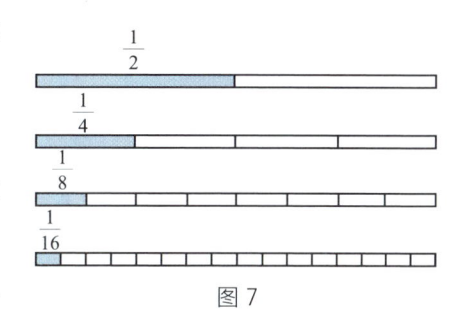

生3：分子都是1，分母扩大2倍，分数反而缩小到原来的一半。

图7

【设计意图】以学生提出的疑问为探究素材，通过自主探究、讨论交流等形式开展学习活动，理解$\frac{1}{2}$的意义、读法与写法等问题，并通过画图表示等形式，深化对分数意义的理解。结合平均分的意义，理解单位"1"相同的情况下，平均分的份数越多，每一份就越小的道理，同时体会分子都是1时，分母越大，分数反而越小的规律。

（三）任务3：提出问题，应用知识

师：这是王伯伯的一块地（图8），根据图片，你能提出尽可能多的与分数有关的数学问题吗？

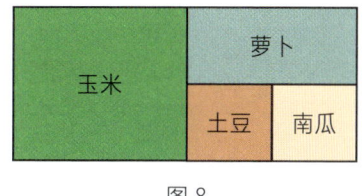

图8

学生提出数学问题，教师选取其中部分问题进行探究，以实现分数概念的应用。（表2）

表2

序号	提出的问题
1	玉米地占整块地的几分之几？
2	萝卜地占整块地的几分之几？
3	土豆地占整块地的几分之几？
4	南瓜地占整块地的几分之几？
5	哪块地占得最多？
6	如果把南瓜地的一半改种白菜，那么白菜占整块地的几分之几？
7	萝卜地是玉米地的几分之几？
8	所有地加起来是整块地的几分之几？
9	土豆地和南瓜地共占整块地的几分之几？
10	玉米地和萝卜地共占整块地的几分之几？
11	玉米地比土豆地多占整块地的几分之几？

师：同学们，你们能解决这些数学问题吗？请至少选择一个进行解决。

学生独立完成后进行汇报。

生1：第1个问题，玉米地占整块地的 $\frac{1}{2}$，因为玉米地是整块地的一半，所以是 $\frac{1}{2}$。

生2：萝卜地占整块地的 $\frac{1}{4}$，因为土豆地和南瓜地加起来和萝卜地一样大，玉米地有两块萝卜地那么大，这样把整块地平均分成4块，其中1块就占整块地的 $\frac{1}{4}$。

生3：土豆地占整块地的 $\frac{1}{8}$，因为整块地有8块土豆地那么大，所以土豆地占整块地的$\frac{1}{8}$。南瓜地和土豆地一样大,所以也占整块地的$\frac{1}{8}$。

生4:问题5,玉米地占得最多,因为$\frac{1}{2}>\frac{1}{4}>\frac{1}{8}$。同一块地,平均分的份数越少,每一份就越多,也就是分子相同,分母越小,分数反而越大。

生5:如果把南瓜地的一半改种成白菜,相当于把整块地平均分成了16份,白菜地占了其中1份,所以白菜地占整块地的$\frac{1}{16}$。

生6:第7个问题,萝卜地是玉米地的$\frac{1}{2}$,因为土豆地、南瓜地和萝卜地相加的大小和玉米地是一样的,1块玉米地相当于2块萝卜地,所以萝卜地是玉米地的$\frac{1}{2}$。

生7:如果把萝卜地放在玉米地里,那么萝卜地是玉米地的一半,所以萝卜地是玉米地的$\frac{1}{2}$。

生8:还可以知道土豆地是玉米地的$\frac{1}{4}$,先把土豆地移到玉米地上,玉米地有4块土豆地那么大,所以土豆地是玉米地的$\frac{1}{4}$。

生9:第8个问题,把玉米地平均分成4块,把萝卜地平均分成2块,这样就把整块地平均分成了8块,所以有8个$\frac{1}{8}$,就是$\frac{8}{8}$。

生10:也可以是$\frac{4}{4}$,相当于整块地有4块萝卜地那么大,取其中4份就是$\frac{4}{4}$;也可以是$\frac{2}{2}$,相当于整块地有2块玉米地那么大,取其中2份就是$\frac{2}{2}$。

生11:我觉得可以用1来表示,因为整块地就是单位"1",就是总的一大块。

师:你们发现了什么?

生1：$1 = \frac{2}{2} = \frac{4}{4} = \frac{8}{8}$。

生2：土豆地和南瓜地共占整块地的$\frac{2}{8}$。因为土豆地占整块地的$\frac{1}{8}$，南瓜地也占这块地的$\frac{1}{8}$，加起来就有2个$\frac{1}{8}$，就是$\frac{2}{8}$。

生3：我觉得土豆地和南瓜地共占整块地的$\frac{1}{4}$。因为土豆地和南瓜地加起来和萝卜地一样大，玉米地有两块萝卜地那么大，所以南瓜地和土豆地共占整块地的$\frac{1}{4}$。

师：你们有什么发现？

生1：$\frac{2}{8}$的分子、分母都除以2等于$\frac{1}{4}$。

生2：$\frac{2}{8}$和$\frac{1}{4}$看起来好像是$\frac{2}{8}$大，为什么这两个分数是相等的？

生3：因为$\frac{1}{4}$的分数单位大，$\frac{1}{8}$的分数单位小，2个$\frac{1}{8}$正好是$\frac{1}{4}$。

生4：$\frac{1}{4}$是把整块地平均分成4份，取其中1份。$\frac{2}{8}$是把整块地平均分成8份，取其中2份。虽然分数不同，但它们所占整块地的大小是一样的。

生5：同一块地，8份里的2份正好是4份里的1份。

生6：玉米地和萝卜地一共占整块地的$\frac{3}{4}$。因为玉米地占整块地的$\frac{1}{2}$，也就是占整块地的$\frac{2}{4}$，萝卜地占整块地的$\frac{1}{4}$，加起来占整块地的$\frac{3}{4}$。

生7：玉米地占整块地的$\frac{1}{2}$，也就是占整块地的$\frac{4}{8}$，土豆地占整块地的$\frac{1}{8}$，4个$\frac{1}{8}$减1个$\frac{1}{8}$等于3个$\frac{1}{8}$，所以玉米地比土豆地多占整块地的$\frac{3}{8}$。

师：回顾刚才同学们提出的问题，你觉得这些问题可以分为几类？

生：可分四类。第一类是部分量是总量的几分之几，第二类是几个分数比较大小，第三类是一个部分量是另一个部分量的几分之几，第四类是分数加减法问题。

师：确实，分数除了可以表示部分与整体之间的关系，还可以表示两个部分量之间的关系。分数不仅可以比大小，还可以做加减法。这些内容我们今后将会进一步学习。

【设计意图】通过"问题提出"引导学生将学到的分数知识进行运用和拓展。学生提出的问题有部分与整体之间的关系，也有两个部分量之间的关系；有比较分数大小的问题，也有求两个分数之和（差）的问题。这体现了学生问题的多样性和新颖性。在解决问题的过程中，一方面加强了分数概念的运用，另一方面拓展了分数知识的深度和广度，培养了学生的创新思维。

五、教学反思

在教学过程中，教师充分挖掘学生对"$\frac{1}{2}$"的不同疑问，帮助学生理解分数的意义。在此基础上，根据一块菜地的分布图进行"问题提出"，进一步深化对分数意义的理解和运用。这两个"问题提出"任务紧贴学生的生活经验与知识基础，并针对性地促进了不同水平学生的认知发展。通过本堂课的教学实践与思考，我们发现"问题提出"在以下三方面有着积极的作用。

（一）根据学生质疑深化概念理解

分数对学生来说是一个新的概念。为了让学生明白分数的由来，教师创设了平均分物品的情境。学生发现半个月饼不能用整数表示，因而提出了"半个用什么数表示"的疑问。学生自己尝试后发现用$\frac{1}{2}$可以表示出半个的含义，由此引出了分数。为了呈现学生对分数的诸多疑问，教师让学生根据"$\frac{1}{2}$"提出问题。学生提出了很多与教学目标相关的问题，主要可分为分数的意义、分数的由来、分数的读法与写法、分数的各部分名称、分数和1的联系、分数的拓展等问题，接着以这些问题为线索，组织了"画图表征$\frac{1}{2}$""解读关于$\frac{1}{2}$的疑问"两个活动，并由此引出"$\frac{1}{4}$的意义探究""比较分数单位的大小"两个后续活动，其中画图表征使学生直观体会到把一个物体或图形平均分成几份，分母就是几，表示这样的一份（或几份），分子就是一（或几），从中感悟到分数的意义。在解决"为什么叫分数"时，学生进一步概括了分数是平均分后产生的数，表示了部分与整体之间的关系。在解决"为什么要竖着写"时，学生将分数和"除号"进行联系，有效把握了分数与平均分、除法等知识的联系。在解决"分数的读法、写法和各部分名称"时，学生将分数的外在形式和内在含义结合，理解了读法、写法和各部分名称的由来。在解决"分数满了会不会变成1"时，学生发现2个$\frac{1}{2}$正好是一个圆，从而发现了分数和整数的联系，完善了认知结构。在进行"分数意义拓展"时，学生以$\frac{1}{2}$的学习经验为依托，迁移到$\frac{1}{4}$，$\frac{1}{8}$，$\frac{1}{16}$等更多分数的意义理解，从中发现分数有大小之别，理解了在单位"1"相同的情况下，平均分的份数越多，每一份反而越小，从而学会比较分数的大小。总之，给予学生提出疑问的机会，可以形成有效的教学路径，让学生对分数概念的理解更加全面而深刻。

（二）利用"问题提出"拓展知识宽度

学习了分数概念以后，为了巩固学生对分数意义的理解，教师引导学生根据一块菜地的分布图提出尽可能多的与分数有关的问题。学生的问题主要分四类。第一类是各种菜地分别占整块地的几分之几，强调部分和整体的关系。由于各菜地的大小不同，需要学生将整块地平均分后才能看出部分和整体的关系，突出了分数概念必须以平均分为前提的特点。第二类是哪块地占得最多，突出了分数大小的比较，使学生领悟到分子相同，分母小的分数反而大。这两类问题是对分数意义和大小比较知识的巩固和运用。第三类是分数加减法问题，通过问题解决使学生明白了相同的分数单位可以进行加减。例如，"1个$\frac{1}{8}$加1个$\frac{1}{8}$等于2个$\frac{1}{8}$，就是$\frac{2}{8}$"。同时学生结合菜地分布图知道了"$\frac{2}{8}$正好是$\frac{1}{4}$"，它们只是平均分的份数和取的份数不同，但它们所占整块地的大小是一样的。此外，学生还明白了当取的份数和平均分的份数同样多（即分子和分母相同）的时候，正好等于1。例如，"$1=\frac{2}{2}=\frac{4}{4}=\frac{8}{8}$"。在解决问题的过程中，学生对分数知识进行不断地更新和创造，拓展了知识的维度。第四类是一块地是另一块地的几分之几，将部分与整体的关系拓展到部分与部分的关系，实现了单位"1"的转换和知识的迁移。后两类问题涉及分数的运算和分数意义的延伸，拓宽了知识的疆域，激发了学生的创新思维，也为后续学习做了铺垫。

学生的问题给教学带来了意外的收获，基础问题给了学生巩固知识的机会，稍难的问题给了学生拓展新知的机会。在解决问题的过程中，学生对分数的认识由浅入深，完善了知识结构。可以说，学生的问题引领课堂走向了新的高度。因此，在教学中，教师要精心设计"问题提出"情境，用问题来引领学生自主探索，从而使学生获得更多的学习机会。

（三）运用"问题提出"唤醒学习潜能

在"问题提出"教学任务中，学生的思维是开放的，他们根据问题情境衔接新知和原有知识经验，将自己的疑问或想到的问题表达出来，这是开展自主学习的前奏。当学生把问题表达出来以后，自然会激发其潜在的好奇心和学习兴趣，继而去倾听他人的问题和学习不同的方法，产生分析问题和解决问题的愿望，持续性地进行主动学习和探究，获得对知识的深度理解。例如，在根据

"$\frac{1}{2}$"提问时,每个人都提出了自己的疑问,问题丰富而独特,通过自主学习、小组讨论和集体交流,学生主动联系各种知识以解开心中的疑问,促进了对分数意义的理解。在根据菜地分布图提出问题时,不同学生提出了不同层次的问题,学生先探究简单问题,再探究复杂问题,新颖的观点层出不穷,逐渐拓展了分数知识的深度和广度。

实践证明,基于学生提出的问题进行教学,学生会更加投入,因为这是在解决他们自己的问题,更符合学生的学情,契合他们的心理。在访谈中,有的学生说:"自己提出的问题可以简单,也可以复杂,适合自己的水平。"有的学生说:"自己提问可以提很多个,还可以往别的方向去提,这样可以持续不断地学下去。"有的学生说:"'问题提出'可以促使自己发现新问题,开发我们的思维,有时候同学的问题或自己提出的问题更有挑战性,更想去解决。"可见,"问题提出"是一种有效的教学手段,可以激发学生自主学习的潜能,从而持续地进行探究性学习和挑战性学习。

因此,"问题提出"教学是落实数学核心素养的有效途径之一。教师要多创造机会让学生提出问题,并对学生提出的问题进行有效的处理,同时对其探究态度表示赞同与鼓励,使学生不断生疑,不断提问,不断攀登数学学习的高峰。

评析

数学课堂中学生质疑和学生"问题提出"是两种既有区别又有联系的教学活动(详见第三章)。

在课堂开始时,教师首先出示了一张平均分配食品的图,其中小军和小兰各分到2个苹果、1瓶水、半个月饼,然后让学生对熟悉的物品提出自己的疑问。在学生众多的疑问中,教师选择了与教学目标(分数的初步认识)关系最密切的疑问:"半个用什么数表示?"在此基础上让学生尝试找到二分之一的分数表达式"$\frac{1}{2}$"。在这个质疑过程中，学生的关注点自主地从分数的具体物的表征上升到了抽象的数学符号表达。然后，教师引导了第二次的质疑活动，但与第一次不同，这次的质疑是让学生对这个刚刚学习的数学表达式"$\frac{1}{2}$"在抽象的符号水平上进行解剖分析。这一质疑活动成功地引导学生关注并探索表达式的组成部分、空间排列以及数学意义。这样的探索既能帮助学生深入理解"$\frac{1}{2}$"的数学意义，也对这个特殊的表达式进行了进一步的概念延伸。在很多数学课堂中，学生往往是机械被动地学习数学符号和表达式。而在本节课中，教师通过引导学生对抽象的数学表达式进行质疑，不仅让学生更好地掌握了分数的书写方式，更重要的是帮助他们理解了这样表达的意义以及优点。

当学生对分数的意义和表达方式通过质疑有了初步的理解后，在"任务3"中，教师就要求学生对作物分布图例提出"尽可能多的与分数有关的数学问题"。很显然，前面的质疑是学生对个别自己有疑惑的内容的质疑，即"怎样"和"为什么"，并希望得到别人的帮助和解答。与此相比，这里的"问题提出"特别强调学生要提出"和分数有关的数学问题"，这就要求学生对"分数"所表达的两个数量关系（分子和分母）有更全面的概念理解，并能把这一概念理解运用在根据具体的情境提出合理的与分数有关的数学问题中。如果说前面的学生质疑活动帮助学生对个别不理解的分数意义和表达提供了探索和解答的机会，后面的"问题提出"则为学生升华和运用前面质疑中理解的分数概念提供了机会。正如本书第三章所总结的："没有质疑的教学也很难让学生顺利提出数学问题，二者具有相辅相成、相互促进的关系，在教学过程中教师可以根据教学需要适当结合运用两种方式，为学生提供尽可能多的学习机会。"

案例 3

提出问题，形成算理
——以"求一个数是另一个数的几倍"的教学为例

■ 执教：浙江省杭州市萧山区城东小学　任燕芳
　　评析：蔡金法

"问题提出"是数学教学的一个重要组成部分。在我们平时的教学中，往往会忽视这一点，而把更多的时间放在讲解和练习中。在"求一个数是另一个数的几倍"这一课，在引导学生理解含义后，不少教师往往通过让学生多次练习来巩固这一知识。在这个过程中，一道又一道的习题原本是为了让学生加深理解、巩固认知，却在无形中使许多学生在枯燥的练习中产生了厌倦，失去了学习兴趣，学生的思维水平也没有真正提高。但如果能通过"问题提出"给学生留下思考的空间，让学生感受到学习既富有挑战性又生动有趣，学生就会积极主动地投入学习。因此，基于对"问题提出"教学的认识，我们尝试让学生根据所学知识提出问题、编写题目，把自己对这一课知识的理解体现在有具体情境的数学问题中。这样的"问题提出"过程不仅能激起学生的挑战欲，而且能让学生的数学理解从抽象走向具体。引导学生把编写的各种情境、不同难度的题目综合在一起，找出共性，又让学生从具体走向抽象。经历这样一个往复的过程，不同的学生在课堂中就得到了不同的发展。从这个角度看，"问题提出"给我们的教学提供了一条新的思路。

一、教材分析

"倍的认识"单元共四个课时，第一课时是建立倍的概念，第二、三课时是运用倍的知识解决实际问题，最后一课时是练习课。"求一个数是另一个数的几倍"是第二课时的内容，让学生在建立倍的概念之后应用倍的概念解决问题。人教版《数学》教材（2013年版）与原先的版本（2001年版）相比，在顺序的安排上做了很大的改动，具体如表1所示。

表1

教材版本	教材结构	教学年级
2001年版	建立倍的概念	二年级上
	求一个数的几倍是多少	二年级上
	求一个数是另一个数的几倍	二年级下
2013年版	建立倍的概念	三年级上
	求一个数是另一个数的几倍	三年级上
	求一个数的几倍是多少	三年级上

2013年版教材将原来分散在二年级上册和下册中的关于"整数倍"的内容集中安排在了三年级上册，并且把解决问题的两个内容在顺序上做了微调，在建立了倍的概念后，运用这个知识先去解决"一个数是另一个数的几倍"的问题，而不是"一个数自身的几倍是多少"，知识的衔接更加符合学生的认知特点。在建立倍的概念后，教学"一个数是另一个数的几倍""一个数的几倍是多少"，教师需要集中教学用乘、除法解决包含倍数关系的实际问题，让学生更好地了解所学的知识有什么用、如何用，从而逐步培养学生应用数学的意识和解决问题的能力。

在这节课的教学中，需要将"一个数是另一个数的几倍"的数量关系转化为"一个数里面有几个另一个数"的问题，对学生而言存在一定的思维跨度。如果教学中只注重由具体到抽象的过程，而忽视从抽象到具体的活动，知识将无法得到升华。因此教师不仅要为学生提供"直观感知",还要注重由"直观到抽象"的引导,通过由具体到抽象,再由抽象到具体的双向转化,让学生对"一个数是另一个数的几倍"的含义理解得更深刻。教学设计中,要注重引领学生在提出问题的基础上,适时进行编题练习,经历由抽象到具体的过程,提升思维训练的有效性和价值。

二、学情分析

"倍"是小学数学中的重要概念,也是学生学习的一个难点。因为学生之前接触的主要是加法结构,学的是数量的合并以及比较,没有学习过两个量之间的比率关系。对两个量或者多个量之间的比率关系的真正理解,需要学生在头脑中先建构起乘除结构,而"倍的初步认识"就是学生建构乘除结构的起始。由于缺乏感知,学生对于"倍"的模型建构比较困难,对于"倍"的本质理解不是很透彻,所以在遇到需要用"倍"的相关知识解决问题的情况时,学生经常一看到"倍"字就直接用乘法解决问题。不仅如此,因为尚未建构扎实的数学模型,学生在解决具体问题时往往能说出正确的答案,却不能列出正确的算式。部分学习困难的学生在遇到这一单元中的两类问题时,就会在缺乏理解的情况下任意套用乘除算式来进行不合理的计算。

三、设计说明

"倍的认识"这一单元的内容知识之间有着紧密的联系。"求一个数是另一个数的几倍"是对第一课时"倍的初步认识"的实际运用,只有对倍的概念有了清晰的认识和理解,才能更顺利地解决后续倍数关系的实际问题。因此,这一节课的教学设计必须突出新旧知识之间的衔接,注重倍的相关知识的复习,再次加深"倍"这个比较抽象的概念在学生头脑中的印象。

要想更好地解决问题,建构数学模型是关键。因此,我们在教学时必须创设符合学生认知特点，同时又能更好地建构模型的数学活动。在设计时，创设丰富的问题情境，给予学生提出问题的机会，可以更好地比较、抽象出解决此类问题的数学算法结构。在教学新知环节，可以先给出简单的问题情境，让学生回忆学过的知识，提出简单的数学问题；之后再变换条件，让学生在解决问题后提出新的数学问题，以探究新知；最后，让学生运用所学知识进行编题，把现实情境和数学算式联系起来，进一步提升学生的算法思维水平，完善学生的算法结构。

四、教学过程

（一）任务1：回顾旧知，发现倍数关系

1.观察情境图。

情境创设，出示动物图（图1）。

师：小朋友们，秋天来了，森林里的果实丰收了，动物们都来庆祝这个开心的时刻。看，小动物们来了！

图1

2.回顾相关知识。

师：仔细观察，你从图中发现了哪些倍数关系？

生1：蝴蝶的数量是小猴的2倍。

生2：小兔的数量是蝴蝶的2倍。

生3：小兔的数量是小猴的4倍。

师：同学们真厉害，上一节课关于倍的知识学得非常扎实。

（二）任务2：提出问题，引出新知

师：图中的小兔要去找吃的，离开了，现在森林里只剩下蝴蝶和小猴。你能提出一个有关倍的问题吗？

课件出示文字信息：蝴蝶有6只，小猴有3只。

生：蝴蝶的数量是小猴的几倍？

师：小朋友们真棒，一下子就提出了有关倍的问题。今天这节课我们就一起来研究像"求一个数是另一个数的几倍"这样的数学问题。

板书：求一个数是另一个数的几倍。

【设计意图】以熟悉的情境帮助学生复习"倍的初步认识"，在此基础上，通过改变情境，引发学生兴趣，提出问题。强调学生提问中的倍数关系，从而引出本堂课的主题：求一个数是另一个数的几倍。这样的方式有助于培养学生的数学洞察力，让学生能在"问题提出"的过程中经历知识的生发，激活思维。

（三）任务3：探索新知，再提问题

1.解决问题：蝴蝶的数量是小猴的几倍？

（1）阅读与理解。

师：想要解决这个问题，我们需要哪些信息？

生1：蝴蝶有6只，小猴有3只。

师：你认为蝴蝶的数量是小猴的几倍？

生2：2倍。

师：为什么是2倍呢？能把你的想法表示在作业纸的方框内吗？

（2）分析与解答。

反馈学生作品。（图2）

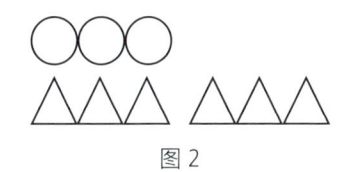

○○○
△△△ △△△

图2

师：你能把你的想法说给大家听一听吗？

生3：3个圈表示3只小猴，6个三角形表示6只蝴蝶，蝴蝶的数量有2倍的小猴那么多，所以说蝴蝶的数量是小猴的2倍。

生4：算式是6÷3＝2。

师：你能把你的想法说给大家听一听吗？

生4：6表示6只蝴蝶，3表示3只小猴，6里面有2个这样的3，所以6÷3＝2。

师生小结：像这样求"蝴蝶的数量是小猴的几倍"的问题，就是求6里面有几个3，我们可以用除法解决。

（3）回顾与反思。

师：那么以上的解答到底对不对呢？我们可以怎样来验证呢？

引导学生进行检验。

2.解决问题：小兔的数量是蝴蝶的几倍？

师：瞧，小猴离开去找吃的了，小兔回来了。现在森林里剩下小兔和蝴蝶了。你能提出一个有关倍的问题吗？

课件出示文字信息：小兔有12只，蝴蝶有6只。

学生提出问题后，尝试用画图和计算两种形式解决问题，完成后进行反馈。

3.解决问题：小兔的数量是小猴的几倍？

师：小猴找完吃的也回来了，现在森林里可热闹了。你还能提出有关倍的问题吗？

课件出示文字信息：小兔有12只，蝴蝶有6只，小猴有3只。

生5：小兔的数量是小猴的几倍？

师：那么解决这个问题我们又需要哪些信息呢？

生6：小兔有12只，小猴有3只。

师：是的，你真会思考！这里有一个多余条件，我们做题的时候要仔细分析题意，去掉无关的信息。你会计算吗？请你把算式在作业纸上写一写。

学生做好后进行反馈，教师引导学生说一说为什么这样列式，最后进行检验。

4.提出问题：小兔和蝴蝶的数量是小猴的几倍？

师：同学们提出了那么多的数学问题，真厉害！如果要同时用到上面的三个条件，你还能提出有关倍的问题吗？

课件出示文字信息：小兔有12只，蝴蝶有6只，小猴有3只。

生：小兔和蝴蝶的数量是小猴的几倍？

师：这个问题可以吗？你们会解决吗？

学生尝试解决这个问题。

【设计意图】通过画图，化抽象为具象，为学生解决抽象的数学问题搭建脚手架。学生从图中理解题意，搜寻到解决问题的突破口，从而形成解题的思路。引导学生规范说理，既可以提高学生的思维水平，又可以提高学生的口头表达能力。在解决三个倍数问题之后，引导学生根据提示信息提出类似的问题进行解决，巩固头脑中形成的倍数关系知识。

（四）任务4：编写题目，巩固新知

1.尝试编题。

师：你能根据今天所学的知识，自己尝试编一道这样的题目吗？

学生尝试编题。

2.交流评议。

展示部分学生编写的题目（图3—图8），大家一起读一读，评一评。

〇〇〇〇 〇〇〇〇 萝卜 桃子 萝卜的个数是桃子的几倍?	大象有20头,小鸟有4只,大象的头数是小鸟的几倍?	苹果有15个,梨有3个,苹果的个数是梨的几倍?
图3	图4	图5
小象有12头,大象有6头,猫有3只,大象是猫的几倍?小象是大象的几倍?小象是猫的几倍?	枫树有16棵,杨树有8棵,柳树有6棵,枫树和杨树的棵数是柳树的几倍?	图书馆里有18本故事书,3本漫画书,6本作文书。故事书的本数是漫画书的几倍?故事书的本数是漫画书和作文书的总数的几倍?
图6	图7	图8

3. 尝试计算。

学生任意选择其中两题，独立列式计算。

4. 交流反馈。

请学生说一说每一题都是怎样计算的，为什么要这么计算。

5. 概括小结。

师：同学们编写了那么多不同情境的题目，它们有什么共同点吗？

生：问题的本质都是一样的，都是谁是谁的几倍。

师：是的，虽然情境各不相同，但它们有一个共同的本质特征——问一个数是另一个数的几倍。像这样的题目我们可以用除法来解决。(图9)

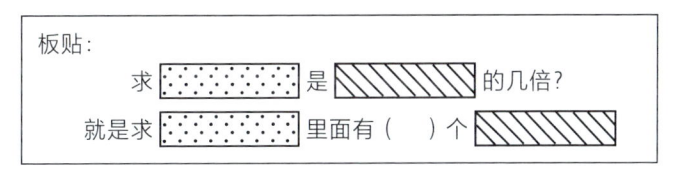

板贴：
求 ▨ 是 ▧ 的几倍?
就是求 ▨ 里面有( )个 ▧

图9

【设计意图】以"问题提出"为策略，尝试让学生根据所学知识编写现实生活中的数学问题，把机械的练习还原到学生喜闻乐见的生活问题中，激发了学生的学习热情，提高了参与学习的积极性。通过编题，学生也感受到了求解的关键。

五、教学反思

（一）重视"问题提出"，提升思维能力

数学教育工作者不仅要引导学生掌握概念、运算技巧，更要培养学生的思维能力，提高提出和解决问题的能力。数学的发展始于数学问题的提出，并在解决问题的过程中提出新的问题，如此循环往复，螺旋上升。作为一种学习方式和能力，"问题提出"有效地促进了学生对知识的理解，推动了学生对数学观念的反思，从而提升了学生的数学思维能力，让学生参与数学学习的思维活动更加活跃，反过来提高了学生的问题解决能力。

在本课中，学生通过"问题提出"，真正体会到自己是课堂的主人，从而激发更大的主动性，进而迸发出更强的学习动力。同时，一次又一次的"问题提出"加深了学生对"倍"的概念的理解。在提问中，课堂有了意外的生成，让思维发展走向了更深的层次。在编题环节，学生得以将知识内化、提升，提出问题、解决问题的能力得到进一步提高。

（二）突出方法引导，规范解题步骤

数学是一门非常严谨的学科，具有较强的抽象性和逻辑性。学生在学习数学时，特别是在解决问题时，因为其抽象性和逻辑性，往往会遇到很多困难。如果我们在解决问题时，能够用一些程序化的句式和提示语，给学生提供一些解决问题的思考途径，学生学习就会更有方向性。

本课一共解决了四个问题，教师以系统、规范的语言提示，例如"想要解决这个问题，我们需要哪些信息""你能把你的想法说给大家听一听吗""以上的答案到底对不对？我们可以怎样来验证呢"等，引导学生在提示中理解问题中的信息，分析相应的关系，进而解决问题并进行检验。通过阅读与理解、分析与解答、回顾与反思，系统、规范地形成一种思维习惯，进而形成一种思维范式，最终形成基本的数学方法。

（三）关注多元表征，强化模型构建

学生通常会借助各种表征来形成新的理解并表达数学观念。因此，在不同的数学表征之间建立联系，有助于加深学生对数学的理解，更好地建构起解决问题的数学模型。通过多元的表征方式及其之间的相互转化，可以有效帮助学生更好地建立倍的模型。

在教学解决"与倍有关的实际问题"时，引导学生充分经历用语言描述问题、画图表征数量关系、列算式解决问题的过程，并启发学生说一说其中联系。让学生在活动中把抽象的新知识"倍"与已有的知识"几个几"建立联系，认识到倍的本质是两个数量在相互比较，一个量里包含了几个另一个量就是它的几倍，认识到求一个数是另一个数的几倍，其实就是求一个数里面有几个几，可以用除法进行计算。

（四）注重几何直观，帮助理解本质

几何直观是课程标准中的核心概念，主要是指运用图表描述和分析问题的意识与习惯。几何直观在整个数学学习的过程中都有着极其重要的作用。借助几何直观，可以把复杂的数学问题变得更加简明和形象，可以帮助学生直观地理解数学，有助于探索解决问题的思路。

因此，本课尤其注重引导学生利用图形描述和分析问题。在学生提出问题后，教师就有目的地引导学生用画图的方法去尝试解决，并在进行反馈时，注重这一方面的指导。在教学中，可以画形象的实物图，也可以画抽象的线段图，让学生学着用图来表述题意，引导学生关注如何表达不同对象间的关系，提高学生借助图形去思考问题的意识和能力。

评析

任老师通过"问题提出"的方式帮助学生构建了"求一个数是另一个数的几倍"的算理。案例中,任老师首先引导学生熟悉问题情境,回顾"倍的初步认识",为这节课做好准备。之后,改变情境信息,让学生提出有关倍的问题,引出本节课的主题。接下来,先进行问题解决,通过课件出示关键文字信息,辅助学生解决"求一个数是另一个数的几倍"。学生通过画图、列式的方式抽象出求解过程,并进行变式训练。在找到求解思路后,任老师再次让学生提出类似的问题并解决,从而巩固"求一个数是另一个数的几倍"当中的算法和数量关系。最后,通过编题把现实情境和数学思想结合,促进"现实—数学—现实"的数学建模闭环的形成并点题。

设计前期,任老师对教材的分析是充分的,不局限于现有的教材,而是对比了以往教材和现有教材的差异,找到了现有教材的优势。教学后,任老师进行了较为充分的反思。在意识上,看到了"问题提出"对提升思维能力的价值;在教学上,突出引导的重要性;在表达上,关注多元表征,强化模型构建;在评估上,看到了学生分析和解答中的闪光点。

对于三年级的学生来说,"问题提出"是一项颇具挑战性的任务。在本案例中,任老师充分考虑到学生的思维特点和局限,提供不同难度的问题情境,循序渐进地引导学生掌握"问题提出"的方法。例如,在一开始的"问题提出"情境中,教师不仅提供了形象的小动物图片,还预热了逆向的问题解决过程。这一切为中低年级学生提供了"问题提出"的数学认知和数学语言。在后面的"问题提出"活动中,学生需要创设自己的问题情境来提出相似的数学问题,这为如何在低年级课堂中开展"问题提出"的教学提供了宝贵的经验。

案例4

大问题理清知识逻辑，大环节推进数学思考
——以"年、月、日"的教学为例

■ 执教：浙江省杭州市萧山区新街第三小学　胡佳丹　莫延安
　评析：王　涛

　　"年、月、日"是人教版《数学》教材（2022年版）三年级下册第六单元第一课的内容。传统教学方式是教师指导学生通过观察和梳理年历表，得出年、月、日的相关知识，然后引导学生用多种方法记忆大、小月，再引导学生计算一年有多少天，最后进行练习巩固。这样的教学更多关注的是知识的梳理和记忆，往往不能激发学生学习的兴趣，更没有预留帮助学生积累数学学习活动的经验和方法的空间。这样的教学是以"学会"数学知识和形成数学技能为主要目标，而忽略了学生的"声音"，忽视了基本的数学活动经验与数学思想的培养，没有达到"会学"的目标。

　　为此，我们设想以学生提出问题为驱动，以解决问题为路径，设置综合挑战性问题，多途径地引导学生自主学习，让学生在提出问题、解决问题的过程中梳理知识、提升能力、积累经验。

一、数学分析

　　与"时、分、秒"不同，"年、月、日"这三个时间单位与自然界的关系十分密切。在一、二年级，已经进行了整时和半时的教学，同时在三年级上册教材中安排了"时、分、秒"的学习。这部分内容属于时间单位学习板块，年、

月、日都是常见的时间单位。本课时内容繁杂，需要记忆的知识点较多。教师一般根据教材，从一年中常见的节日引入，进行年、月、日的知识教学。教材的设计是从生活实际出发，让学生认识到年、月、日与生活的联系，从而便于教师展开知识教学。事实上，年、月、日三者内在的知识点之间的联系是十分密切的，所以在教学中，要给学生观察、提问和梳理的时间，特别是2月有28天或29天、平年有365天、闰年有366天这样的知识点，要鼓励学生大胆提问、仔细观察并共同梳理，从而掌握知识。

二、教学分析

年、月、日的知识之间关系密切且复杂。学生在以往的学习和生活经验中，已经掌握了更容易感知的时间单位"时、分、秒"，并且有了过年的生活经历、节日的概念以及其他生活常识，但还缺乏清晰的、全面的认识。正是这种模棱两可的认知，使学生的头脑中存在对知识的各种问题，这也是本节课以"问题提出"开展教学的认知条件。教材提供了2023年和2024年两年的年历供学生探究，主要编排如下：

观察2023年、2024年的年历，在表格中记录每个月的天数。（表1）

表1

月份	1	2	3	4	5	6	7	8	9	10	11	12
2023年												
2024年												

（1）一年有（　）个月。

（2）有31天的月份是哪些？这些月份是大月。只有30天的月份是哪些？这些月份是小月。

找一些其他年份的年历观察一下，你发现了什么？

我们研读教材后认为：一是材料对学生来说是否有亲切感、有意义会影响学生的认知加工。我们调查发现，教材本节标注的6个节日中，大多数学生只知道"六一国际儿童节"和"国庆节"，对其他4个节日并不熟悉，此外，对"春节""中秋节""端午节"等传统节日比较熟悉。二是教材只提供两年的年历，不足以支撑学生发现每年大、小月的一般规律，更不足以支撑学生发现"四年一闰"的规律。三是教材直接预设了问题："一年有几个月？""有31天的月份是哪些？这些月份是大月。有30天的月份是哪些？这些月份是小月。"如果让学生看书预习，就变成了一种"按图索骥"式的被动学习，无法让学生经历尝试、比较、发现、归纳的活动体验与"再创造"的过程。

三、设计说明

基于以上的分析与思考，我们以人教版《数学》教材（2022年版）的教学素材为起点，结合学生的知识基础和教学要求，将教学目标定为以下四点：

1.通过记录表格，探究发现一年有7个大月、4个小月，还有一个特殊的2月；掌握大月、小月的含义。

2.了解2月有28天或29天。

3.通过计算，知道一年有365天（或366天）。

4.能运用年、月、日的有关知识，提出有效的问题并予以解决。

我们设想用大环节、大问题、大板块的理念设计本节课的教学。任务1是根据年历表提出数学问题，任务2以解决"一年有多少天"这个大问题的过程来梳理知识点，任务3是根据信息再次提出问题，在解决问题的过程中巩固有关年、月、日的知识。

在三个教学任务中，任务1和任务3都采用了"问题提出"的教学方式。任务1的"问题提出"安排在课前，有助于教师了解学生的思维基础，找准学生的提问方向。教师利用课前时间整理学生的问题，将问题进行分类，并根据问题进行课堂教学环节的顺序设计，真正做到"问题从学生中来，在课堂中解决学生问题"。任务3也以"问题提出"的形式展开。我们创设学生熟悉的情境——

跳绳比赛，让学生根据情境再次提出问题，意在提高学生提出并解决数学问题的能力。

四、教学过程

（一）任务1：观察年历，提出数学问题

下发2016—2023年的年历表，让学生观察、记录、完成统计表，并把数学问题记录在练习纸上。

1.完成统计表：观察年历表，选择其中4个连续的年份，完成表2。

表2

年份	月份天数											
	1月	2月	3月	4月	5月	6月	7月	8月	9月	10月	11月	12月
年												
年												
年												
年												

2.根据年历表和统计表，你能提出哪些数学问题？

学生根据要求记录数学问题。

3.梳理问题，分类整理。

对学生提出的问题进行分类梳理。本次课前下发提问表35份，提问学生35人。经统计和整理，问题分类如表3所示。

表3

问题类型	典型问题举例	问题数/个	百分比/%	人数/人	百分比/%
A. 一年的天数	2018年一共有多少天？每年的天数一样吗？	47	33.10	27	79.41
B. 大、小月天数	为什么每个月的天数不同？为什么每一年的4月、6月、9月和11月都没有31日呢？	33	23.24	20	58.82
C. 2月份天数	为什么2月只有2016年和2020年有29天？	10	7.04	7	20.59
D. 一年的月份	一年有多少个月？为什么一年只有12月？	15	10.56	11	32.35
E. 计算时间	2017年的7月比2月多多少天？3个月是多少天？	26	18.31	22	64.71
F. 衍生知识	为什么每一年对应的生肖都不同？为什么分十二生肖？	5	3.52	4	11.76
G. 无效问题或非数学问题	为什么2020年10月14日的14日是圈起来的？为什么有些数字下面有横线？	6	4.23	5	14.71

【设计意图】三年级的学生已经学过的时间单位有时、分、秒，在生活中也接触过年、月、日，但是他们对年、月、日的具体知识的了解是比较粗浅、不够深入的。所以，本课以"问题提出"的形式展开教学，以期将学生头脑中模棱两可的知识和概念逐渐转化成清晰的知识体系。

（二）任务2：解决问题，形成知识框架

1. 复习旧知，导入新课。

师：同学们，我把上课前一秒的时刻记录下来，请同学们帮忙读一读这个时刻：2024年11月30日上午8时29分59秒。

说一说：

（1）这个时刻里有哪些我们学过的时间单位？（时、分、秒）

（2）还有哪些表示时间的单位呢？（年、月、日）

师：今天这节课我们就来学习有关年、月、日的知识。（出示课题：年、月、日）

2.自主探究，解决问题。

（1）抛出核心问题——一年有多少天？

师：同学们，上个星期胡老师做了调查，也请同学们提出了一些问题，我发现有个问题提问的人特别多，一共有27名学生提出，我们来看看是什么问题。

课件展示学生提出的问题。

师：这些问题都可以归结为"一年有多少天"。

【设计意图】"一年有多少天"的问题不仅是学生提出频率最高的问题，而且是学生所提问题中最终需要解决的问题。同时，在解决"一年有多少天"的问题的过程中，需要用到年、月、日的知识点。因此，解决了"一年有多少天"的问题，就解决了其他的小问题。所以，本节课开门见山，将"一年有多少天"作为核心问题直接抛出。

请你利用年历表，计算一年有多少天。

学生计算。教师巡视并提醒学生注意计算的正确性。

收集学生的四种答案：

①$31+28+31+30+31+30+31+31+30+31+30+31=365$。

②$31+29+31+30+31+30+31+31+30+31+30+31=366$。

③$31\times7+30\times4+28=365$。

④$31\times7+30\times4+29=366$。

（2）认识一年有12个月。

呈现①和②。

师：这两种计算从方法上来看是一样的，是怎么算的？

生1：把12个月的天数加起来。

生2：也就是说1年有12个月。

呈现学生问题，讨论解决问题。（图1、图2）

师：这两名同学提出的问题大家能帮他们回答吗？

生：一年有12个月。

师：看来，我们通过观察年历就可以解决这个问题了。不过，又有很多同学有疑问了，看看他们的问题是什么。（图3）

自主阅读教材中的小资料"为什么一年有12个月？"

（3）认识2月。

师：①和②的计算结果为什么不一样呢？

生1：在加2月天数的时候，方法①是加28，方法②是加29。

生2：2月的天数会变化。

师：有同学也注意到了2月，王同学发现了2016年的2月与其他年份不一样，郑同学发现了2020年的2月很特殊。（表4、图4）

表4

年份	月份天数											
	1月	2月	3月	4月	5月	6月	7月	8月	9月	10月	11月	12月
2016年	31	(29)	31	30	31	30	31	31	30	31	30	31
2017年	31	28	31	30	31	30	31	31	30	31	30	31
2018年	31	28	31	30	31	30	31	31	30	31	30	31
2019年	31	28	31	30	31	30	31	31	30	31	30	31
2020年	31	(29)	31	30	31	30	31	31	30	31	30	31
2021年	31	28	31	30	31	30	31	31	30	31	30	31

续表

年份	月份天数											
	1月	2月	3月	4月	5月	6月	7月	8月	9月	10月	11月	12月
2022年	31	28	31	30	31	30	31	31	30	31	30	31
2023年	31	28	31	30	31	30	31	31	30	31	30	31

> 2020年的2月为什么是29天，不应该是28天吗？
>
> 2020年为什么2月是29天，而不是31天呢？

图4

师：有一名同学就更厉害了，这个问题是谁提出的呢？（图5）

> 为什么除了2016年的2月和2020年的2月是29天，其他都是28天呢？

图5

师：请你们读一读自己提出的问题。那么，是不是像这些同学观察的一样，2月的天数是会变化的呢？请大家一起观察2月到底有多少天。（表5）

表5

年份	2016	2017	2018	2019	2020	2021	2022	2023
2月天数	29	28	28	28	29	28	28	28

师：看来2月确实很特殊，所以我们把它叫作特殊月。2月是28天的年份，一年有365天；2月是29天的年份，一年有366天。我们把一年只有365天的年份叫作平年，一年有366天的年份叫作闰年。

（4）认识大、小月。

呈现③和④。

师：31×7表示什么意思？这7个月分别是哪几个月？

生：一年有7个月是31天，7个31就用31×7表示。

师：30×4表示什么意思？这4个月分别是哪几个月？

生：一年有4个月是30天，4个30就用30×4表示。

根据学生的反馈，板书：

有31天的月份是1，3，5，7，8，10，12，共7个月。

有30天的月份是4，6，9，11，共4个月。

师：一个月有31天的月份我们叫大月，一个月有30天的月份叫小月。你有什么好方法来记住哪几个月是大月，哪几个月是小月？

生1：好像可以用拳头。

师：是的，谁能用拳头来说一说怎么帮助我们记忆大、小月？

生2：（边指拳头边说）一月大，二月平，三月大，四月小……

师：是的，大家可以像他这样用拳头来记大、小月。另外，我们也可以用一句口诀来记住大、小月。

齐读：一三五七八十腊，三十一天永不差。

（5）展示学生问题，讨论并解决问题。

大家能回答王同学提出的关于大、小月的问题吗？（图6）

> 2018年一共有多少个30天？

图6

生1：刚才我们已经观察过了，一年有4个月是30天。

生2：这个问题其实也就是在问一年中有几个小月。

师：同学们很会观察和推理，周同学观察得特别细致，他也发现了一个有意思的问题。（图7）

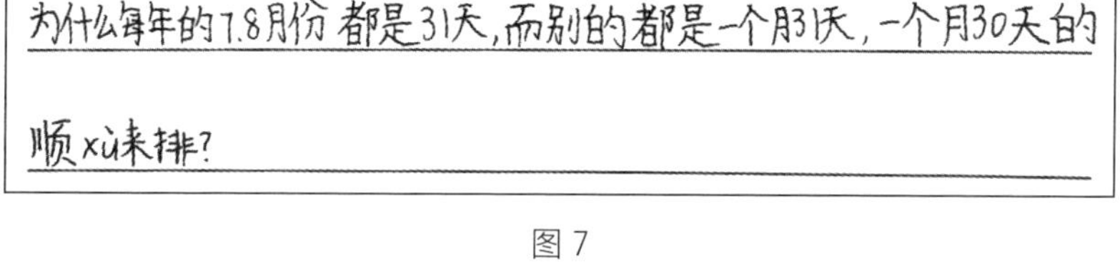

> 为什么每年的7.8月份都是31天，而别的都是一个31天，一个月30天的顺xù来排？

图7

师：同学们，你们发现了吗？在一年中，有两个大月是连在一起的。所以会提这个问题的小朋友一定是在认真观察的基础上再提问的。除了7月和8月，还有没有连续的大月？有没有连续的小月？

生：如果可以跨年的话，12月和1月也是连着的大月。没有连续的小月。

师：下面这名同学的问题又是什么意思？（图8）

> 为什么每月的天数都不一样？

图8

生：我发现同一年份的不同月份，天数有的是31天，有的是30天，有的是28天，我也不知道为什么。

教师播放视频"为什么每个月的天数不一样？"

（6）梳理知识点之间的关系。

师：同学们，我们在解决这个问题的过程中，用到了哪些知识？再回过头来看看问题，你有什么发现？

生1：这些问题都是有关系的。

师：什么关系呢？

生2：几个大月加上几个小月再加上一个2月就是一年有12个月。

师：还有别的发现吗？

生3："一年有多少天"包括了后面几个问题。

师：是的，解决了"一年有多少天"这个问题，其实也就是把刚才提出的这些问题都解决了。数学知识是互相联系的，数学问题也是环环相扣的，这种体系化的结构正是数学的魅力。

【设计意图】如果按常规的逻辑教授年、月、日的知识，从一年有12个月，其中有7个大月、4个小月和1个2月，2月有28或29天，一步一步开展教学，并最终计算一年有多少天，以此巩固大、小月的知识。以往的教学方式是学生被动地接受知识，运用知识进行计算。本课反其道而行之，目的在于用一个问题引发学生思考，引领学生完成年、月、日知识体系的构建。在解决"一年有多少天"的问题的过程中，学生通过观察、归纳、对比，寻找解决问题所需的条件，从而解决其他的小问题，并在这个过程中，发现数学知识的联系性。

（三）任务3：知识巩固，在练习中再一次提出问题并解决问题

1. 根据情境，提出与年、月、日有关的数学问题。

出示情境：301班组织学生连续跳绳打卡，为期两个月。孙同学的妈妈为她准备了60页的打卡记录本，每天记录1页。经过一段时间的坚持，孙同学看着日历说："太好了，今天是26日了，到月底就完成了！"

师：你能提出哪些数学问题？

生1：孙同学还有几天能完成任务？

生2：孙同学一共要跳多少天绳？

生3：一共需要多少页打卡记录本？

生4：60页的打卡记录本够用吗？

经过师生讨论，发现生2和生3提出的是相似问题，可以合并成一个。而要解决"孙同学还有几天能完成任务"，必须先解决"孙同学一共要跳多少天绳"，由此确定解决问题的顺序为：①孙同学一共要跳多少天绳？②60页的打卡记录本够用吗？③孙同学还有几天能完成任务？

2. 自主思考，解决问题①"孙同学一共要跳多少天绳？"

（1）学生自主探究。

（2）汇报交流，讨论分析（图9、图10）。

情况一：(2)月和(3)月　　　　　情况一：(1)月和(2)月

算式：29+31=60(天)　　　　　算式：31+28=59(天)

情况一：(1)月和(2)月　　　　　情况一：(2)月和(3)月

算式：31+29=60(天)　　　　　算式：29+31=60(天)

情况一：(3)月和(4)月　　　　　情况一：(5)月和(6)月

算式：31+30=61(天)　　　　　算式：31+30=61(天)

情况一：(4)月和(5)月　　　　　情况一：(7)月和(8)月

算式：30+31=61(天)　　　　　算式：31+31=62(天)

图9　　　　　　　　　　　　　图10

进一步归纳发现：连续2个月可能是2个大月、1个大月和1个小月、闰年2月和大月、平年2月和大月这四种情况，不可能出现连续2个小月的情况。

情况一：(大)月和(大)月，算式：31＋31＝62(天)

情况二：(大)月和(小)月，算式：31＋30＝61(天)

情况三：(大)月和(闰年2)月，算式：31＋29＝60(天)

情况四：(大)月和(平年2)月，算式：31＋28＝59(天)

3. 根据问题①的情况，口答问题②，60页的记录本不一定够用。

4. 小组合作解决问题③"孙同学还有几天能完成任务？"（图11）

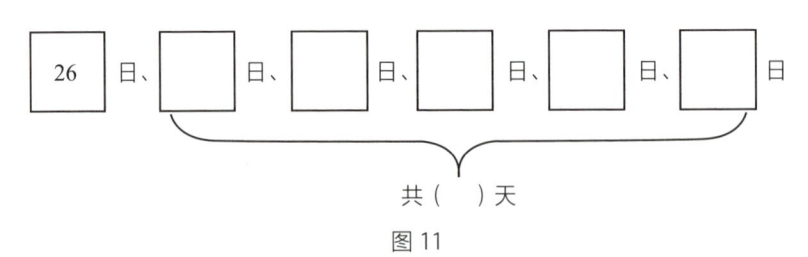

26 日、□ 日、□ 日、□ 日、□ 日、□ 日

共（　）天

图11

生1：若是大月，则26日、(27)日、(28)日、(29)日、(30)日、(31)日，还要5天。

生2：若是小月，则26日、(27)日、(28)日、(29)日、(30)日，还要4天。

生3：若是闰年2月，则26日、（27）日、（28）日、（29）日，还要3天。

生4：若是平年2月，则26日、（27）日、（28）日，还要2天。

【设计意图】这一任务设计首先可以让学生将所学的年、月、日知识运用到实际生活情境中，培养学生根据情境提出问题、解决问题的能力。其次，可以打开学生思路，让学生感受因为大、小月的不同，所产生的答案也会不同。最后，通过解决这些问题，学生可以回顾年、月、日的知识，并发现一些特点，如7月和8月是连续的大月，12月和1月也是，感受年是周而复始的循环现象；没有连续的两个小月，等等。

五、教学反思

（一）大板块、大问题、大环节的设计

本节课的设计以两次"问题提出"展开教学，只设计了三个环节、三个教学任务。考虑到本节课知识点多、碎，所以把"问题提出"环节放在课前作为预习作业，以"一年有多少天"这个提出人数最多的大问题展开教学。由这个大问题衍生出一系列的小问题，可以通过不同的计算方法解决，如从加法算式 $31+29+31+30+31+30+31+31+30+31+30+31$ 中可以得到一年有12个月，从 $31×7+30×4+29$ 中得到大月、小月、2月的概念与规律。这一反向的设计，不仅以一个核心问题涵盖了全课所有知识点，学生提出的其他三个关于年、月、日知识的问题也都在解决这个问题的过程中得到了答案，而且更有助于学生从更高的维度构建年、月、日知识体系，让学生体会到复杂问题是由简单问题组成的，逐个解决简单问题就有可能最终解决复杂问题的策略。同时，以学生提出的问题来推进教学进程，在教学过程中不断展示学生提出的小问题。这一方面是对学生问题的回应，另一方面也使教学进程始终围绕着学生提出的问题而推进。

（二）统计表起到脚手架的作用

课前先观察年历表，完成连续4年的月份天数统计表，然后提出问题。这里的连续4年的月份天数统计表起到了脚手架的作用。在其他班级试教时，直接让学生观察年历表后提出问题，由于学生观察不深入、体验不具体，很多学生提出的问题没有涉及数学本质，提出了很多非数学问题，如"为什么每个月里都有一个数被横线画出来""2020年10月14日为什么被圈起来"。有了统计表，学生在填写的过程中会进行简单的观察、分析、思考，所以提出的问题更有针对性、更有含金量。

（三）以再次提出问题的形式设计练习，富有挑战性

本节课的练习设计，没有使用常规练习那种出示具体月份判断大、小月的形式，而是请学生根据信息提出问题，以问题为驱动，激发学生学习兴趣。把年、月、日所涉及的知识点有机整合在学生熟悉的跳绳打卡情境里，既符合学生生活实际与心智发展水平，又具有逻辑结构性，促使学生在解决具体的实际生活问题中去应用、消化、吸收年、月、日的知识。从教学效果来看，学生提出了3个问题，在解决问题的过程中发现答案是开放的，这一过程涵盖了本节课所有的知识点，又综合了本节课所有的知识点来考量结果，因此十分富有挑战性。学生经历了自己提出问题、自己解决问题，发现了一年里可能有2个连续的大月，但不可能有2个连续的小月，更发现了跨年的12月和1月是连续的大月，进一步完善了年、月、日的知识结构。

（四）课外资料的多维补充

"心中有数学，更要心中有学生。"学生提出了很多类似于"为什么每个月的天数不一样""为什么2月份的天数特别少""一年为什么有12个月，而不是10个月"的问题，这正是学生的兴趣所在。以阅读资料、视频等形式呈现知识，有助于将"年、月、日"一课的内容呈现得更为饱满，做到知识与趣味相结合，

基础与拓展相连接。

总之，本课通过学生自己观察年历和根据生活经验提出年、月、日的相关问题，教师引导学生将其分类，并在课堂中解决这些问题，形成知识框架。这一形式有助于激发学生主动思考，积累相关的数学活动经验，同时对于知识结构和内容形成更深层次的认知。

评析

在本案例中，胡、莫两位老师合理地利用了"问题提出"的教学手段，鼓励学生积极参与，在不同的教学阶段有效地实现了不同的教学目标。其中第一个课前的"问题提出"活动很有创意。

在研究和实践中，只有很少的案例涉及课前的"问题提出"。目前为数不多的研究文献发现，课前的"问题提出"虽然有助于了解学生的状况，但是其效果非常依赖于问题情境的设计和学习者的特点，而这两位老师的课前问题情境设计就很好地综合了目标知识和学习者的特点。年、月、日的知识比较零碎，而且有些内容缺乏一眼可见的简单规律，如2月天数的变化对三年级的学生是一个很大的挑战，然而年、月、日本身却是学生几乎每天都会遇到的、有意义的知识（如暑假有多少天）。基于这些特点，两位老师用2016—2023年这八年的年历作为"问题提出"的情境。这是一个精心设计的"问题提出"任务。正如两位老师所解释的，之所以提供八年的年历，是为了涵盖2月的变化规律这一重要的目标知识点。换言之，这样的"问题提出"任务有足够的广度，可以让学生提出所有和目标内容有关的数学问题。而之所以选择这八年，是因为这是上该课时离学生较近的八年，让学生对问题情境有亲切感和现实感。

在以前的教学尝试中，两位老师发现如果仅仅提供八年的年历，三年级的学生并不一定能关注到年、月、日的目标知识，进而提出相应的数学问题。鉴于此，两位老师创造性地用表1引入一个简单的问题解决过程，把连续四年的年、月、日数字浓缩排列起来。这一问题解决过程可以看作学生对原始"问题提出"任务（八年的年历）的再加工，这个再加工使具体生活实物（年历）抽象为数字统计表，从而帮助三年级的学生更好地聚焦于目标知识点。有意思的是，这样的改变是由学生自己的问题解决来完成的。学生在这样的"问题提出"任务中能够发挥一定的创造性，这在很大程度上保障了接下去的探索活动中学生的自主性。

  在学生完成课前"问题提出"后，两位老师对收集到的学生提出的问题进行了细致的分析，比较客观全面地了解了学生课前对目标知识的掌握水平。在此基础上，课堂的教学设计更加有的放矢。绝大部分的"问题提出"发生在课堂过程中，这样的"问题提出"对教师的一个重大挑战就是预判、关注和及时处理学生所提出的问题，而这些能力正是有效进行"问题提出"教学所需要的。课前的"问题提出"恰好为教师提供了弥足珍贵的时间来发展这些重要的能力。这些时间不仅给了任课教师更好地了解学生思维状况的机会，也为其他教师和研究者的参与指导提供了可能。本案例不失为课前"问题提出"这一重要的研究实践课题的一次颇有价值的尝试。

案例5

在"问题提出"中整合资源、实施教学
——以"商的变化规律"的教学为例

■ 执教：浙江省杭州市萧山区渔浦小学　钟富尧
　　评析：蔡金法

一、教材分析

"商的变化规律"编排在人教版《数学》教材（2022年版）四年级上册第六单元中，基于笔算除法进行教学。商不变的性质为进一步学习小数除法、分数的基本性质、比的基本性质等知识打下基础。在商的变化规律中，教材例8中包含了3条规律：除数不变，被除数和商的关系；被除数不变，除数和商的关系；商不变的性质。可以看出，该例题的内容非常丰富，如果3条规律都在一节新授课上进行教学，则可能出现每条规律学生都无法学透的局面。但是如果分成多节课进行教学，不仅课时不够，还可能出现因为教学流程雷同，学生失去学习兴趣的情况。

二、学情分析与设计构思

学生已经学习了积的变化规律，因为积的变化与每个因数的变化一致，因此学生会认为商的变化也和被除数、除数的变化一致，混淆两者的变化规律。不仅如此，在商的变化规律中，商与被除数的变化一致，而商与除数的变化不一致，学生也容易将这两条规律混淆。

基于上述分析，引导学生主动地去分析、比较、找出规律是关键，而"问题提出"的教学方式满足了这一需求。教师先通过一个算式让学生进行编题，从具体的情境中了解被除数、除数和商所代表的实际意义，接着让学生编一组题，探究除数不变时，被除数与商的关系。最后总结方法，让学生自主探究其他商的变化规律。

三、教学过程设计及实施

（一）任务1：学生编题，理解除法本质

教师出示被除数、除数、商。

师：这三者有什么关系？

生1：被除数 ÷ 除数 = 商。

教师出示一个除法算式：$160 \div 20 = 8$。

师：你能用 $160 \div 20 = 8$ 这个算式编一道你熟悉的实际生活问题吗？

教师将学生编写的题目展示在黑板上（图1—图3），并让学生将编写的题目默读一遍。

> 朱老师拿了160元去买玩具，玩具20元1个，可以买几个玩具？

图1

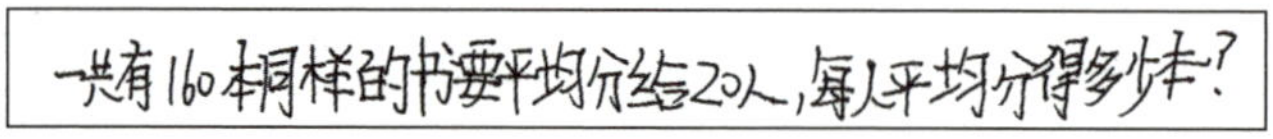

> 一共有160本同样的书要平均分给20人，每人平均分得多少本？

图2

> 小王要把一堆化肥送到160千米外的王家村，小王开车20千米/时，需要几小时？

图3

师：我们在什么情况下会用到除法来解决问题？

生2：我们在分东西的情况下会用到除法。

师：非常棒！通过刚才的学习，我们发现在平均分的情况下会用到除法。那么在实际情况中，平均分过程中的被除数、除数、商分别表示什么？

生3：在实际情况中，被除数表示总价，除数表示单价，商表示数量。

生4：在实际情况中，被除数表示平均分的总量，除数表示平均分的每份数，商表示平均分的份数。

生5：在实际情况中，被除数表示路程，除数表示速度，商表示时间。

师：根据你刚才编的题目，要让最后的结果大一点，可以怎么办？

生6：在单价不变的情况下，可以增加总价；在总价不变的情况下，可以降低单价。

生7：在每份数不变的情况下，可以增加平均分的总量；在总量不变的情况下，可以减少平均分的每份数。

生8：速度不变，可以增加路程；路程不变，可以降低速度。

师：当除数不变时，被除数越大，商也越大。当被除数不变时，除数越小，商反而越大。

【设计意图】除法的本质是什么？这个问题对于不同的学生来说有不同的答案，有的学生想到的是买东西的场景，有的学生想到的是分东西的场景，有的学生想到的可能是其他场景，教师应引导学生回归到除法的本质是平均分。在教学中，教师给定一个除法算式，让学生根据算式来编一道以自己熟悉的情境为背景的题，这比教材中直接用算式来呈现更能调动学生的积极性，还可以让学生根据自己的生活经验来理解被除数、除数和商分别代表什么。在这个环节中，学生可以感受到平均分的总量和每份的数量是存在关系的，也就是商随被除数和除数的变化而变化，而且商与被除数变化一致，与除数变化不一致。

(二)任务2：编一组题，探究除数不变时的规律

师：如果在除数不变的情况下，让得数是原来的2倍、3倍、4倍（从中自主选择一个倍数），请你利用刚才的情境再编一题，编好题目后用自己的生活常识验证一下对不对。

学生完成编题。教师选择性地将学生编的2个题目同时展现在黑板上，并与全体学生一起验证编的题目是否符合要求。（图4—图6）

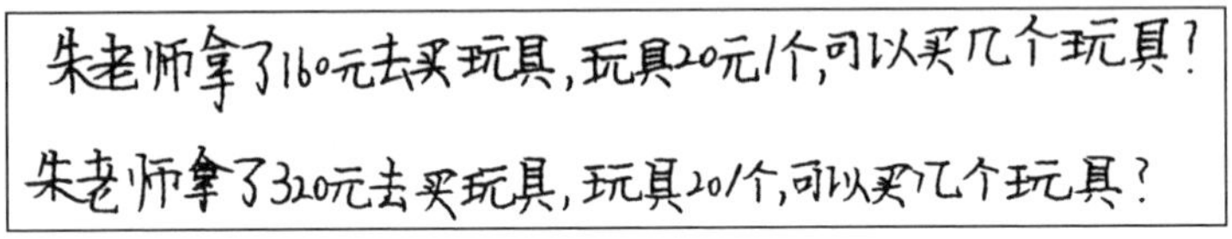

> 朱老师拿了160元去买玩具，玩具20元/个，可以买几个玩具？
> 朱老师拿了320元去买玩具，玩具20元/个，可以买几个玩具？

图4

> 小明一共有160元，去买20元的排球可以买几个？
> 小明一共有480元，去买20元的排球可以买几个？

图5

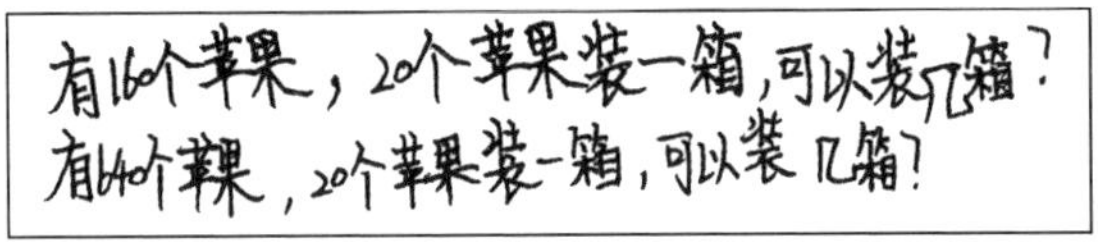

> 有160个苹果，20个苹果装一箱，可以装几箱？
> 有640个苹果，20个苹果装一箱，可以装几箱？

图6

师：在上面的题组中，你能说出什么变了，什么没有变吗？

生1：在第一组中，单价不变，总价扩大为原来的2倍，数量也扩大为原来的2倍。

生2：在第二组中，单价不变，总价扩大为原来的3倍，数量也扩大为原来的3倍。

生3：在第三组中，每份数量不变，总量扩大为原来的4倍，份数也扩大为原来的4倍。

师：根据编的题目，你能列出算式吗？

生4：

第一组 $\begin{cases} 160 \div 20 = 8, \\ 320 \div 20 = 16; \end{cases}$ 第二组 $\begin{cases} 160 \div 20 = 8, \\ 480 \div 20 = 24; \end{cases}$ 第三组 $\begin{cases} 160 \div 20 = 8, \\ 640 \div 20 = 32。 \end{cases}$

师：请同学们仔细观察第一组的两个算式，被除数、除数和商分别是怎样变化的？

生5：在第一组算式中，除数不变，被除数乘2，商也乘2。

师：除数不变，被除数乘2，商也乘2，这个发现与刚才我们总结的变化——单价不变，总价扩大为原来的2倍，数量也扩大为原来的2倍，表达是差不多的。那第二组的算式又是怎样变化的？

生6：在第二组算式中，除数不变，被除数乘3，商也乘3，这与我们刚才总结的变化：单价不变，总价扩大为原来的3倍，数量也扩大为原来的3倍，表达是一样的。

师：那第三组算式呢？

生7：在第三组算式中，除数不变，被除数乘4，商也乘4。这也符合我们刚才总结的变化规律——每份数量不变，总量扩大为原来的4倍，份数扩大为原来的4倍。

师：通过观察，我们发现，在除数不变时，被除数乘2，商也乘2；被除数乘3，商也乘3；被除数乘4，商也乘4。那是不是当除数不变时，被除数乘几，商也乘几？同学们，请以其中一个算式为准，通过举例进行探索，看看能发现什么规律？

生8：我发现，除数不变，被除数乘5，商也乘5。

生9：我发现，除数不变，被除数乘100，商也乘100。

师：像这样的算式有很多。谁能总结一下规律吗？

生10：我发现，除数不变，被除数乘几，商也乘几。

师：在刚才的学习过程中，我们都是从上往下观察的，也就是以一组算式中的上面一个算式为准。那如果我们从下往上观察，也就是以一组算式中的下面一个算式为准，你又有什么发现呢？

学生交流，教师巡视。

师：从下往上观察，你们又有什么发现？

学生交流，师生一起总结当除数不变时，被除数和商的关系。

【设计意图】买一种物品时花的钱越多，买到的物品数量就越多（平均分时总量越多，每人分到的就越多），这是一个学生很容易理解的生活常识，但这不能当作数学规律。因此，教师要通过引导，让学生从生活常识中总结出数学规律。在本环节中，教师通过让学生编一组熟悉的情境下的题目，以自己熟悉的情境为研究对象，不仅可以降低知识门槛，而且可以提高学生的探究欲望。教师让学生根据所编的题组进行观察，可以让学生在算式、情境、规律之间自由地转化，为学生解决除法问题提供多种方法。接着，教师让学生列出对应的三组算式，再让学生观察两个算式之间的联系，学生会发现被除数扩大2倍，商也扩大2倍，这样学生对规律的探究就自然而然地从定性描述转向了定量表述。学生以自己熟悉的情境为支撑，通过对同组算式的观察，对被除数的变化引发商的变化这一规律有了清晰的认识，自然地把生活常识转化为数学规律。需要指出的是，这一系列的探索都是学生在"问题提出"环节各自创设的生活情境中进行的，这让整个探索活动更有现实意义，从而使得学生的认知建构更加积极主动，更加有效。

（三）任务3：回顾方法，探究商的变化规律

师：通过刚才的学习，我们探究了除数不变时，被除数和商的关系。现在让我们一起来回顾一下刚才的研究方法。

学生汇报，教师总结。

师：你们还想研究哪些问题？

生1：我想研究被除数不变时，除数和商的关系。

生2：我想研究商不变时，被除数和除数的关系。

生3：我想研究被除数和除数都变化时，商的变化。

师：同学们都有自己的想法。下面请同学们进行小组合作学习，并填写学习单。（图7）

---

1. 研究主题：

2. 根据你的研究主题，编一组情境相同的题组并列式。

3. 观察算式，说一说你的发现。

从上往下观察：

从下往上观察：

4. 举例论证：

5. 用一句话概括你发现的规律：

图7

【设计意图】经过前面的学习，此时教师提问："你们还想研究哪些问题？"根据之前的学习经历和活动经验，学生自然地想到可以研究被除数不变时，除数和商的关系，也可以研究商不变时，被除数和除数的关系，甚至有些学生还想到要研究被除数和除数都变化时，商是怎么变化的这样更加复杂的问题。这一环节实现了对学生的分层教学，促使不同层次的学生有不同程度的发展，不仅有效地落实了课标，而且提高了学生提出问题的能力，发展了学生的创新能力。

四、教学反思

很多学生在学习商的变化规律时会觉得比较困难，一方面是因为3条规律容易相互混淆，另一方面更是因为学生没有足够的知识背景去真正理解商的变化规律。学生知道被除数、除数和商，但是不清楚它们在实际生活或具体情境中表示什么。因此教师应回归到除法的本质上，用"问题提出"的方式，让学生自己去探究。教师先通过"问题提出"，让学生根据除法算式编题，找到每个人心中除法的本质，找到被除数、除数、商在实际生活或具体情境中分别表示的具体含义，接着用自己熟悉的情境编一组题，用自己熟悉的生活经验作为探究数学问题的起点，激发学生的探究欲望，让学生以生活中的经验为支撑来理解商的变化规律，收到了意想不到的效果。

"商的变化规律"这节课的教学容量比较大，而且在教学时还容易出现教学流程雷同的情况，致使学生失去学习的兴趣和探究的欲望。但在本课时中，教师先用除数不变，探究被除数和商的关系作为新授课内容，在探索中积累活动经验，渗透研究的方法。接着提问"你还想探究哪些规律"，让学生运用刚刚习得的方法探究自己提出的问题，激发学生学习的兴趣和欲望，使学生一边学习一边实践，不断提高学生解决问题的能力和创新能力。

评析

这个案例中，对于教材中难度较大但解题思路类似的例题，钟老师采用了循序渐进的"问题提出"的方式引导学生从思维上对它们进行了整合，让学生在自己创设的问题情境中探索发现商的变化规律。这样的教学方式避免了学生在一个给定的题目中被动地进行枯燥且复杂的探究，循序渐进的"问题提出"设计把知识从易到难地分解，促使学生抓住商的变化规律。

任务2中，钟老师在原有情境的基础上，通过改变已知信息，继续让学生通过改变自己所提问题中的相应数量信息来重新编题，从而发现除数不变时，商变化以后，被除数的变化。学生在自己熟悉的情境的支撑下，通过对同组算式的观察，对被除数的变化引起的商的变化这一规律有了清晰的认识，自然地把生活常识转化成了数学规律。

在掌握了探究变化规律的方法后，任务3开始让学生脱离具体生活情境，自主思考和探索围绕被除数、除数和商三个要素之间的变化规律。案例的整个过程帮助学生初步建立了一些函数的基本思想方法，为之后的学习打下基础。

回顾整个过程，钟老师有效地运用了"问题提出"这个脚手架，帮助学生回到除法的本质——平均分这个源头。通过变式教学的思路，学生在主动编题过程中探索和理解被除数、除数、商之间关系的不同变式，并通过有效的师生互动和生生互动，让这一复杂的知识点从具体情境表征上升到了数学符号表征。

案例6

创编问题情境，学习小数除法
——以"一个数除以小数"的教学为例

■ 执教：浙江省杭州市萧山区浦阳镇中心小学　李小虎
　　评析：蔡金法

一、教材分析

"小数除法"是小学阶段数与代数领域中最难的内容之一。为了整体把握一册教材、一个单元在整个教材体系中的地位，笔者梳理了主流的三套教材中关于"一个数除以小数"这一知识点的内容。（表1）

表1

版本	单元安排	已学知识	本单元的主要知识	后续内容
人教版（2022年版）	五年级上册第三单元	四年级上册第六单元：除数是两位数的除法	除数是整数的小数除法，一个数除以小数，商的近似数，循环小数，用计算器探索规律、解决问题	六年级上册：分数除法（混合运算）
北师大版（2014年版）	五年级上册第一单元	四年级上册第六单元：除数是两位数的除法	小数除法、积商近似值、循环小数、小数四则混合运算	六年级上册：分数除法（混合运算）
苏教版（2015年版）	五年级上册第五单元	四年级上册第二单元：两位数、三位数除以两位数	小数与整数相乘、除数是整数的小数除法、小数点位置移动引起小数大小变化的规律	六年级上册：分数除法（混合运算）

从表中可以发现，三套教材在"一个数除以小数"的编排上既有共性，又有差异。就共性而言，三套教材均把"一个数除以小数"安排在了五年级上册，在教学结构上都是按照"除数是整数的除法——一个数除以小数—求商的近似数—循环小数"这一逻辑编排。小数除法计算方法的学习分两个步骤完成："除数是整数的小数除法"和"除数是小数的小数除法"。前者是后者的基础，后者是本单元的学习重点。因此，熟练掌握算法是本单元的重点，理解小数除法的算理则是学习的难点。

存在的差异主要表现在不同教材的教学基础略有不同。在编排上，苏教版将小数乘法和小数除法编排在同一单元进行教学，使学生对小数计算的学习比较连贯。而人教版和北师大版则以除法作为线索，二者都是从四年级上册学习"除数是整数的除法"，再到五年级上册学习"除数是小数的除法"，时间跨度较长。

综合对三套教材的分析，笔者认为以除法为线索介绍"一个数除以小数"是一个合乎数学逻辑的设计。在具体的教学过程中将采用"问题提出"的教学手段。所谓"问题提出"的教学手段就是通过给学生创设一定的教学情境，让学生在"问题提出"的学习情境中经历"问题的提出"、"问题的分析"和"问题的解决"的过程。这样做可以将学习难点自主进行分解，有利于学生对知识的掌握以及数学能力的培养。例题的改编主要源于人教版的两类例题。一是结合具体情境帮助奶奶做事情，充分利用学生的生活经验和已有知识，引导学生自主探究小数除法的计算方法；二是学生在计算小数除法时，可以借助单位转换的知识解决计算问题。通过对三个版本教材例题的比较分析，笔者认为，在教学时可以运用数形结合的方法，结合"问题提出"的教学方式，让学生经历"自主、合作、探究"的过程，理解小数除法的算理，促使学生的思维能力、逻辑推理能力等得到更深入的发展。

二、学情分析

通过教学实践，笔者发现，学生在除数是两位小数的除法运算中，当把除数转化为整数时，很容易忘记将被除数扩大相应倍数；此外，学生在移动小数点的过程中，对于"小数点向右移动一位，原数扩大10倍；小数点向右移动两位，原数扩大100倍"的算理没有理解透彻，以致操作不熟练。为什么"小数除法"这一单元如此难教，学生又如此难学呢？

笔者从认知的角度进行了细致的分析：除数是整数的小数除法是基础，"一个数除以小数"在小学阶段属于"数与代数"领域，且该内容属于教学难点。从图1的知识链中可以看出，计算"一个数除以小数"的问题，需要学生掌握除数是整数的小数除法、商不变性质、小数的基本性质、位值制概念、整数除法、小数点移动规律，共计六个知识点。因此，要想准确地计算小数除法，学生首先要有扎实的知识基础，而且要有灵活运用这些知识的能力。基于上述多方面的原因，在重构教学设计时，有必要借助"问题提出"的教学手段，将"小数除法"这一教学难点进行内容上的创编，适当降低教学起点，让学生充分经历感知思维过程，并在运算的过程中提高计算能力。

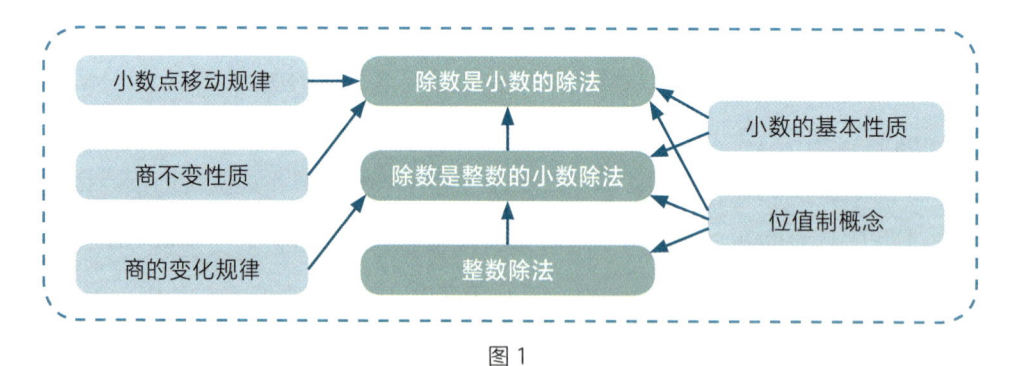

图1

三、设计说明

基于以上分析，笔者拟在学法上通过生生合作、小组合作等方式，在平等、自由、公平的学习环境中，借助数形结合、转化、类比等思想，让学生经历问题提出、问题明晰、问题分析、问题解决等过程，自主建构小数除法的知识结构，理解并掌握小数除法的算理和算法，具体设计思路如下。

（一）问题提出

人教版教材呈现了一幅情境图："奶奶编'中国结'，编一个要用0.85m丝绳。用7.65m丝绳可以编几个'中国结'？"让学生完成几个步骤：根据情境的数量关系列出算式，借助"总的绳长÷每个结所需的绳长＝个数"列出算式，引出所学内容。通过三个不同的算式，让学生自主选择符合算式的情境，可以更有效促进学生对除法本质的理解。在导入环节，教师可以逐个呈现整数除法、小数除法的算式，通过口算计算整数除法的结果，让学生猜测小数除法算式的结果。这样的探究环境更能激发学生的学习兴趣，也使其更容易发现三个算式的外在特征。

（二）问题明晰

在计算方法的探讨上，教材在用"想一想，除数是小数怎么计算"突出讨论重点后，用旁白提示学生解决该问题的一般方法是"把除数转化成整数"。相对于教材中传统的问题解决任务，让学生自主创编有利于问题解决的情境，通过较有新意的"问题提出"活动更能激发学生的学习兴趣。教学时可以先让学生自主观察、对比三个算式，通过讨论交流，理解算式的现实意义，进而转换为已学的整数除法再进行计算。

（三）问题分析

教材呈现了根据商不变的性质，把除数和被除数同时扩大到原来的100倍，使除数变成整数的过程；展示了竖式计算的简便写法，即去掉除数的小数点、前面的0，以及被除数的小数点，说明除数和被除数都扩大到原来的100倍，小数点都向右移动了两位。但教材没有揭示可以这样变化的原因，对于部分学生，在算理的理解上存在较大的困难，这是教学的难点。当然，教材还鼓励学生探究算法的多样化，如将单位进行转换等。因此，鼓励学生提出数学问题不仅有助于他们理解问题情境，还能帮助他们发展运用更多问题解决策略的能力。

（四）问题解决

课后的"做一做"可分为两种类型，一种是被除数、除数的小数位数相同，另一种是被除数、除数的小数位数不同。以第3题0.544÷0.16为例，学生的计算可能出现三种情况：（1）544÷16；（2）54.4÷16；（3）544÷160。第一种情况，学生将除数转化为整数，但被除数没有扩大相同倍数；第三种情况，虽符合商不变的性质，但计算比较麻烦。通过比较，让学生体会第二种情况的合理性，进而概括出小数除法计算时，只要根据除数的小数位数进行转换即可。这是算理上的知识点，而学生即使通过大量问题解决的训练学会了正确使用合理的方法，也未必能真正理解这样转换的实际意义。"问题提出"的方法则有效地弥补了传统问题解决中存在的问题。

四、教学过程设计及实施

（一）任务1：根据算式，创编问题情境

想一想：根据这三个算式分别可以创设一个怎样的情境？

7.65÷0.85＝？　　76.5÷8.5＝？　　765÷85＝？

生1：爸爸有7.65m丝带，搭一个豆架要用0.85m，这些丝带可以搭几个豆架？

生2：妈妈有76.5dm麻绳，做一双工艺鞋要用8.5dm，这些麻绳可以做几双工艺鞋？

生3：小明有765cm尼龙线，做一根渔线要用85cm，这些尼龙线可以做几根渔线？

师：真会思考，你们根据算式分别创设了不同的情境。还有没有其他的情境？

生4：奶奶有7.65m丝绳，编一个中国结要用0.85m，这些丝绳可以编几个

中国结？

生5：奶奶有76.5dm丝绳，编一个中国结要用8.5dm，这些丝绳可以编几个中国结？

生6：奶奶有765cm丝绳，编一个中国结要用85cm，这些丝绳可以编几个中国结？

师：很好，你们创设了符合三个算式的同一情境，真棒！为什么三个算式既可以用不同的情境来表示，也可以用同一个情境来表示呢？

【设计意图】通过三个"形似"的算式，让学生尝试猜测三个算式可能存在一定的关系，通过学生创编问题情境这一环节，为理解小数除法算理提供了不同思路。

（二）任务2：单位转换，沟通联系

小组合作，交流三个算式的异同，并试着说一说为什么结果是相等的。

师：你是根据什么原理得出三个算式结果相等的结论的？

生1：我发现，三个算式中被除数和除数的单位有一定的关系，第一个算式它们的单位都是"米"，第二个算式它们的单位都是"分米"，第三个算式它们的单位都是"厘米"，三个算式原来都是一样的，只是改换了不同的单位而已。

师：你掌握了单位的换算，理解了算式之间的内在关系，真棒！

生2：我发现三个算式的数字是相近的，分别移动了一位小数点。

生3：我发现第一个算式的被除数和除数分别乘10，就得到第二个算式；第二个算式的被除数和除数分别乘10，就得到第三个算式。根据以前学过的"商不变性质"，三个算式的结果是相等的。

师：大家说得没错，那么左右两边的算式是怎么建立联系的呢？

生4：通过单位的转换。

生5：通过移动小数点，再根据商不变的性质。（图2）

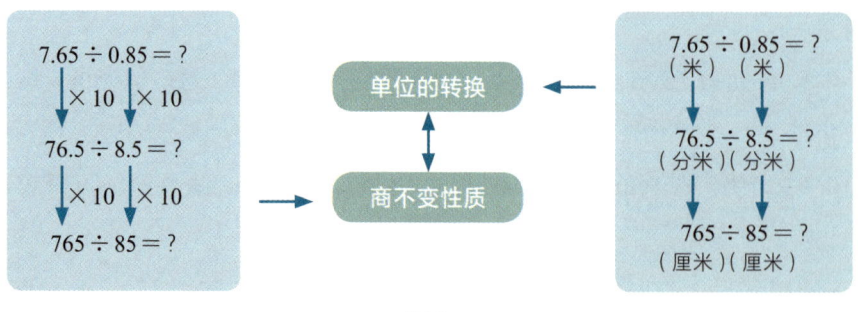

图2

【设计意图】三个算式通过不同单位之间的转换,以及根据商不变性质的应用,学生发现了其中规律——原来商不变性质就是根据单位的转换推导而来的,从而加深了学生对小数除法算理的理解。这种推导的过程在学生的脑海中会留下较深刻的印象,且对根据商不变性质移动小数点起到了铺垫作用。在以解决问题为载体时,要突出学生感受并经历"为什么这样计算""还可以怎样算""怎样算更好"等一系列问题。

(三)任务3:作业练习,巩固新知

教师下发后测题,布置课后练习。(图3、图4)

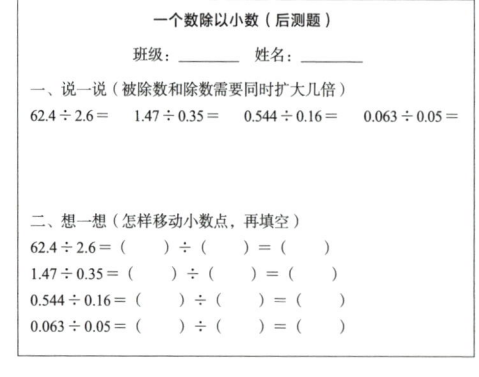

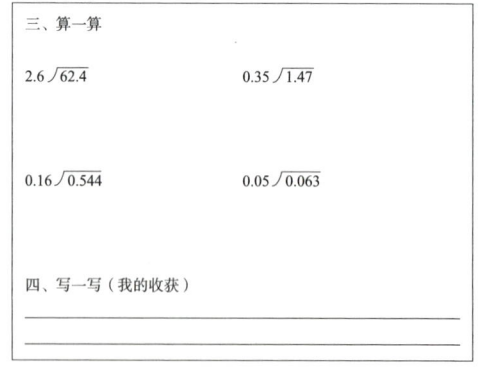

一个数除以小数(后测题)
班级:_____ 姓名:_____

一、说一说(被除数和除数需要同时扩大几倍)
62.4÷2.6＝　　1.47÷0.35＝　　0.544÷0.16＝　　0.063÷0.05＝

二、想一想(怎样移动小数点,再填空)
62.4÷2.6＝(　)÷(　)＝(　)
1.47÷0.35＝(　)÷(　)＝(　)
0.544÷0.16＝(　)÷(　)＝(　)
0.063÷0.05＝(　)÷(　)＝(　)

图3

三、算一算

$2.6\overline{)62.4}$　　　　$0.35\overline{)1.47}$

$0.16\overline{)0.544}$　　　　$0.05\overline{)0.063}$

四、写一写(我的收获)
_____
_____

图4

【设计意图】第一组题，通过除数是不同位小数的算式，让学生认识到在计算时需要将被除数、除数同时扩大几倍；第二组题，通过除数扩大了几倍，被除数也应该扩大相应的倍数，让学生感知扩大的倍数与小数点移动的变化规律；第三组题，让学生通过竖式计算，进一步理解笔算除法的书写格式，特别是简写的方法；第四题，通过前面三组题的练习，借助"问题提出"的学习模式，让学生将计算小数除法时的注意点写下来。

五、教学反思

（一）统计

1.笔者对未采用"问题提出"教学模式的班级进行后测，并对数据进行了统计与分析整理。（表2）

表2

一个数除以小数（后测题1）					
将除数转化为整数	错误人数（百分比）	列竖式计算	错误人数（百分比）	改错题	错误人数（百分比）
4.68÷1.2=	6人（18%）	2.19÷0.3=	4人（12%）	1.44÷1.8=竖式	11人（33%）
2.38÷0.34=	4人（12%）	5.98÷0.23=	5人（15%）	11.7÷2.6=竖式	9人（27%）
5.2÷0.32=	5人（15%）	19.76÷5.2=	9人（27%）	4.48÷3.2=竖式	11人（33%）
161÷0.46=	8人（24%）	10.8÷4.5=	5人（15%）		

实测人数：33人

列竖式计算部分，学生错误原因主要集中在被除数是一位小数和两位小数，主要表现为算理不清、小数点没对齐、得数写错等。

2.通过对比教学，笔者对采用"问题提出"教学模式的班级进行后测，并对数据进行了统计与分析整理。(表3)

表3

题目	一个数除以小数（后测题2）			
	"说一说"错误人数（百分比）	"想一想"错误人数（百分比）	"算一算"错误人数（百分比）	写一写：我的收获
62.4÷2.6=	4人（12%）	0人	1人（3%）	除数扩大几倍，被除数也扩大相应倍数
1.47÷0.35=	5人（15%）	5人（15%）	6人（18%）	不要忘记移动小数点
0.544÷0.16=	4人（12%）	6人（18%）	5人（15%）	做除法时要先扩大，再计算
0.063÷0.05=	4人（12%）	3人（9%）	3人（9%）	……

实测人数：33人

第一题：学生出错率为4%左右，其中两名学生的错误原因为混淆了小数点的移动变化与数的变化规律。(图5)

一、说一说（被除数和除数需要同时扩大几倍）

62.4÷2.6=　　1.47÷0.35=　　0.544÷0.16=　　0.063÷0.05=
扩大一倍　　　扩大二倍　　　扩大二倍　　　扩大二倍

图5

第二题：学生出错率也在4%左右，其中两名学生的错误原因为计算错误，忘记添加小数点。(图6)

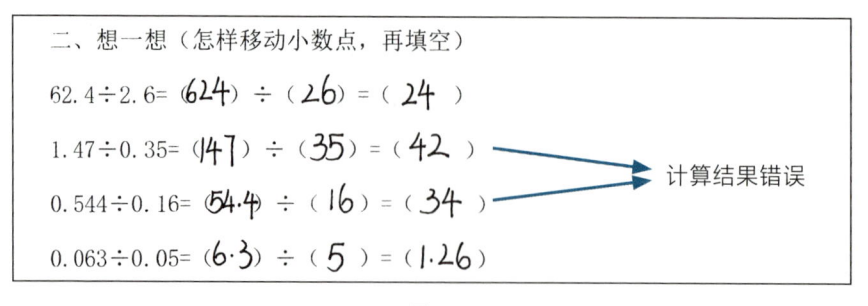

二、想一想（怎样移动小数点，再填空）

62.4÷2.6=（624）÷（26）=（24）
1.47÷0.35=（147）÷（35）=（42）　→ 计算结果错误
0.544÷0.16=（54.4）÷（16）=（34）　→ 计算结果错误
0.063÷0.05=（6.3）÷（5）=（1.26）

图6

（二）分析

通过对教材内容进行适当的重组，让学生经历"问题提出"的情境创设，同时让学生充分进行小组交流与合作，体验问题分析和问题解决的过程。与第一次试教对比，学生在提出具有现实情境的数学问题的过程中，认知上经历了数学意义与实际情境的双向建构。一方面，学生需要对问题进行数学意义的建构，包括每一个量、量与量之间的内在关系，如本课例里中国结丝绳长7.65m，编一个要用0.85m丝绳，数量关系为"总的绳长÷每个结所需的绳长＝个数"；另一方面，学生需要对实际情境有合理的考量，在生活领域或是其他的情境中，一个量如何变化，与其他量之间存在何种数学意义上的关系以及如何确保这种关系的合理性，都是学生提出问题时需要思考的，如本课例里学生借助"单位的转换"与"商不变的性质"，巧妙地将几个算式进行了联系，打通了算式之间的关系。对比之前的课程，笔者发现学生通过这样一节课，对小数除法的算理理解更加透彻了，解题思路更加开阔了，计算能力也有了较大幅度的提高。这节课也更加坚定了笔者采用"问题提出"教学模式的信心与勇气，它对学生的算理理解与算法掌握有很大的帮助，而分析学生的错题也为之后的知识巩固教学提供了参考。

评析

李老师以教学研究的方式对案例进行了论述。首先，考虑到小数除法是小学阶段较难理解的一个概念，因此对三个版本的教材进行了比较，以期通过对比，在教材中找到通过"问题提出"进行教学的材料支持。其次，李老师对小数知识点进行了梳理，形成了知识链。通过分析知识链，解释难点的由来，考虑如何用"问题提出"的方式来突破难点。最后，在设计构思中，李老师通过问题提出、问题明晰、问题分析和问题解决四个环节来实现教学，这一模式是很值得借鉴的。

具体到教学任务，在任务1中，李老师设计了三个各不相同但相互关联的小数除法算式，试图让学生在创设实际问题情境的过程中，找到三个算式在算理上的关系，让学生在认知上经历数学意义与实际情境的双向建构。在任务2中，则让学生结合提出的实际问题，借助单位变化，比较三个算式的异同，从而理解商的不变性。任务3是让学生在练习的过程中熟悉、巩固小数除法中的算理。通过"问题提出"，学生主动在抽象的小数除法算理和具体的生活情境之间建立了联系，不仅知道要怎样算，而且明白这样算的意义和道理。

课后，李老师以研究的态度对学生的练习进行统计分析。一是作为对自己课堂效果的反馈，二是为之后教学的改进提供客观数据的参考，让自己更清楚学生学习的难点，进而改进现有的教学设计。

案例 7

问学交融促思维发展[1]
——以"用字母表示数量关系"的教学为例

■ 执教：浙江省杭州市萧山区长山小学　徐　红
　　评析：蔡金法

从教十多年来，笔者的课堂一直采用教师提问、学生解答的交流模式。这样的教学固然能完成教学任务，学生课上似乎也听懂了，但在解决实际问题时却经常出错。究其原因，是学生对相关知识可能缺乏"概念性理解"。

如何帮助学生实现概念性理解呢？在第三届华人数学教育大会上，我有幸听了蔡金法教授关于数学"问题提出"研究的报告，感觉豁然开朗。"问题提出"作为一种个性化的教学手段，可以为学生的概念性理解提供独特的机会，启发学生思考相关数学对象之间的深层关系，有助于学生建立概念性理解。

在蔡金法教授的指导下，笔者将合作学习与"问题提出"融入"用字母表示数量关系"这节课的教学设计中，并在课堂中进行了实践。本文希望通过这个教学案例，探讨如何帮助学生在合作交流中通过"问题提出"加深对数学知识的理解，从而提高问题解决的能力。

一、课前思考

"用字母表示数量关系"是人教版《数学》教材（2022年版）五年级上册"简

---

[1] 本文曾以《合作学习借问题提出　问学交融促思维发展——以"用字母表示数量关系"教学为例》为题发表于《小学数学教师》，2020(2): 14-17. 本书有改动。

易方程"单元的内容。用含有字母的算式表示数量关系，即根据数量关系的陈述写出代数式，这是进一步学习方程的基础，也是代数学习的基础。

用字母表示的数具有不确定性，有时可以表示任意数，有时有一定的范围，在特定的场合下又有特定的意义。这种不确定性对小学生来说比较抽象。所以，学生理解并运用字母表示数、数量关系和数学规律的过程，既是提升抽象概括能力的过程，也是学习数学语言与加强符号意识的过程。

二、设计意图

笔者拟采用小组合作的学习方式，并借助"问题提出"推进教学。核心任务是给出算式"$1200-3x$"，请学生根据这个含有字母的算式编一个有实际意义的数学问题。这个学习任务对学生来说有一定的挑战性，但又能够根据已有经验加以解决。对于教材的例5，笔者在呈现形式上稍作调整，不设置任何条件，让学生根据所给图示提出不同类型的数学问题并尝试解答，激发其思维活力。

三、教学过程设计及实施

（一）任务1：通过自编应用题，理解"$3x$"所蕴含的数量关系

1.课前热身：根据常见算式编题。

师：你会根据算式"$5×8$；$120-30$"编一个数学问题吗？

学生反馈：

（1）小明看中了一款铅笔，每支要8元，他想买5支。一共要准备多少钱？

（2）甲地距离乙地120千米，一辆汽车已经从甲地出发向乙地行驶了30千米，还剩多少路程才能到达乙地？

【设计意图】根据常见的数学算式来编题相当于"热身"活动，旨在唤醒学生已有的知识经验，为后续学习作铺垫。

2.根据含有字母的算式编题。

师：(板书：$3x$) "$3x$" 可能表示什么？你能用 "$3x$" 编几道应用题吗？

学生反馈：

（1）买了3台电扇，每台x元，共要多少钱？

（2）每盒糖果有x颗，3盒糖果共有多少颗？

（3）小红每天跑步x米，3天一共跑步多少米？

【设计意图】通过编题激发学习兴趣，帮助学生回顾、梳理常见的表达数量的方式，在互动交流中达到培养符号意识的目的。教师把学习的主动权交给了学生，通过思考、交流、生生互动，每个学生都能完成对 "$3x$" 的理解与描述。

（二）任务2：以小组合作交流的方式，为含有字母的复杂数量关系赋予意义

1.通过小组讨论，理解 "$1200-3x$" 并以此式编题。

师：你能根据 "$1200-3x$" 这个含有字母的算式编几道应用题吗？

要求：

（1）先独立思考，然后在小组内交流自己的想法，组长做好记录并检查编题是否正确；

（2）每组至少编出2道类型不同的数学问题；

（3）5分钟内完成。

【设计意图】安排一个小组合作环节，意在让每个学生都发表自己的想法，在讨论中修正自己的错误。每组至少编出2道类型不同的数学问题，目的是让学生在有限的时间内充分调动思维，为同一个算式赋予更多的意义。在小组讨论环节，教师要巡视每个组的编题情况，倾听并参与讨论，发现错误要及时提醒。这个讨论环节非常重要，学生在交流中能够学会取长补短，学会倾听与发言，学会合作。

2.借助具体情境,讨论字母"x"的取值范围。

师:我们一起来看同学们编的问题。一本书有1200页,小明每天看x页,看了3天后,还剩几页?你觉得这里的x可以是哪些数?

生:200,260,301……

师:你觉得x最大是多少?最小呢?为什么?

生1:x最小是1,最大是400。

生2:x也可以是零点几,表示看了不到1页,也就是说x大于0就可以了。

师:再来看这样一道题。一瓶饮料有1200毫升,倒了3小杯,每小杯是x毫升。瓶里还剩下多少毫升饮料?这里的x又可以是哪些数呢?

通过讨论,学生明确这两题中x的取值范围都是$0<x\leqslant 400$。

【设计意图】用学生提出的问题作为语境,探讨x的取值范围,通过讨论未知数x的取值范围,让学生对字母所代表的数量意义有了更精确的认识,同时感受到了数学与生活的密切联系。在建立联系的同时,还让学生明白了数学是严谨的,x的取值范围是根据实际情境来确定的。

(三)任务3:根据图示提出数学问题

师:根据图示(图1),你能提出怎样的数学问题来考考大家?写在作业纸上,并列出算式。提出的问题越多越好。

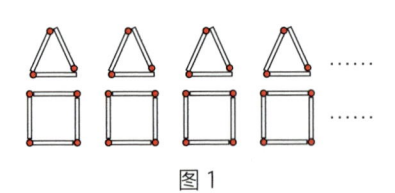

图1

学生独立完成后,组内交流自己所提的问题及列出的算式,再次修正与提炼。

全班汇报与交流。

1.第一类:涉及具体数量的问题。

生1:摆101个正方形需要多少根小棒?列式为101×4。

生2:三角形和正方形各摆100个,一共需要多少根小棒?列式为100×(3+4)。

2.第二类:既有已知量又有未知量的问题。

生3:三角形和正方形各摆x个,三角形少用几根小棒?列式为$4x-3x$。

生4:一共有x根小棒,摆了10个正方形后,还剩多少根小棒?列式为$x-10×4$。

生5:三角形和正方形各摆x个,一共要多少根小棒?列式为$(3+4)x$。

【设计意图】在独立思考基础上的同伴交流,能在很大程度上拓展思维空间,为学生带来更多的数学学习机会,也更能让他们感受到数学的魅力。

四、教学反思

这节课以合作学习为基本形式,借助"问题提出"来教学"用字母表示数量关系",从学生反馈看,效果良好。整节课学生一直处于主动学习的状态,"学会提问""因问而学""问学交融"的理念得到了较好的体现。正如一名学生的课后感言所说:"学习就是你带着很多的问题开启思考,然后尝试去解决它们,接着又产生了许多新的问题,再去解决,如此反复的过程。"教师作研究又何尝不是如此?

这样的课堂对教师而言也是一种挑战。学生提出的问题形形色色,难度、层次不一。怎样处理这些问题,既考验教师的基本功,又考验教学智慧。利用真实的情境、真实的体验促使学生产生真问题,眼观六路,抓住契机,自然追问,引发学生对重难点的讨论,乃至辩论,如此才能活跃学生的思维,深度参与课堂。教师在课堂上的一切决定都应该是为了有利于学生的学习而作的,是为了有利于知识的获取、能力的提高和情感的发展而作的。教者若有心,学者必得益。这节课也让笔者更加坚信了小组合作学习的优势和"问题提出"教学的价值。

评析

用"问题提出"进行教学，教师面临的最大挑战是如何开阔眼界，把原本常规的教学任务转变成"问题提出"的教学任务，从而增加学生的学习机会。

在这节课中，徐红老师设计了三个教学任务，通过这三个任务帮助学生理解如何用字母表示数量关系。

第一个任务是自编应用题，让学生把 $3x$ 所蕴含的数量关系表达出来，其子任务用来给学生"热身"，因为学生并不熟悉用编题的形式来表达 $3x$，所以这一环节是必要的。

第二个任务是重点，根据 $1200-3x$ 来编题。这时，徐老师特别运用小组合作的形式让学生提出问题，并且明确提出了小组合作学习的要点。学生根据这些要点提出两道不同类型的数学问题。编题的活动打破了原来把文字转换为符号关系的传统（有了表达式再编制情境，这与传统教学方法是相反的）。学生根据表达式提出了各种各样的问题，用不同的情境表达同一个数量关系，从而增加了数学学习的机会。在这样的"问题提出"的课堂氛围中，学生自然而然地提出了 x 在算式中的取值范围的问题。

第三个任务是根据所呈现的图形提出不同的数学问题。尽管是为了提出数学问题，但有研究表明，学生在提出数学问题的时候已经或多或少想过了问题的解答方法，于是课上徐老师顺势引导学生对提出的主要问题进行了解答。三个教学任务全都是"问题提出"的教学任务，因为在我们讨论过程中一致认为"问题提出"是有益的，但是在每一个"问题提出"任务中，特别是第二个和第三个任务中，教师不仅让学生提出问题，而且让他们解决问题。这也说明了即使是以"问题提出"为主的教学活动，学生解决自己提出的问题也是教学的重要组成部分。

案例8

用"问题提出"活化知识理解
——以"分数乘法"的练习课为例

■ 执教：浙江省杭州市萧山区文博小学　钱荷英
　 评析：蔡金法

　　根据人教版《数学》教材（2022年版）六年级上册第一单元的编排，教学完解决"连续求一个数的几分之几是多少的问题"和"稍复杂的求一个数的几分之几是多少的问题"之后，还有一节练习课。笔者基于学情分析，用"问题提出"的方法，精准指向练习重难点，通过分类、画图、分析、归纳等方法，使学生理解抽象分率的本质内涵，建立方法间的联系，概括分数乘法的总体解题思路。在技能训练和知识梳理中，锻炼学生提出问题和解决问题的能力，提升数学思考的效度与深度。

一、学情分析，找准练习起点

　　练习课作为新授课的延续与补充，其目的是查漏补缺、总结提升，以满足不同层次学生的学习需求。因此，教师明确练习课"练什么"，是练习课设计的核心。在完成新授课教学后，笔者对典型题的练习进行了情况摸底。以下是"分数乘法"单元典型习题练习的学情调查表。（表1）

表1

题号	调查内容	总人数	正确人数	占比
①	我国约有690个城市,其中 $\frac{2}{3}$ 的城市供水不足,在这些供水不足的城市中,约有 $\frac{1}{4}$ 的城市严重缺水。全国严重缺水的城市大约有几个?	45	45	100%
②	为了迎接国庆节的到来,一年级学生做了60朵小红花,二年级学生比一年级学生多做了 $\frac{1}{5}$,二年级学生做了多少朵小红花?	45	43	95.6%
③	甲乙两地相距60千米,一辆汽车从甲地开往乙地,已经行驶了全程的 $\frac{4}{5}$,这时汽车离乙地还有多少千米?	45	41	91.1%

表中,"正确人数"占比较高说明学生能较好地运用所学知识解决问题。但相对而言,学生解决"稍复杂的求一个数的几分之几是多少的问题"的能力略差。在统计过程中还发现,因第②③题存在两种解题思路,学生在解题方法选择上存在差异。但差异大小及差异背后存在的问题还有待进一步探究。

为更准确地掌握学情,把握练习起点,笔者对"稍复杂的求一个数的几分之几是多少的问题"的答题情况做了进一步分析。(表2)

表2

题号	调查内容	总人数	列式1人数统计 算式1	人数	占比	列式2人数统计 算式2	人数	占比
②	为了迎接国庆节的到来,一年级学生做了60朵小红花,二年级学生比一年级学生多做了 $\frac{1}{5}$,二年级学生做了多少朵小红花?	45	$60 + 60 \times \frac{1}{5}$	28	62.2%	$60 \times (1 + \frac{1}{5})$	15	33.3%

续表

题号	调查内容	总人数	列式1人数统计			列式2人数统计		
			算式1	人数	占比	算式2	人数	占比
③	甲乙两地相距60千米，一辆汽车从甲地开往乙地，已经行驶了全程的$\frac{4}{5}$，这时汽车离乙地还有多少千米？	45	$60-60\times\frac{4}{5}$	33	73.3%	$60\times(1-\frac{4}{5})$	8	17.8%

表中数据显示，在正确人数高占比的背后，学生选择解决问题的方法存在很大差异。绝大部分学生愿意采用先求比单位"1"多或少的具体量，再求和或差的方法。以第②题为例，有62.2%的学生会先求出二年级比一年级多做的红花数，再求二年级一共做了几朵红花（即列式1）；而用列式2，即先求二年级是一年级所做红花的几分之几，再求一个数的几分之几是多少的人数仅占33.3%。更进一步分析发现，运用列式2解决问题的学生还有向优等生集中的趋势。

究其成因，不同的方法选择背后是学生思维能力发展的差异。仍以第②题为例，运用列式1解决问题的基础是第一学段中"求比一个数多几的数是多少"，即"小数＋相差数＝大数"这一数量关系，总体上是运用直观的加法作为问题解决的主要架构。"一个数的几分之几"的知识运用于直观加法架构下相差量的求解。而用列式2解决问题需要用整体思想把两个量转化整合为"单位'1'的几分之几"，需要学生掌握分率换算以及具备一定的抽象逻辑思维能力。

从以上分析可见，学生在解决问题过程中倾向于思维直观分裂式解题，用抽象的整体性思维来解决问题的能力不足。思维层次的发展在一定程度上影响学生对解题策略的选择，然而培养抽象思维能力是小学阶段促进学生思维发展的重要能力目标，对后续知识学习、优化解题策略、发展逻辑思维等方面具有关键作用。因此，有必要在练习课中对此知识点进行系统学习，以加深学生对分数意义的理解与应用，促进其抽象思维的发展。而"问题提出"教学的优势正是帮助学生主动建构抽象整体性的解决方法和具体的问题情境之间的意义连接。

二、教学过程设计及实施

(一)任务1：理解"稍复杂的一个数的几分之几是多少"

1.编题。

结合生活情境，运用 $60×(1-\frac{4}{5})$ 提出两个问题。

师：你能根据 $60×(1-\frac{4}{5})$ 提出数学问题吗？

生1：汪汪家有60只鸡，贝贝家的鸡比汪汪家少 $\frac{4}{5}$，贝贝家有多少只鸡？

生2：商店有扭蛋60个，每个进价 $\frac{4}{5}$ 元，售价1元，卖完全部扭蛋后商店盈利多少钱？

生3：操场上有60个男生，女生人数是男生的 $\frac{4}{5}$，男女生相差多少人？

生4：妈妈摘了60个苹果，给我其中的 $\frac{4}{5}$，妈妈还剩多少个苹果？

生5：甲、乙在同一地点同向而行，甲每秒跑1米，乙每秒跑 $\frac{4}{5}$ 米，1分钟后两人相距多少米？

……

【设计意图】根据学生学习的最近发展区理论，教师根据"稍复杂的求一个数的几分之几是多少"的基本模型，设计给定算式进行"问题提出"教学，精准指向练习重点。要求学生根据给定算式提出两个不同的问题，是在尊重学生认知现状的基础上，促进其深度思考，引导学生运用抽象分率设计"问题提出"。在组织交流环节，教师灵活择取所提问题中的典型问题，为学生理解抽象分率、促进其思维发展作铺垫。

2.分类整理，建构知识体系。

师：请同学们以小组为单位，给这些问题分类，并说说这样分的理由。（教师给各题依次标序号）

生6：第①③④题可归为一类，所列算式括号内求的是分率。（图1）

①汪汪家有60只鸡，贝贝家的鸡比汪汪家少 $\frac{4}{5}$，贝贝家有多少只鸡？

③操场上有60个男生，女生人数是男生的 $\frac{4}{5}$，男女生相差多少人？

④妈妈摘了60个苹果，给我其中的 $\frac{4}{5}$，妈妈还剩多少个苹果？

图1

生6：第②⑤题所列算式括号内表示具体量，求的分别是速度差和价格差，可以归为一类。（图2）

②商店有扭蛋60个，每个进价 $\frac{4}{5}$ 元，售价1元，卖完全部扭蛋后商店盈利多少钱？

⑤甲、乙在同一地点同向而行，甲每秒跑1米，乙每秒跑 $\frac{4}{5}$ 米，1分钟后两人相距多少米？

图2

【设计意图】通过小组合作、比较分析，学生能根据给定算式中括号内分数表示量与率的不同进行分类。一类如第②题，括号内算式表示具体量，即售价与成本的价格差；而另一类如第①题，括号内表示分率，即表示两个量之间的分率关系。教师引导学生初步感知解决问题中分数所表示的量与率之间的异同，搭建起用分数乘法解决问题的知识结构。

3.借助画图，建立联系。

师：请结合画图法（图3），找出每组题与题之间相同或不同的地方。

```
                    60 只鸡
            ┌─────────────────┐
   汪汪家：  ├──┬──┬──┬──┬──┤
①                比汪汪家少 4/5
   贝贝家：  ├──┬──┬──┬──┬─ ─ ┤
            └─┘
             ?只

            60 人
            ┌─────────────────┐
   男生：   ├──┬──┬──┬──┬──┤
③  女生：   ├──┬──┬──┬──┤
            女生是男生人数的 4/5  少? 人

            分给我 4/5   还剩? 个
④ 苹果问题：├──┬──┬──┬──┬──┤
            60 个苹果
```

```
        进价：每个 4/5 元  ? 元
②      ├──────────┬───┤
        售价：每个 1 元
      60 个相差多少元？

        乙：每秒 4/5 米
⑤      ├──────────┬───┤
        甲：每秒 1 米
      1 分钟后相距多远？
```

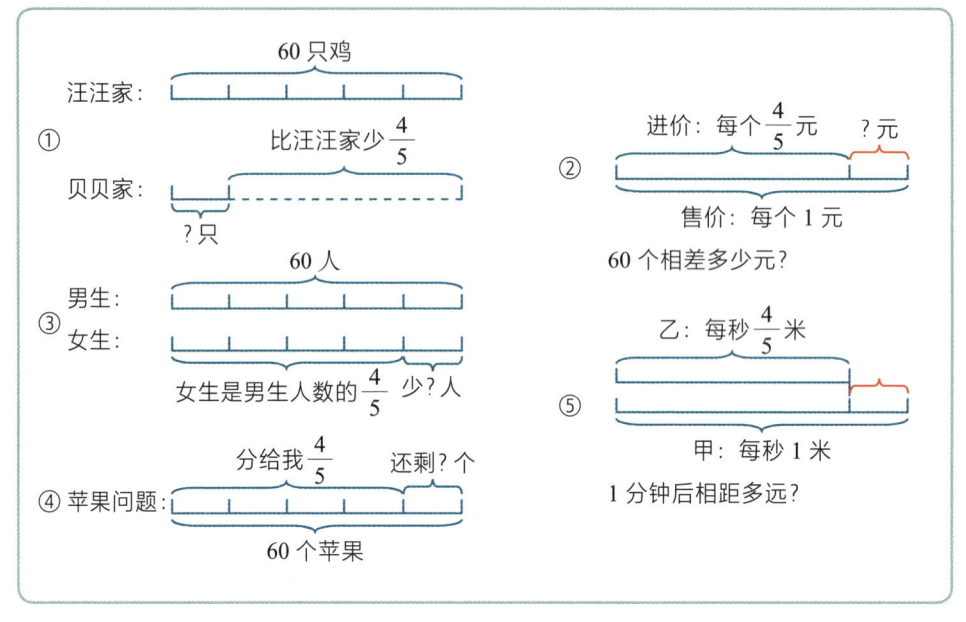

图 3

生7：第②题先求出每个扭蛋盈利额，再求总盈利额；第⑤题先求出速度差，再求路程差。两题都是先求出相差数，再用相差数 × 份数 = 总相差数计算。

生8：第①③④题归为一类，但是通过画图我们发现它们是有区别的。从线段图来看，第①③④题分别求的是较小数、相差数和剩余数。

生9：我有补充，这三题都是先求分率，即括号内的 $(1-\frac{4}{5})$ 分别求的是较小数分率、相差分率和剩余分率。

生10：这三题都可以用单位"1" × 对应分率 = 对应量进行计算。只是需要把已知关系分率转化为单位"1"的几分之几才能计算。

师：真好！看来大家对单位"1" × 对应分率 = 对应量中的"对应分率"有了更深的理解和体会，都可以把两者之间的关系转化为单位"1"的几分之几，然后运用"求一个数的几分之几"来解决问题。

【设计意图】教师适时进行"问题提出",有助于引领学生走向深度思考。借助线段图,学生不仅能直观理解每个题组中算式表达的不同含义,而且通过去异存同,概括提炼出如第①③④题中对应分率的本质,即把两个量之间的关系转化为单位"1"的几分之几,从整体上去理解,然后再运用"求一个数的几分之几"来解决问题,从而切实发展学生的抽象思维概括能力。

4.联结旧知,完善解题思路。

师:这5个情境问题,还有其他解题思路吗?

生11:这里的每道题都可以用 $60-60\times\frac{4}{5}$ 来计算。

师:那么,$60\times(1-\frac{4}{5})$ 和 $60-60\times\frac{4}{5}$ 之间存在怎样的区别和联系?

生12:两个算式的解题思路不一样。以第①题为例,$60\times(1-\frac{4}{5})$ 是先求出贝贝家的鸡是汪汪家鸡的 $\frac{1}{5}$,再用60的 $\frac{1}{5}$ 求出贝贝家的鸡有多少只。简单地说,就是求一个数的几分之几是多少。而 $60-60\times\frac{4}{5}$ 的解题思路是先求出贝贝家比汪汪家少 $60\times\frac{4}{5}$ 只鸡,也就是少48只,然后用大数减去相差数求出贝贝家鸡的数量。

生13:这两个算式存在联系。$60-60\times\frac{4}{5}$ 表示的是60个1减60个 $\frac{4}{5}$,就等于60个1减 $\frac{4}{5}$ 的差,或者1个60减 $\frac{4}{5}$ 个60,就等于 $\frac{1}{5}$ 个60。通过比较,我们可以发现这两个算式存在乘法分配律的关系。

【设计意图】基于学生的认知起点,在前面的环节,学生以 $60\times(1-\frac{4}{5})$ 的"问题提出"为载体,深入理解了用分率思想解决问题的本质含义,培养与发展了学生的抽象思维能力。而在本环节，教师再次引导学生从解题方法上进行解题序列的完整构建，意在让学生通过辨析 $60×(1-\frac{4}{5})$ 和 $60-60×\frac{4}{5}$ 之间的异同，从解题策略、思维层次、运算方法等方面理解两者之间的异同，在对比中进一步明理感悟、突破难点、发展能力。

（二）任务2：用分数乘法解决问题的整理与复习

1.根据信息补充条件或提出问题，并解答。

① 汪汪家有60只鸡，＿＿＿＿＿＿贝贝家有多少只鸡？

② 汪汪家有60只鸡，贝贝家的鸡比汪汪家少 $\frac{4}{5}$，＿＿＿＿＿＿？

2.根据信息补充条件，提炼共性，总结方法。

① 汪汪家有60只鸡，＿＿＿＿＿＿贝贝家有多少只鸡？

（1）汇报反馈，提升解题能力。

师：汪汪家有60只鸡，求贝贝家有多少只鸡，你增加的条件是什么？怎么计算？

生1：我加的条件是"贝贝家的鸡是汪汪家的 $\frac{4}{5}$"。$60×\frac{4}{5}=48$ 只。

生2：我加的条件是"贝贝家的鸡比汪汪家的 $\frac{4}{5}$ 多5只"。$60×\frac{4}{5}+5=53$ 只。

生3：我加的条件是"贝贝家的鸡比汪汪家的多 $\frac{4}{5}$"。$60×(1+\frac{4}{5})=108$ 只。

生4：我加的条件是"佳佳家的鸡是汪汪家的 $\frac{2}{3}$，贝贝家的鸡是佳佳家的 $\frac{4}{5}$"。$60×\frac{2}{3}×\frac{4}{5}=32$ 只。

（2）提炼共性，总结方法。

师：这些题目在解决方法上有共通之处吗？

生5：都是解决"求一个数的几分之几是多少"的问题。

师：解决这类题目，你有什么好方法分享给大家？

生6：解决这类题目首先需要认真审题，根据关键句分析数量关系，再运用单位"1"的几分之几求出另一个量。不过一定要关注分率是否为单位"1"的几分之几，如果不是就要把分率转化为单位"1"的几分之几。最后可以运用不同的方法进行验证。

【设计意图】练习课一方面需要关注学生的薄弱点，突出练习重点，另一方面，我们也需要关注练习的广度，在巩固提升中使学生学会反思、学会学习。本环节通过根据信息补充条件的"问题提出"，对分数乘法中"求一个数的几分之几是多少"的问题进行扩充练习，在巩固新知的基础上，概括解决问题的模型，归纳总结方法。

3. 根据条件提出问题，分类找联系，优化思路。

② 汪汪家有60只鸡，贝贝家的鸡比汪汪家少$\frac{4}{5}$，_____？

（1）问题分类。

师：给这些问题分类，说说你的发现。（图4）

问题罗列：
① 贝贝家有多少只鸡？
② 贝贝家比汪汪家少多少只鸡？
③ 汪汪家比贝贝家多多少只鸡？
④ 汪汪家和贝贝家一共有多少只鸡？
⑤ 汪汪家的鸡是贝贝家的几分之几？
⑥ 贝贝家的鸡是汪汪家的几分之几？
⑦ 汪汪家的鸡占了鸡总数的几分之几？
⑧ 贝贝家的鸡占了鸡总数的几分之几？

图4

生7：第①—④题求的是具体量，第⑤到⑧题都要用"求一个数是另一个数的几分之几"来解决。

（2）探寻问题间的联系，优化问题。

师：第①—④题有什么联系？

生8：第①—④题可以排序。先求出第②或第③题，也就是贝贝和汪汪家相差的鸡的数量，就能求出贝贝家有几只鸡。已知贝贝家鸡的数量，就能求出一共有多少只鸡了。

生9：那只要保留"汪汪家和贝贝家一共有多少只鸡"这个问题就可以了。它可以包含前面几个问题。

师：谁能解决这个问题？

生10：先求出贝贝家有多少只鸡，再求一共有多少只鸡。$60+(60-60\times\frac{4}{5})$。

生11：也可以先求出贝贝和汪汪两家鸡的总数是汪汪家的几分之几，也就是$(1+1-\frac{4}{5})$，再用单位"1"乘分率更快。

（3）归纳解决问题的共性，优化方法。

生12：第⑤—⑧题都是"求一个数是另一个数的几分之几"的问题。

师：既然解决问题的方法相同，那么我们以第⑧题为例，你能解决吗？

生12：先求出贝贝家的鸡的数量是$60-60\times\frac{4}{5}=12$只，再求出鸡的总数是$12+60=72$只，然后用12除以72等于$\frac{1}{6}$。

生13：不用那么麻烦。因为贝贝家的鸡是汪汪家的$1-\frac{4}{5}=\frac{1}{5}$，两家鸡的总数是$1+\frac{1}{5}=\frac{6}{5}$，所以求贝贝家的鸡是两家鸡的总数的几分之几只要用$\frac{1}{5}\div\frac{6}{5}=\frac{1}{6}$就可以了。

生14：我们还没有学过分数除法。也可以这样想，贝贝家的鸡比汪汪家的少$\frac{4}{5}$，也就是汪汪家有这样的5份，贝贝家就比汪汪家少$5-4=1$份，所以贝贝家的鸡就是两家鸡的总数的$1\div(1+5)=\frac{1}{6}$。

【设计意图】学生通过相同条件下的"问题提出"练习，在熟练应用分数乘法知识解决问题的基础上，感受"问题提出"的多样性。教师通过适时的引领，帮助学生通过问题分类，发现问题之间的异同和从属关系；在方法选择上，通过把问题转化为"求一个数是另一个数的几分之几"，感受解题的灵活与多变，激活创新思维。

（三）任务3：用分数乘法解决问题的拓展延伸

1. 根据信息补充条件和提出问题，并解答。

汪汪家有60只鸡，＿＿＿＿＿＿＿，＿＿＿＿＿＿＿？

2. 筛选问题。

师：小A同学提出了这样一个问题，大家能否进行解答？

汪汪家有60只鸡，第一天卖出了$\frac{1}{5}$，第二天卖出了剩余的$\frac{1}{3}$，第三天卖出了剩余的$\frac{1}{4}$，第四天卖出了剩余的$\frac{1}{6}$，汪汪家还有多少只鸡没有卖出？

3. 练习反馈，提升应用能力。

师：说说你们的解题思路。

生1：我的算法比较麻烦。先求出第一天卖出的数量有$60 \times \frac{1}{5} = 12$只，再求出第一天剩下$60 - 12 = 48$只；再求出第二天卖出的数量是$48 \times \frac{1}{3} = 16$只，剩余$48 - 16 = 32$只；然后求出第三天卖出的数量是$32 \times \frac{1}{4} = 8$只，剩余$32 - 8 = 24$只；最后求出第四天卖出$24 \times \frac{1}{6} = 4$只，还剩下$24 - 4 = 20$只，所以汪汪家还有20只鸡没有卖出。

生2：我觉得求出每次的剩余数，这样会简单一点。第一天卖出了$\frac{1}{5}$，就

是还剩下 $1 - \frac{1}{5} = \frac{4}{5}$，再求 60 的 $\frac{4}{5}$ 是 48，求出剩余 48 只；再求出第二天剩余 $1 - \frac{1}{3} = \frac{2}{3}$，48 的 $\frac{2}{3}$ 就是 32 只；再求出第三天剩余 $1 - \frac{1}{4} = \frac{3}{4}$，32 的 $\frac{3}{4}$ 是 24 只；最后求出第四天剩余 $1 - \frac{1}{6} = \frac{5}{6}$，24 的 $\frac{5}{6}$ 就是 20 只。

师：为什么每次剩余都可以用 $1 - \frac{(\ )}{(\ )}$ 来表示？这个"1"表示什么？

生3："1"表示把每次剩余的量作为单位"1"，$1 - \frac{(\ )}{(\ )}$ 求的是每一天的剩余分率，用前一天的剩余量 × 这一天的剩余分率 = 这一天的剩余量。

生4：哦，我懂了。最后一天剩余多少，就是有多少只鸡没有卖出。

生5：我也懂了，这样的话，列式还可以更简单，我们只要把每天的剩余量作为单位"1"，把当天的剩余分率依次相乘，乘到哪一天就能求出哪一天的剩余量。$60 \times \left(1 - \frac{1}{5}\right) \times \left(1 - \frac{1}{3}\right) \times \left(1 - \frac{1}{4}\right) \times \left(1 - \frac{1}{6}\right) = 20$ 只。

师：同学们回答得很不错。请同学们再想想，这种方法和第一名同学给出的方法有什么区别？

生6：第一种方法其实就是不断用总量减去卖出部分求出剩余部分，运用罗列法，这样算起来比较费力；第二种方法需要先转换思路，不断把前一天剩余鸡的数量作为单位"1"，求出当天剩余分率，连续用"求一个数的几分之几"的方法求出最后一天的剩余量，这样计算比较简单。

生7：我有补充。第二种方法就是不断把每天的剩余量作为单位"1"，连续求每天剩余几分之几就可以了。

【设计意图】通过不断放宽问题提出素材的条件和限制，让学生根据一个已知条件自主提出问题，同伴互助编题，找寻学生能力的增长点。通过对问题解决过程的讨论，让学生在连续求剩余数的减法构架为主要解题思路和不断转化求剩余量的几分之几的解题思路的对比中，进一步体会到用整体性思考、转化分率解题的优势与灵活性，提高对分数乘法解决问题的综合应用能力以及抽象思维能力。

三、教学反思

本节课以"问题提出"为线索展开教学，其优势主要体现在以下三个层面。

（一）"问题提出"能促进学生对知识的理解

根据算式提出问题能聚焦知识难点、薄弱点，进而过渡到对问题的分类、对方法的沟通，以及对解决问题核心知识的提炼。根据信息提出问题，可以将分数乘法的解题思路进行罗列对比，提炼用分数乘法解决问题的方法，在对比思辨中优化解题策略、培养抽象思维，使学生获得重构与拓展知识的机会。根据信息补充条件和提出问题，有助于学生结合自身经验理解分数乘法，有助于对"连续求一个数的几分之几是多少"的问题和稍复杂的"求一个数的几分之几是多少"的问题进行整体性思考，将两个量的关系转化为分率关系，从而达到完善认知结构和提升综合运用能力的目的。

（二）"问题提出"能增加学生自主学习的机会

根据要求进行"问题提出"，可以让不同层次的学生都有机会参与到学习中，为进一步学习创造良好的条件。根据信息提出问题，可引导每名学生思考已知信息和未知信息间的联系，促进对数量关系的理解，改变学习方式，使学生有了更多主动探索和个性化思考的机会。随着对未知条件和情境设定的逐次拓展，学习内容更为开放与灵动，学生的发散性思维得到培养，不同类型和层次的问题得到整理与融合。在不断的辨析与应用中，学生的认知体系得到了重构。"问题提出"的教学方式，充分发挥了学生的主体意识，对于唤醒学生学习热情、锤炼学生学习品质、推动学生数学核心素养的发展起到了积极的作用。

这样循环往复，学生在努力找寻知识间联系的过程中，不断活化思维，不断产生学习的成就感和内驱力，从而形成良性循环。

（三）"问题提出"能培养教师良好的课堂教学素养

实施"问题提出"的教学方式，需要教师将内容设计成开放的"问题提出"任务。这就要求教师在课堂中更多地关注学生的思维方式，适时引导和介入，其背后更需要教师进行充分预设，以便更好地驾驭课堂，引导学生始终围绕目标开展学习。为此，教师需要花更长时间钻研教材，聚焦核心要素设计问题，以更好地服务课堂，在此过程中培养教师良好的课堂教学调控能力和沟通能力。

总之，"问题提出"教学改变了教师以教为主的教学模式，改变了课堂内以知识技能培养为主的目标观，使学生获得技能、思维和能力的发展，培养了学生的创新意识，获得了积极的情感体验。

评析

练习课不能只是盲目地做题，甚至使用题海战术，而是需要通过练习来巩固和加深对知识的理解和应用，查漏补缺，总结提升。钱老师通过课前典型问题的测试，明确了这节练习课学生究竟需要"练什么"，之后以此为出发点展开设计。值得一提的是，在分析测试结果显示"稍复杂的求一个数的几分之几是多少的问题"是学生的一个难点后，钱老师对学生的题目做了进一步分析，探讨了几种学生偏爱的解法及其分别涉及的思维方式，最终明确了需要巩固和提升的内容为抽象的分率换算与理解。

任务1的目的是让学生理解较复杂的一个数的几分之几。教学设计中，钱老师首先通过给定算式让学生编写数学问题，帮助学生聚焦"较复杂的一个数的几分之几是多少"的理解，帮助学生从"直观分裂式"的问题思维上升到"抽象的整体性"的"问题提出"思维。同时，学生提出的问题也成为解决问题的素材。接着，钱老师引导学生对提出的问题进行分类并通过算式和编题内容寻找异同。该过程还用到了图形，让学生在文字、符号和图形的相互贯通中，"看"到其中需要强调的数学思想。

完成任务1后，钱老师开始改变情境，减少已知条件，让学生提炼、优化与"一个数的几分之几"有关的问题思路和解法。在填写条件和问题的过程中，学生思维的灵活度和深度有了更好的发展。任务3再次给出了与前测类似的问题，一方面检测学生是否会根据复习的内容列式；另一方面则是通过两种解题方法的对比，突出单位"1"和"求一个数的几分之几"这类思考角度的优势，以此实现对分数乘法解决问题的拓展延伸。

案例9

用"问题提出"架起学生数学思考的空间[1]
——以"百分数"的复习课为例

执教：浙江省杭州市萧山区银河实验小学　王加明

评析：蔡金法

以往百分数问题解决的复习课，总是先进行知识点回顾梳理，再分层编制配套练习题，最后拓展、提升、总结。对不同层次学生采用同一套复习模式的教学不利于满足不同层次学生的需要，部分学生可能感觉是"炒冷饭"，而部分学生则跟着"走过场"。为了帮助不同层次的学生在复习课中积极探索、各有所获，本课堂尝试用"问题提出"教学来组织复习。通过简单和复杂问题的提出，促使全体学生对已学的百分数知识进行主动回顾，在对提出的各类问题进行梳理和分类的同时，百分数知识点的复习也逐一完成。当学生成为课堂"问题提出"的主体，他们在提出问题之前必然会更多地思考问题本身的合理性、科学性，还会对自己的问题再三检查，以保证自己所提的问题是能用所学知识解决的问题，以求被教师采纳和同伴认可。因此，用"问题提出"能架起数学思考的空间，激发学生有效、广泛、深刻的思考。

一、教材分析

"百分数问题的提出"一课是学生在学习了人教版《数学》教材（2022年版）

---

[1] 本文曾以《用"问题提出"架起学生数学思考的空间——以"百分数"复习课为例》为题发表于《小学数学教师》，2021(3): 33-37. 本书有改动。

六年级上册"百分数（一）"之后的一节复习课。教材把"百分数的应用"分成两部分，六年级上册主要解决的是百分数的意义及一般应用，六年级下册教材中则安排了利率、折扣和成数等特殊应用。本课是一般应用的复习课，主要涉及"求一个数是另一个数的百分之几""求一个数的百分之几是多少""求比一个数多（或少）百分之几的数是多少""已知比一个数多（或少）百分之几的数，求这个数"等几类问题。通过复习帮助学生理解数量关系，解决常见的几类问题，同时拓宽解题思路，以应对稍难的百分数问题。

二、学情分析

学生在复习百分数之前，已经了解了百分数的意义和常见的几类百分数问题。加上对教材前几个单元中分数应用题的学习，利用分数应用知识的迁移，能更好地进行百分数应用的整理和复习。百分数在实际生活中的应用非常广泛，学生有一定的生活经验作为支撑，因此为问题提出、分类梳理、反思改进等教学活动创造了更大的可能。六年级的学生已经具有一定的提问、表达、思辨等能力，以"问题提出"的方式来设置教学目标，作为学生数学认知的活动以及教师数学教学的手段，需要以学生小学阶段学过的转化、类比、推理、数形结合等数学思想方法为支撑。同时，这些数学思想方法为学生结合情境提出有价值的数学问题，或从抽象的数学符号、语言中进行信息提取和加工，从而进行"问题提出"提供了有效保障。为避免复习课的枯燥乏味，教师要有意识地变换学与教的方式，来满足不同认知层次学生的学习需求。"问题提出"的教学方式在很大程度上满足了这样的教学需求。

三、设计说明

通过提供素材、问题提出、分类整理和总结概括等教学活动，让学生串联起与百分数相关的几类常见问题，分析百分数问题的不同类型，建立百分数问题的序列。同时，利用"问题提出"的教学方式，启发学生从顺向、逆向多角度思考问题，锻炼他们提出和分析问题的能力，拓展数学思考的效度、广度和深度。

四、教学过程与思考

（一）"问题提出"，激发学生有效思考

"百分数"单元的学习包括百分数意义的理解及其在生活中的应用，通过让学生提出有关百分数的不同层次的问题，实现复习、巩固、运用的教学目的。

1.简单的"a是b的百分之几"的问题。

课始，师生简单回顾百分数的意义，明确百分数可以用来解决很多实际问题。之后揭示课题：百分数问题的提出，即运用"问题提出"的方式进行百分数的复习课教学。

随后，教师出示图1，学生读题后独立思考，并把所提问题写在作业纸上。

```
选择合适的数和运算符号，提出一个简单的和
一个稍难的用百分数解决的数学问题。

        40    50    %
```

图1

小组合作，讨论交流。整理本组成员所提问题，挑选一个简单的和一个稍难的问题写到作业纸上。教师巡视，适时参与学生讨论。

小组完成后进行集体反馈。

师：接下来我们听听各小组提出的问题，说一说你们小组认为自己所提的问题简单或者稍难的原因是什么。

生1：我们组提的问题是"某公司有女职工40人，男职工50人，女职工是男职工人数的百分之几？"这个问题属于简单的数学问题。因为这是百分数解

决问题中最常用的"一个数是另一个数的百分之几"的问题。

师：其他组也有类似的问题吗？

生2：我们的问题是"鸭子有50只，鸡有40只，鸡的数量是鸭子的百分之几？"我们觉得也是同一类问题。

生3：我们的问题是"图书角有故事书40本，科技书50本，故事书的本数是科技书的百分之几？"

师：这些问题都有哪些共同的地方？

生2：都可以一步计算解决，40÷50＝80%。

生3：都用一个数除以另一个数来解决，跟我们以前学的一个数是另一个数的几倍，一个数是另一个数的几分之几一样，只是最后答案的表达方式不一样。

师：像第1组用"一个数是另一个数的百分之几"的方式提出问题的有多少同学？

教师观察发现，全班大部分学生都举了手。随后，总结得出"一个数是（占）另一个数的百分之几"的解题方法就是"一个数÷另一个数"，结果用百分数表示。

2. 稍难的"a与b的差是a的百分之几"的问题。

师：（出示图2）有同学提出这样一个问题：校合唱队有女生50人，男生40人，女生比男生多百分之几？

稍难问题是：女生比男生多百分之几？
方法是：(50－40)÷40＝25%

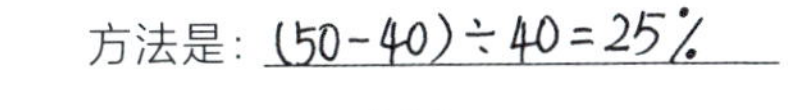

图2

生1：这个就是比多比少的问题了。我还可以提"男生比女生少百分之几？"。

生2：如果用我们刚才的"鸭子和鸡"，也可以提"鸭子有50只，鸡有40只，鸡的数量比鸭子少百分之几？鸭子的数量比鸡多百分之几？"。

师：看来大家都会举一反三。那么，这类问题能否用刚才的方法来解决？

生3：我认为可以看作同一类，这种题目没有把其中一个数直接告诉我们，需要在算出这个数之后，再求这个差占单位"1"的百分之几，道理还是一样的。

师：那这一类问题和之前的是否可以看成同一类问题来解决？

生3：可以。它们有联系，也有区别。

师：这些问题都是求一个量与单位"1"之间的百分率，所以我们的方法是——

生4：直接相除，或算出相差数之后除以单位"1"。

【设计意图】 简单地回顾百分数的意义之后，让学生根据提供的素材选择合适的数和运算符号，提出一个简单的和一个较难的百分数问题，通过这种方式，教师既可以了解学生对已学知识的掌握程度，也可以保证不同思维层次的学生进一步思考所提出的数学问题，并在思考提出的问题为什么简单（或稍难）的过程中，加深对数学问题的理解。此外，对学生提出的问题进行比较分析，达到了复习百分数意义的目的。

（二）问题梳理，助力学生广泛思考

在基于百分数的意义研究"a 是 b 的百分之几"及"a 与 b 的差是 a 的百分之几"这类问题之后，组织学生对更复杂的百分数的应用问题进行比较辨析。教师将各小组提出的问题展示在黑板上。（图3）

百分数问题的提出	
① 舞蹈组有女生40人，占全组人数的50%，全组有多少人？ $40 \div 50\% = 80(人)$	② 全班有女生40人，男生是女生的50%，男生有几人？ $40 \times 50\% = 40 \times 0.5 = 20(人)$
③ 五年级有40人，男生比女生多50%，男生有几人？ $40 \times (1+50\%) = 40 \times (1+0.5) = 40+15 = 60$	④ 三（1）班男生40人，女生比男生多50%，一共多少人？ $40 \div 50\% + 40 = 120人$
⑤ 超市有香蕉40箱，比苹果多50%，苹果有多少箱？ $40 \div (1+50\%) = 40 \div 150\% = 40 \div 1.5 = 60(箱) \approx 26$	⑥ 棒球队有男生50人，女生是男生人数的40%，女生有多少人？ $50 \times 40\% = 50 \times \frac{2}{5} = 20(人)$ 答：女生有20人。

图3

【设计意图】百分数问题看似复杂多变，但万变不离其宗，基本结构只有为数不多的几种，其余都是由这几种基本结构演变出来的。如果能以学生提出的问题作为研究素材，通过学生自己比较辨析，就能更好地让学生经历模型建构的过程。

师：这么多问题，一个一个解决费时又费力，你们有什么好办法呢？

生1：像前面那样，同类的问题我们只要解决一个就行了。

师：你的意思是，我们得先——

生1：分类。

师：看一看，哪几个问题是同一类？可以怎么分？若有困难，小组可以轻声讨论。

1. "顺向"思考的问题。

生2：我觉得②和⑥是同一类，都是求某个数的百分之几是多少。

师：这类问题可以归为哪一类？还有其他同学提了类似的问题吗？

生3：这是"求一个数（量）的百分之几是多少"的问题，我们刚才的问题是"一杯糖水40克，糖占50%。糖有多少克？"

生4：舞蹈队有女生40人，男生是女生的50%。男生有几人？

师：看来提这类问题的也不少，你们是用什么方法解决的？

生5：以前学分数问题解决的时候也有求一个数的几分之几用乘法，所以求一个数（量）的百分之几，就是用单位"1"乘百分率。

师：真棒，能利用以前的知识来解决新的问题。还有其他的几个问题，可以怎么分类？

2. "逆向"思考的问题。

生6：我觉得①只能单独算一类。因为它是知道全部人数的50%是40人，要求全部人数。剩下的问题都不是。

师：请其他小组补充。

生7：我们同意他的说法，①也可以理解为全部（单位"1"）的50%是40，求单位"1"的量是多少,所以可以用40÷50%＝80(人)来计算。

生8:我有不同意见,我认为①②⑥是同一类,只不过②⑥是已知单位"1"求部分,而①是已知部分求单位"1",它们中都包含"单位'1'的百分之几"这个关系。

师:分析得很好,你的意思是,如果问题①用方程解,设全组为x人,那么方程是$x×50\%＝40$,而问题②的算式是$40×50\%$,都是单位"1"的50%,对吗?你是怎么想到的?

生8:是的。因为这样的问题,我们在学习分数问题时已经比较研究过了。

3."顺向、逆向"都需要思考的问题。

生9:我觉得③④⑤有一个共同点,都有"一个量比另一个量多50%"的条件。

生10:我觉得问题④的其中一部分与问题②⑥是一样的,女生人数比男生多50%,多多少个呢?多出40的50%,就是$40×50\%$,然后再加上男生人数,就可以求出女生人数了。

生11:但问题是求全班人数,所以还要再加男生人数,应该是$40＋40×50\%＋40＝100$(人)。

生9:我发现问题③⑤也跟其他几个问题有关系,问题⑤用方程解决,设苹果有x箱,方程是$x＋x×50\%＝40$。问题③他做得不对,应该用方程做。设女生有x人,方程是$x＋x×50\%＋x＝40$。它们都要先算单位"1"的50%,然后再一点点加上去。

生11:这样的话,问题④③也很相似了,一个是$40＋40×50\%＋40$,另一个是$x＋x×50\%＋x＝40$。

师:同学们非常善于比较,我们从这些看似不同的问题中,找到了它们的"根"。我们发现,复杂的问题,也是由简单的问题一步步变化而来的,在解决问题时,如果我们能找到问题的关键,那问题也就迎刃而解了。

教师按照难易程度板书各个问题的算式或方程:

②$40×50\%＝$

⑥ $50 \times 40\% =$

① $x \times 50\% = 40$

⑤ $x + x \times 50\% = 40$

④ $40 + 40 \times 50\% + 40 =$

③ $x + x \times 50\% + x = 40$（女生人数）或者 $\dfrac{40}{[(1+50\%)+1]} \times (1+50\%)$
（男生人数）

师：同学们，解答上面这些问题时用到的算式或方程，都包含了"求一个量的百分之几"的部分。但是，因为已知量不同，所以有的用方程，有的用算式。我们知道，这些用方程解决的问题，也可以转化成除法，你们能自己试一试吗？

学生自己尝试列除法算式解答。

【设计意图】学生根据所给材料提出的问题存在很多不可控的因素，通过分类梳理，举一反三，就能形成提出不同类型问题的经验。讨论过程中，学生对几类分数问题解决的方法进行沟通讨论，完成知识的正迁移。在不断的比较过程中，学生找到了这些问题的本质，即"a 的百分之几"，并发现了这些问题的变化规律，体会了通过分类比较分析问题的策略。

（三）问题修正，促进深度思考

课堂真正的难点不是知识本身，而在于知识理解、运用过程中产生的问题及其处理。巧妙利用课堂生成的"错误"资源，有时能收获别样的精彩。在分析了问题中的数量关系之后，③和⑤两个问题的求解，引发了学生激烈的讨论，也带来了一些有益的启示。

1."问题提出"要科学合理。

解题过程中，学生发现问题⑤从数量关系来看没有问题，但进一步计算发现结果不是整数，这与本题的事实背景不相符。（图4）

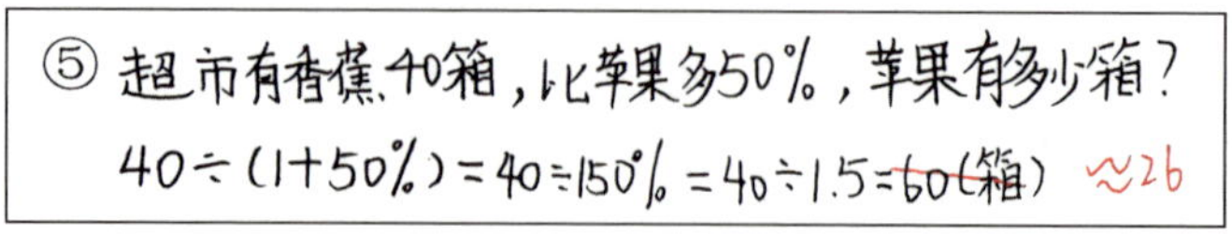

> ⑤ 超市有香蕉40箱，比苹果多50%，苹果有多少箱？
> 40÷(1+50%)=40÷150%=40÷1.5=60(箱) ≈26

图4

师：第5小组的计算好像出了点问题？40÷(1+50%)=40÷1.5=？结果还会比40大吗？

生1：我知道问题所在，他除不尽了就用乘法计算了。

师：那这样行吗？怎么办？

生1：可以把问题改为"超市有香蕉40箱，苹果比香蕉多50%，苹果有多少箱？"算式是40×(1+50%)=40×1.5=60箱。

生2：也可以是"超市有香蕉40箱，是苹果的50%，苹果有多少箱？"，算式是40÷50%=80箱。

师：这几类都是刚才我们一起梳理过的问题，提出问题之后，我们可以试着算一下，发现数据不对时，可以及时调整，避免出现类似错误。

2.问题解决要抓住重点。

问题③的解答与实际情况不匹配。(图5)

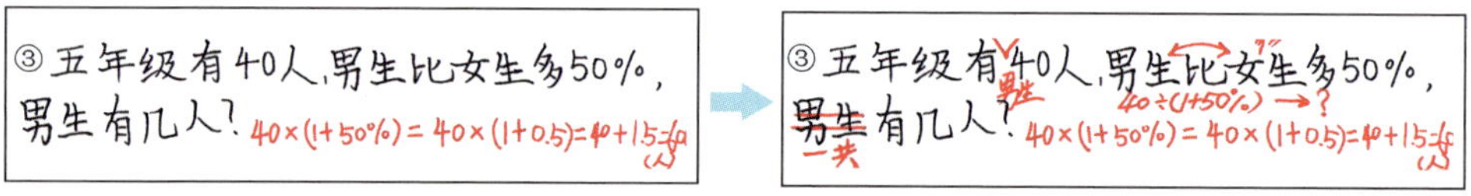

> ③ 五年级有40人，男生比女生多50%，男生有几人？ 40×(1+50%)=40×(1+0.5)=40+1.5=60(人)
>
> ③ 五年级有40人，男生比女生多50%，男生有几人？ 40×(1+50%)=40×(1+0.5)=40+1.5=60(人)

图5

师：第3组提出的问题你们明白吗？请他们来讲讲。

生1：我们一开始提的问题漏了"男生"，所以应该是"五年级有男生40人，男生比女生多50%，男生有几人？"

生2：不对，题目已经告诉我们五年级男生有40人了，还用得着再求吗？

生1：那问题还应该再改，改成"一共有几人？"

师：这样好了吗？

生3：五年级有男生40人，男生比女生多50%，可以先算出女生人数40÷

（1＋50%），这与刚才的苹果箱数一样了，人不能是半个的！

师：那怎么办？

生4：可以再改成"五年级有男生40人，女生比男生多50%，一共有几人？"先算出女生人数，40×（1＋50%）＝60人，再算出总人数，40＋60＝100人。

师：刚才计算女生人数的方法，前面计算苹果箱数的时候也出现过，这类是"求比一个数多（或少）百分之几的数"的问题。如果不改变题干，这道题的计算方法是怎样的？

生5：五年级有40人，男生比女生多50%，男生有多少人？把女生看作单位"1"，男生就是（1＋50%），五年级40人对应的应该是（1＋50%＋1），所以女生人数是40÷（1＋50%＋1）＝16人，那么男生是16×（1＋50%）＝24人。

师：非常详细的解答，其他人明白了吗？

生6：或者用方程，设女生有x人，$x+x\times 50\%+x=40$，$x=16$。

师：真不错，把掌声送给他们。

【设计意图】本课所涉及的③⑤这两个问题，反映出学生"问题提出"过程中存在的一些困难。这些困难有的来自学生对问题本身的不理解，为了"问题提出"而提出问题；有的来自学生对自己所提的问题缺乏周密的思考，导致数据不匹配；也有的来自学生因语言组织能力等因素影响导致提出的问题错误或无效。随着教学活动的推进，这类新生成的问题便成为教学契机，应抓住这样的契机，顺势纠错、修正、完善，在激烈的争论中引发学生充分的思考，在一步步的思维碰撞中达到问题解决的目的，这也正是我们希望学生能在课堂经历的深度思考。

评析

这节课最大的特点是新颖的设计，主要体现在以下三个层面。

第一个层面在于整个课堂教学的架构是围绕着"问题提出"而展开的。从一个问题开始，以学生生成的问题为线索串联起课堂教学的各个环节，从而达到复习百分数（加深对百分数意义的理解和提升应用百分数解决问题的能力）的目的。课始，以"从40，50，%中选择合适的数和运算符号"为任务情境，让学生通过提出简单和稍难的百分数问题展开这节复习课。课中，对学生所提问题采用三种处理方法：第一种处理方法是梳理，学生通过汇报分享所提出的问题，发现两类共性的问题，即"a是b的百分之几"的问题以及"a与b的差是a的百分之几"的问题，这也是反映百分数意义的两大类问题；处理学生所提问题的第二种方法，是以学生所提出的问题为研究素材，让学生通过比较辨析梳理出百分数问题的几种基本结构，以解决问题为突破口，经历百分数问题模型建构的过程；处理学生所提问题的第三种方法是进一步以学生所提出的"不适宜"的问题为研究素材，通过改进学生所提的"不适宜"的问题，进一步加深他们对百分数问题的认识。课末，简单反馈本堂课提出的问题及解答情况并进行课堂小结。

第二个层面在于本堂课增加了"问题修正"的教学环节。区别于常见的"问题提出"教学，王老师充分且巧妙地利用了"错误"资源，引导学生分析、改编"不适宜"的问题，最大化地利用教学资源，给学生提供提问和改正的机会。在纠错、修正、完善问题的过程中，拓展学生思考的效度、广度与深度。

第三个层面在于引导学生多角度（顺向、逆向、顺逆向）思考问题。学生在经历建构百分数问题模型、对问题进行分类梳理的过程中，获得了多角度建构问题的思维方式。这为培养学生流畅地、灵活地、新颖地进行"问题提出"提供了可操作的教学方法参考。

案例 10

"问题提出"助力概念理解的教学实践与思考[①]
——以"周长"的教学为例

■ 执教：浙江省杭州市萧山区长山小学　陈沙沙
　　评析：蔡金法

第一次执教"周长"一课时，笔者以为"周长"这一概念并不难理解。一方面，学生对周长有一定的知识储备与生活经验；另一方面，"封闭图形一周的长度就是它的周长"这一概念也比较容易从字面上理解。所以，笔者认为教师在课堂上只要紧紧抓住"封闭图形""一周"等关键词，以此设计教学环节，让学生充分感知，这样应该就水到渠成了。然而，在后期的练习与教学中，笔者发现学生对"周长"这一概念的理解有些偏差，那么问题出在哪呢？怎样开展教学才能真正让学生理解"周长"这一概念呢？

一、教材分析

"周长"是人教版《数学》教材（2022年版）三年级上册第7单元中的一节概念起始课，该单元共有5个例题：例1为认识四边形，例2为认识长方形和正方形，例3为周长（概念），例4为长方形和正方形的周长，例5为解决问题。显然，"周长"这节概念课是衔接研究图形形状（例1和例2）和研究图形度量（例4和例5）的过渡课，起到了承上启下的作用。本课教材分别给出了一组实物和

[①] 本文曾以《合作学习中的"问题提出"助力概念理解——"周长"教学实践与思考》为题发表于《小学数学教师》，2020(2): 17-22. 本书有改动。

一组几何图形（规则的和不规则的），意在让学生体会周长概念的实质。然后通过让学生探索一般图形周长的求法，经历度量周长的知识形成过程，从而认识到度量周长是研究图形的一个方面。

一般在教学"周长"一课时，教师引导学生理解周长的概念，往往会在"封闭图形"和"一周"两个核心词上下功夫。在度量周长环节，则在曲线图形的周长测量与计算上花很多时间。然而，这样的设计真的能让学生深刻理解概念吗？学生的学习是处于被动接受还是主动探究呢？40分钟的课堂，除了概念本身，又应该教给学生什么呢？

二、学情分析

"周长"是"图形与几何"领域的重要内容之一。虽然学生已经初步认识了三角形、长方形、正方形、平行四边形等平面图形，但"周长"概念对于小学生来说还是比较抽象的，所以在教学中我们需要借助直观的平面图形或实物图形来讲解。同时，学生对知识的理解需要循序渐进、螺旋上升的过程，更需要主动探究、互动交流的过程，所以适宜的问题情境和操作环节对于学生来说是必不可少的。

"周长"这节概念课的常规教学模式往往包含以下环节：（1）创设生活情境，揭示课题；（2）通过指、画、描、说等操作环节帮助学生理解周长的概念；（3）测量图形的周长；（4）各种形式的巩固练习；（5）全课小结。一节课下来，学生表面上能够应对形式多样的习题，但实际上对概念本质缺乏深刻的理解，学生的学习效果与教师预设之间存在一定的差距。

三、设计说明

安德森提出了认知心理学中的一个基本假设：新的知识是需要学习者自我建构的，学习者不是简单地将新知存储在大脑中，而必须将新知与自己的旧知建立联系，这个建立联系的过程就是学习的本质。"问题提出"是一种开放式的学习过程，学习者可以在提出问题的过程中主动地将新知与旧知建立联系，从而建构自己的认知体系；不同学习者基于自己的水平和经验背景提出问题，能够使丰富学习资源，增加学生学习数学的机会。

一般来说，对图形的研究主要包括两个方面——形状与度量，而周长是度量的一部分，也是研究图形的一个重要方面。鉴于此，笔者结合学生已有的知识基础，提供了6个图形（包括封闭的和不封闭的、规则的和不规则的、对称的和不对称的，还有内部嵌套的五角星等，具体见教学片段一）作为数学情境，让学生有足够的空间提出有个性而开放的问题，并在这个过程中主动地将新知与旧知建立联系。

于是，笔者基本确定了"周长"这一课的教学主线：首先，为学生提供"问题提出"的机会，让学生主动提出关于图形周长的问题；其次，由学生提出的问题顺利过渡到合作探究并解决关于周长概念和计算的问题；最后，为学生提供实际生活情境，在解决有关图形周长问题的过程中巩固他们对周长概念及其运算的理解。

四、教学过程

（一）任务1：情境导入，提出问题

本环节的教学目标：以学生熟悉的平面图形作为基本元素创设问题情境，让学生在直观感知的基础上提炼问题，在说明选择理由的过程中梳理和解决问题，从而激发学生对知识点的深入探究，化被动为主动，在"问题提出"中不断更新认知、理解概念。

1. 教学片段一。

（1）教师出示图1[①]：你能提出有关这些图形的数学问题吗？

---

① 这6个图形参考了浙江省湖州市长兴县实验小学卢颖老师的"认识周长"一课。其中②③④⑤号图形直接来自卢老师。

图1

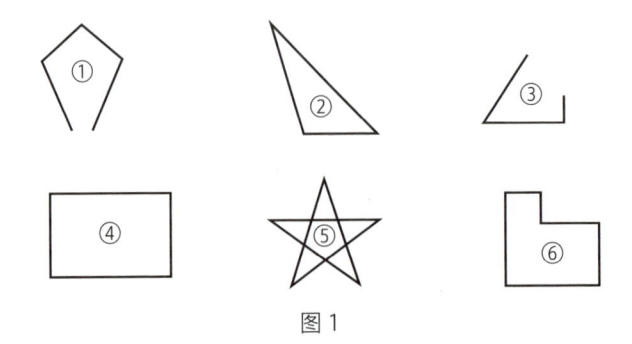

（2）学生提出尽可能多的问题。

（3）学生以小组为单位，挑选2个最值得研究的问题，并派代表说明挑选理由。

（4）小组代表汇报，教师对问题进行分类。（图2）

有哪些图形是没feng上，又有哪些图形是feng上的？	这些图形的周长是多少？
这些图形有几条边？	如果④的长是10，宽是5，那么周长是几？
哪些是轴对称图形？	它们的面积是多少？
它们能一笔画完吗？	④号图形的周长是多少？
④号图形剪去一个角，还剩多少个角？	⑥号图形一周的长度是多少？

图2

【设计意图】本环节，不仅有学生个体活动（个体提出尽可能多的问题），还有小组合作学习，即由小组内部确定最值得研究的问题。在小组合作过程中，学生可以充分参与小组讨论，了解其他同伴的想法，最终合作选出代表性的问题，这些都会涉及语言表达、沟通协商、团队合作等能力。研究也表明，合作学习能够改善学生的数学学业表现，增强其长期记忆力，发展对数学的积极情感等。

前文已述及，对图形的研究可以从两个角度入手，一是形状，二是度量。就形状而言，学生在观察未封闭图形时已经注意到它们与封闭图形的区别，这也是周长概念中的核心要素，即有周长的图形必须是封闭的。因此，在针对不同图形提出问题的过程中，学生已经主动发现并引出了周长内涵的核心部分。就度量而言，学生也在已有知识基础上提出了计算不同图形周长的问题，为本节课的顺利开展奠定了基础。

2.教学片段二。

师：（指与周长学习相关的一类问题）看来，周长是度量的一部分，也是研究图形的一个方面。那么，什么是周长呢？

生1：（指④号图形）就是4条边加起来。

生2：也可以将2条不一样的边加起来再乘2。

生3：（指③号图形）三角形是3条边加起来。

师：那⑥号图形呢？

生4：就是图形一圈的长度。

……

师：老师把大家对周长的理解综合起来，可以概括为一句话：封闭图形一周的长度是它的周长。这节课我们就一起来研究周长。

【设计意图】在学生主动提出周长问题后，教师顺势引导其思考什么是周长。学生回答时往往需要具体图形的支撑，且较多地涉及周长的计算，但其中已经蕴含他们对周长概念的直观理解。教师在此基础上进行提炼和总结，进而用相对规范的语言呈现周长的概念。讨论过程中，教师没有把周长与不封闭图形的度量对立起来，而只是将周长视作一种对特殊图形的度量。

（二）任务2：度量周长，分析问题

1.描周长。

请用水彩笔描出下图的周长（明确周长是外面一周的长度）。（图3）

图3

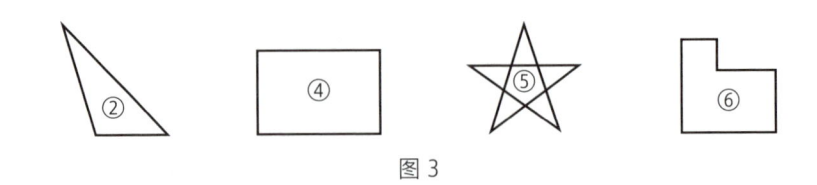

过渡：怎样才能知道图形的周长是多少呢？（先测量，再计算）

2. 度量周长。

（1）小组内分工，每人选择一个图形进行测量。

（2）测量你需要的数据，记录在边线旁，并在横线上列式计算图形的周长。

（3）为了方便，测量的时候取整厘米数。

3. 汇报4个图形的周长分别是多少。

4. 汇报思路。

【设计意图】引导学生在操作中观察和思考，通过"描周长"，更具体地体验了什么是图形的周长，在直观感知的基础上进一步理解"周长"的概念并体会其本质。学生在经历知识形成的过程中学到了探究问题的方法，培养了自主学习的意识。而"错误"资源（五角星周长的度量很容易出现错漏）的出现，让学生在提出问题的同时主动分析问题，直至在质疑、碰撞与协商交流中达成一致。"度量周长"环节既有个体独立操作，也有小组合作学习，学生的思维在这样的探究氛围里被充分激活，个体对知识的不同解读促进了他们的深入思考，使其对知识的理解更加丰富和全面。

（三）任务3：解决问题，内化感知

练习是挖掘概念实质、灵活运用概念的重要手段。在借助操作初步感知概念的基础上，教师提供了一个有关周长的探究性问题，以巩固学生对周长内涵的理解，并培养思考的深刻性和计算的灵活性。

1. 教学片段三。

出示题目：在方格纸上画出2个周长是16厘米的不同图形。

师：很多同学都画了正方形，说说看，你是怎么想的？

生1：一条边是4厘米，正方形的4条边都相等，所以周长是4×4＝16厘米。

师：画长方形的同学也来说说你的想法吧。

生2：我画的长方形上、下两条边都是7厘米，这样一共是14厘米，左、右两条边都是1厘米，周长就是14＋2＝16厘米。

生3：我画的长方形上、下两条边都是5厘米，左、右两条边都是3厘米，周长也是16厘米。

生4：我画的长方形长边6厘米，短边2厘米，周长就是6×2＋2×2＝16厘米。

师：同样是长方形，画出来的形状还有所不同呢，你们真会思考！（出示图4）那怎样来验证这个图形是否画正确了呢？

生5：数格子。

师：这个方法不错，一起来数一下吧。（全班数）还有不同的验证方法吗？

生6：（边演示边说，如图5所示）把凹进去的边移出来，这样就变成正方形了。

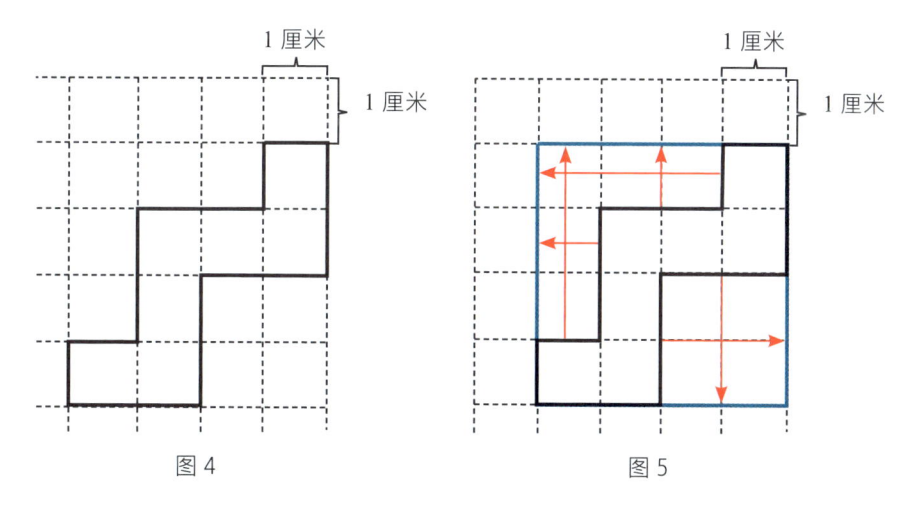

图4　　　　　　　　　图5

师：这名小老师给我们提供了不一样的验证方法，真好。按照这样的思路，满足条件的图形就有很多了，课后大家再去试试吧。

【设计意图】已知周长画图形是一种逆向思维的练习，能为学生创造更多的思考空间。根据已知条件，边长为4厘米的正方形是最容易想到的，但由于要画2个不同的图形，学生便会积极主动地思考不同的画法，因而呈现了更多思维过程。这一环节不仅巩固了学生对周长本质的理解，而且为学生创造了学习机会，锻炼了他们的思考能力和学习能力。在理解周长概念并掌握基本的计算方法之后，教师为学生提供了联系生活、解决实际问题的机会。

2.教学片段四。

师：(出示图6)如果想知道打包礼盒的丝带有多长，你会怎么做？

图6

生：把丝带解开来量一下就知道了。

师：直截了当，便于操作，不错。要是不解开丝带，你能计算丝带的长度吗？同学们不妨以小组为单位，课后去进行课题研究，完成后可以解开丝带来验证自己的研究结果是否正确，并在小组内分享成果，祝大家好运！

组长领取课题研究单(图7)和礼盒。

《周长》课题研究单

姓名：_____　　班级：_____

课题名称	《周长》	
研究成员		
相关数据	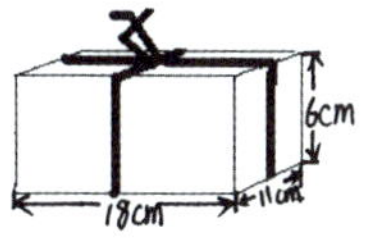 (长方体礼盒图：18cm、11cm、6cm)	打结处丝带用了38厘米
我们这样想	长方体的长边需要两段丝带，宽边需要两段丝带，高边需要四段丝带，它们长度的和再加上38。	
我们这样算	18×2=36(厘米) 6×4=24(厘米) 11×2=22(厘米) 36+24+22+38=120(厘米)	
我们的结论	丝带有120厘米。	

图7

【设计意图】"丝带问题"需要学生从三维的立体图形中提炼出平面的周长的概念，这对三年级学生来说具有一定的挑战性。为此，我们提供了实物（礼盒）帮助学生理解，并组织学生以小组合作的形式进行讨论与研究。从学生上交的研究单（图7）中不难发现，他们在小组交流中经历了由生活情境过渡到数学情境的过程，明确了丝带各个部分的长度，在解决问题的同时优化了计算方法。可见，小组内的平等交流一方面能为学生创造更多的学习机会和表达机会，另一方面也为学生在解决问题中发现和提出新的问题创造了有利条件。

五、教学反思

在教学过程中，笔者先让学生独立提出问题，目的是让每个学生尝试发现图形的特征。然后，学生通过小组合作挑选值得研究的问题并说明理由。在对问题进行分类的过程中，学生就会发现研究图形无外乎两个方面：形状和度量。这种"问题提出"结合小组合作的形式，能够让学生了解到，任何图形无论封闭与否，都可以用度量的视角来研究，而不是像以前的教学只强调封闭图形的度量问题。这样的方式有助于学生从更宏观的视角看待图形及其周长问题。

由于"问题提出"教学需要教师做出即时且准确的教学决策，这就要求教师在进行教学设计时充分了解学情，预设学生可能提出的各种类型的问题，从而顺利地运用"问题提出"方法进行教学，最终促进学生对周长概念的理解。

评析

陈老师执教的是三年级的"周长"一课。学习周长时通常会涉及两个特点：图形是封闭的，以及周长要绕图形一周。认识周长概念的教学目的是要突出图形的封闭性，但从数学角度来说，周长只是对一类特殊图形的度量。针对这一情况，陈老师尝试了比较开放的"问题提出"方式来教学。她在教学开始时给学生呈现了6种不同的图形，让学生自己提出可以研究的数学问题。在教学过程中，陈老师先让学生个人提出问题，目的是让每一个学生都能自己尝试发现图形的特征。随后，陈老师让学生开展小组合作，让他们把自己的问题放在小组中一起讨论，最后挑选出两个值得研究的问题。在学生通过小组合作挑选值得研究的问题时，他们需要说明自己选择这两个问题的原因，然后通过小组集体讨论达成共识，最终确定自己小组想要研究的数学问题，并将研究成果汇报给全班学生。这个过程会涉及个体、小组和班级三个层面，而小组和班级都可以成为学生学习的共同体，从而有助于学生从各个角度获得更多的机会来探讨自己所提出的数学问题。

最后，陈老师给学生提供了一个求丝带长度的任务。这个任务要求学生从三维空间来观察和计算周长，是一个能够很好地运用小组合作的形式来解决问题的学习材料。因为在刚开始学习周长时，学生个体在面对这样有一定难度的任务时是不容易解决的，而小组合作有助于学生听取其他同学的想法，从不同角度考虑丝带的长度。

值得指出的是，在设计这节课时，陈老师觉得用"问题提出"的方式进行教学，设计思路会非常开阔，完全改变了她过去"过多注重学生对知识的理解和技能的掌握，以致忽略了对学生学习能力和思考能力的培养"的方式。显然，陈老师的经历告诉我们，运用合作学习来进行"问题提出"教学需要教师观念的改变。而正是因为观念上的改变，在这节课中，陈老师打开了自己的视野，突破了自己的固有想法，从而多角度地为学生提供了更多的学习机会。

当然，陈老师的这堂课并不全是"问题提出"和小组合作学习。这也说明并不是整堂课都要使用"问题提出"的教学手段，而应根据具体的教学目的来设计"问题提出"活动。另外，小组合作的方法也并不是整堂课都要使用，而是应该在有必要和有挑战性的任务中采用。也就是说，教师在教学过程中需要根据具体的教学内容、目标来确定是否需要运用"问题提出"和小组合作的形式，从而争取在每一个教学环节中都能够最大程度地为学生提供学习机会。

案例11

"问题提出"教学：让学习真正地发生
—— 以"平行四边形的面积"的教学为例

■ 执教：浙江省杭州市萧山区新街小学　何小平
评析：王　涛

"平行四边形的面积"是小学阶段"图形与几何"领域中较为重要的一课，是学生初步运用"等积变形"的策略将新问题转化为旧知识的一课，本课的教学又是后续"三角形和梯形的面积"知识建构和方法迁移的基础，因此该课的重要性不言而喻。翻阅资料，观看公开课视频，可以发现它们都具有相近的教学流程、相似的操作转化、类同的巩固练习，给人以倦怠之感。因此，笔者在执教该课时，采用"问题提出"的教学模式，在课堂中时刻关注学生的内在思维，试图让学生充分经历数学学习的过程，让学习真正地发生。

一、教材分析

"平行四边形的面积"一般安排在五年级上册进行教学。在学习该内容之前，学生已掌握了长方形、正方形的面积计算，平行四边形的特征，画平行四边形的高等知识。笔者通过查阅各种版本的教材，整理了部分教材的教学内容安排，发现几乎所有版本教材的教学思路都是直接引导学生，让学生沿平行四边形的高剪开，再平移后拼成长方形，找到平行四边形的底和高与长方形的长与宽之间的对应关系，最终由长方形面积推导得到平行四边形面积的计算方法。在这节课的教学实践过程中，大部分教师都会发现，在学生已有的知识及生活经验中，缺乏支撑"把平行四边形变成长方形"的活动经验。换一种说法，"把平行四边形变成长方形"更多地表达了教师或者教材的想法，而不符合多数学生原有的认知。笔者通过运用"问题提出"式的教学设计，充分暴露学生的真实想法，重点聚焦在"怎样让学生自觉产生割补意识"这个关键问题上。

表1是笔者对各版本教材的"平行四边形的面积"教学内容安排进行的调查整理。

表1

教材版本	教材内容	教学思路
人教版（2022年版）	出示一个标有"底"和"高"的平行四边形，沿高剪开，用三个箭头示意，把剪下的三角形移到右边，拼接成一个长方形，并在图下出示一引导语："观察原来的平行四边形和转化的长方形，你发现了什么？"	（1）出示两个花坛，一个长方形，一个平行四边形，提出问题：这两个花坛哪一个大？ （2）出示方格图，数一数，填表格（你发现了什么？） （3）出示沿高剪开，移动后变成一个长方形 （4）得到平行四边形的面积计算公式
苏教版（2015年版）	分别在两张方格纸上出示一个平行四边形，用不同的方式沿高剪开后平移，用箭头和醒目的颜色提示，拼成长方形，并在图下出示引导："比较上面两种转化方法，说说它们有什么相同的地方。"	（1）先出示两组图形，比较面积的大小 （2）让学生感知通过切割移动，把不规则的图形变成规则的图形后，图形面积没有发生变化 （3）直接让学生通过类似的方法，沿高剪开，把平行四边形转化成长方形。通过填表，经历三次相同的转化后，得出规律，得到平行四边形的面积计算方法
北师大版（2014年版）	出示一个标有"底"和"高"的平行四边形，用颜色标注出沿高剪下的三角形，用箭头表示移动拼接的过程	（1）出示一块平行四边形的空地，求面积，提出问题：平行四边形的面积能否用两个邻边长度相乘？ （2）借助方格数一数 （3）把平行四边形沿高剪开，转化成长方形，得到平行四边形的面积计算公式

续表

教材版本	教材内容	教学思路
浙教版（2010年版）	出示一个底边长20分米，高7分米，邻边长10分米的平行四边形，用双向箭头提示学生，经过切割后，平行四边形转化成一个长方形，并出示引导语："想一想，把平行四边形怎么分割、平移后，可用已经学过的面积公式计算？"	（1）先安排学生运用分割、平移、旋转等知识，把一些不规则图形转化成规则图形 （2）出示一个标有两条邻边和高的数据的平行四边形，求它的面积 （3）提示学生用分割、转化的方法把平行四边形变成一个长方形，再求出它的面积 （4）在方格纸里画出和出示的平行四边形面积相等的长方形，以此验证平行四边形的底和高与长方形的长和宽之间的关系

短期来看，平行四边形面积计算方法的学习直接影响到学生后续平面图形（三角形和梯形）面积的学习，具有"举一反三"的示范性和铺垫性作用；长期来看，则能直接让学生感受到转化思想在数学学习中的重要性，所有的学习过程都可归结为把陌生事物转化成熟悉事物、把复杂问题转化为简单问题的过程。

二、学情分析

学生在学习这部分内容时，容易产生困惑：长方形的面积是用长乘宽来计算，而平行四边形的面积为什么不能用相邻的两条边相乘来计算？在部分学生看来，平行四边形是由长方形拉动变形得到的，长与宽的长度都没有发生变化，即周长没有发生变化，面积也不会发生变化，为什么不能用相邻的两条边相乘得到呢？也有部分教材设计让学生通过数格子得到平行四边形的面积，并且规定不到一格的按一格计算。学生内心会怀疑这样数出来的平行四边形的面积大小是不是准确的。笔者通过观察各版本的教材发现，教材指导学生把平行四边形转化成长方形来得到面积计算的方法，引导的痕迹过于明显，若教师按照教材教学，学生则可能被牵着鼻子走。表面上看，学生通过研究，学会了平行四边形的面积计算方法，但是"为什么要数格子""为什么要转化成长方形"这些核心问题都是在教师的引导下解决的，学生的学习并没有真正发生。

三、教学设计

呈现、交流与辨析不同学生的不同思维成果是最具挑战性和创造性的教学活动。在真实、常态的课堂中,学生常会产生到底是"底 × 邻边"还是"底 × 高"的疑惑。基于以上分析,笔者打算运用"问题提出"的方法进行教学设计,从学生的认知出发,从学生的疑问入手,顺着学生内心的想法,让学生的学习主动发生、真正发生。笔者打算抛开大部分教材的编排思路,即根据教材的引导,刻意把平行四边形沿高剪开拼成长方形的学习思路,让学生自己发现问题,自己想办法解决问题。

笔者的教学设计过程框架如图1所示。

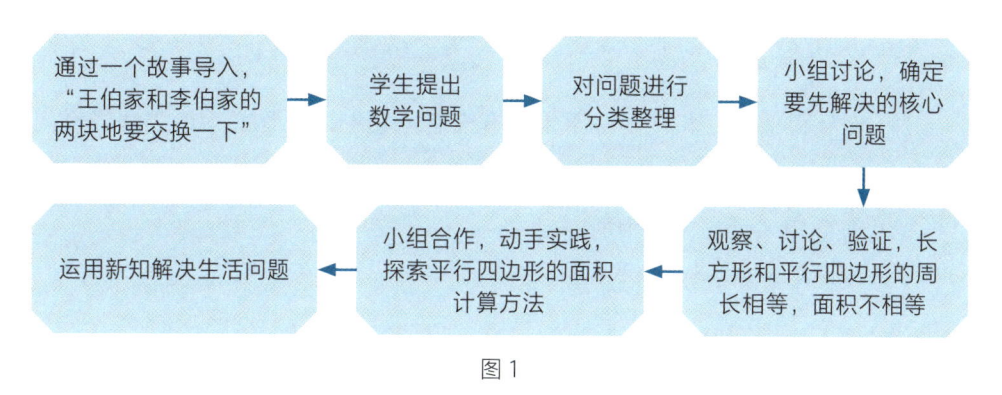

通过一个故事导入,"王伯家和李伯家的两块地要交换一下" → 学生提出数学问题 → 对问题进行分类整理 → 小组讨论,确定要先解决的核心问题

运用新知解决生活问题 ← 小组合作,动手实践,探索平行四边形的面积计算方法 ← 观察、讨论、验证,长方形和平行四边形的周长相等,面积不相等

图1

四、教学过程

基于以上教学设计,笔者将本堂课的教学目标定位为:(1)学生根据故事情节,提出数学问题,聚焦课堂任务;(2)学生通过探索,理解和掌握平行四边形的面积公式,会计算平行四边形的面积;(3)通过操作、观察、比较活动,初步认识转化的方法,培养学生的观察、分析、概括、推导能力,发展学生的空间观念;(4)培养学生学习数学的兴趣及积极参与、团结协作的精神。

（一）任务1：用故事导入新课，鼓励学生提出心中的疑惑和问题

1.导入新课。

故事引入：王伯和李伯是同住一个村子的好朋友，王伯住在村东，李伯住在村西，他们两家各有一块地。王伯家的地在村西，是长方形的；李伯家的地在村东，是平行四边形的。由于耕种和收获都不方便，因此他们商量要交换一下彼此的地。（图2、图3）

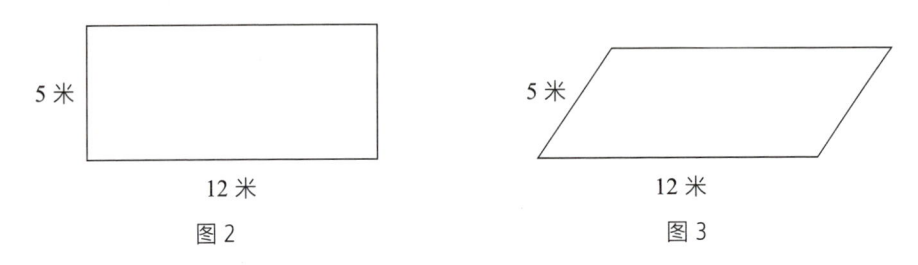

（图2：长方形，5米×12米）　　（图3：平行四边形，5米×12米）

图2　　　　　　　　　　图3

师：你觉得他们互相交换一下地，有没有问题？请把你心中的想法或疑问写下来。

学生独立思考后提出心中的疑问。

2.交流学生心中的疑惑与想法。

（1）四人小组交流，每组收集1—2个最有研究价值的数学问题。

师：下面四人小组合作交流，每组收集1—2个最有研究价值的数学问题。组长写在板贴上。

（2）全班交流并呈现问题。

师：下面我们分组展示问题，如果有需要补充的，可以稍作解释。

（3）快速浏览问题，并分类。

学生浏览问题，发现问题主要集中在：

①王伯家的地面积是多少？

②李伯家的地面积是多少？

③这两块地的面积一样大吗？

④两块地的面积相差多少？

⑤怎么求平行四边形的面积？

⑥是不是周长一样的长方形和平行四边形面积也是一样的？

⑦平行四边形的面积计算方法和长方形一样吗？

【设计意图】通过创设交换土地的情境，把抽象的图形转化为学生容易理解的一种生活情境，让学生提出问题，暴露学生内心真实的想法。再通过小组交流，分类汇总学生觉得有研究价值的问题，进而引出本节课的核心内容：平行四边形的面积是怎么算的？是否和长方形的面积计算有关联？这样既能促使学生建立数学与生活的联系，又囊让其体验并感知数学的应用价值。

（二）任务2：小组合作，动手实践，探索解决问题的方法

1.揭示课题，明确本节课的内容。

（板书课题：平行四边形的面积）

2.新课学习。

师：我们发现，同学们提出的数学问题，都与长方形和平行四边形的面积有关。那么接下来我们就先来解决两个"烧脑"问题：这两块周长一样长的地，面积到底是不是一样大呢？

师：老师在信封袋里给大家准备了一些研究材料，请自行选择。（内含活动的长方形塑料条、周长相等的长方形纸片和平行四边形纸片、一把直角三角尺、一张带有方格的纸等）

3.学生自由选择材料，探究周长相等的长方形和平行四边形的面积是否也相等。

学生通过计算，得到两个图形的周长相等。周长相等，是否意味着面积也相等？学生想办法合作证明：周长相等的长方形和平行四边形，面积不相等。

（1）把周长相等的长方形和平行四边形分别画到点阵图中，通过数格子，证明面积不相等，如图4所示。

图4

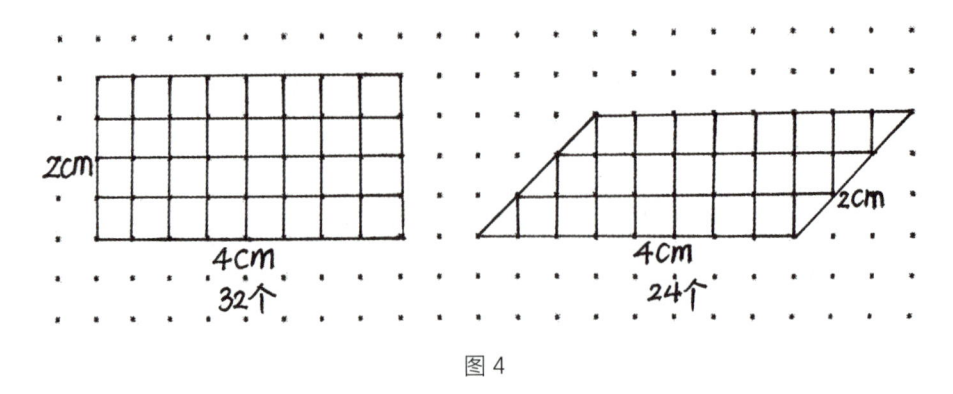

（2）拉动用塑料条制作的活动长方形，发现平行四边形的周长没有发生变化，面积在慢慢地变小（图5—图7）。

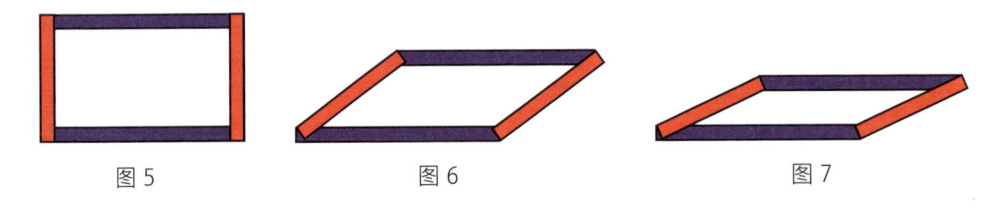

图5　　　　　图6　　　　　图7

（3）把平行四边形沿着一条高剪开，拼成一个长方形，和原长方形重叠在一起，没有完全重合，证明平行四边形的面积要小一点（图8—图9）。

图8　　　　　图9

4.深入探究，寻找平行四边形的面积计算方法。

师：刚刚我们用这么多的办法证明了周长相等的长方形和平行四边形（即长方形的长、宽与平行四边形的邻边相等）的面积不相等，看来平行四边形的面积不能用相邻的两条边相乘来计算。那么，平行四边形的面积到底怎么算呢？你们有什么好的建议吗？

生1：先画出平行四边形的两条高，并沿着高将它剪成一个长方形和两个三角形，发现两个三角形拼起来又是一个小长方形，两个长方形的长加起来就是

平行四边形的底，长方形的宽就是平行四边形的高，从而得出平行四边形的面积是底乘高。(图10、图11)

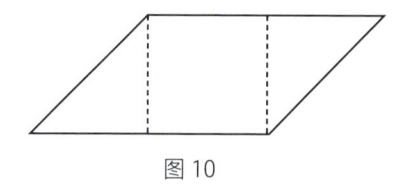

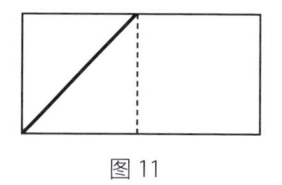

图10

图11

生2：我的方法比他的还简单，只要画一条高就行了。沿着这条高将一个直角三角形剪下来，再补到另一边，正好拼成一个长方形。长方形的长是平行四边形的底，长方形的宽是平行四边形的高，长方形的面积＝长 × 宽，所以平行四边形的面积＝底 × 高。(图12、图13)

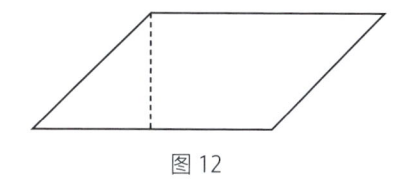

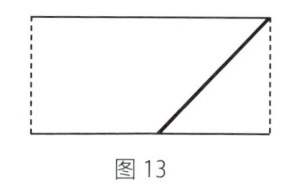

图12

图13

5.初步感知平行四边形的面积计算方法后，再次鼓励学生提出问题。

师：看来大家都很喜欢用剪拼的方式得到平行四边形的面积。你们还有什么问题吗？大家讨论一下。

生1：是不是任何形状的平行四边形都可以转化为长方形？

生2：要怎么剪拼成一个长方形？

生3：是不是所有的平行四边形的面积都可以用"底乘高"来计算？

生4：平行四边形的面积只能用"底乘高"来计算吗？有没有别的计算方法？

生5：平行四边形还可以转化成别的图形来计算面积吗？

师：那么接下来要探究的问题是"是不是任何形状的平行四边形都可以通过剪拼变成一个长方形？"请同学们自己在练习纸上画各种各样的平行四边形，并通过画图的方式告诉大家是否所有平行四边形都可以剪拼成长方形。(图14—图16)

185

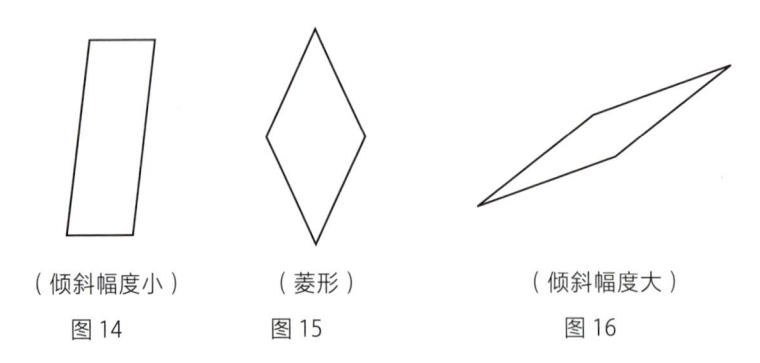

（倾斜幅度小）　　　（菱形）　　　　（倾斜幅度大）
　　图 14　　　　　 图 15　　　　　　 图 16

师生得出平行四边形要剪拼成长方形的规律：任何形状的平行四边形，只要是沿着高剪开，都可以拼成一个长方形。

6.得出平行四边形的面积计算通用公式。

生：一个平行四边形有无数条高，沿任意一条高剪开、平移、拼接，都可以把一个平行四边形转化成一个长方形。这个长方形的面积与原来平行四边形的面积相等，这个长方形的长等于原来平行四边形的底，长方形的宽等于原来平行四边形的高。因为长方形的面积等于长乘宽，所以平行四边形的面积等于底乘高。

（板书：平行四边形的面积＝底×高）

师：如果用 S 表示平行四边形的面积，a 表示它的底，h 表示它的高，那么平行四边形的面积用字母可以怎样表示？（板书：$S=ah$）

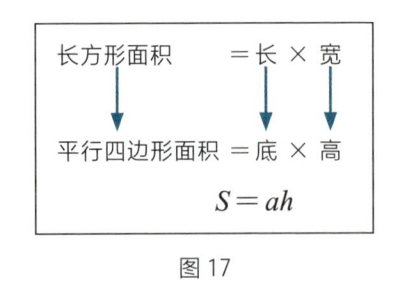

```
长方形面积    ＝ 长 × 宽
     ↓          ↓    ↓
平行四边形面积 ＝ 底 × 高
             S = ah
```

图 17

师：要求平行四边形的面积，必须知道什么？

生：知道它的底和高。

师：同学们很棒。通过实践，我们发现任何形状的平行四边形都可以转化为长方形，那么同学们提出的问题1、问题2、问题3都可以被完美解决。至于问题4和问题5，想知道平行四边形的面积除了用"底乘高"公式和用割补法变为长方形的方法来计算之外，还能转化成别的形状来计算吗？因课堂时间有限，老师鼓励大家在课余时间再思考，也可以通过查找资料，想一想别的方法。

【设计意图】先引导学生想办法探究，由长方形拉动后形成的平行四边形周长没有发生变化，面积是否相等，由此产生认知矛盾，引发学生进行真正的思考：平行四边形的面积到底是怎么计算的？与哪些因素有关？当学生通过实践发现平行四边形可以转化为长方形，再次引出问题：是不是任何形状的平行四边形都可以转化成长方形？让学生明白形成规律的计算方法，需要万无一失，严谨缜密，以此激发学生的探究欲望，在培养学生周密严谨的思维态度的同时，鼓励学生举一反三、发散思维，进行创新性思考，寻找平行四边形面积的不同计算方法。

（三）任务3：应用所学知识，解决问题

师：通过大家共同的努力，我们终于推导出了平行四边形的面积计算公式，下面让我们去解决一些实际问题。

1.解决课始问题：王伯和李伯的两块地交换之后，是否公平？

生：肯定是不公平的，平行四边形的面积一定比长方形的小。因为平行四边形的高一定比5米短。

2.小区要在一块长8米，宽6米的空地上建一个面积是30平方米的平行四边形观赏鱼池（底和高是整米数）。如果你是设计师，会如何设计？

【设计意图】练习题设计要能结合生活实际，由浅入深，层层推进。本环节创设了开放性、挑战性的问题情境，让学生灵活运用所学知识，在解决问题的过程中加深对平行四边形面积计算方法的理解。最后的开放题设计正是为了培养学生全面思考问题、分析问题、解决问题的能力，体会到数学知识在日常生活中的实际应用价值。

五、教学反思

"平行四边形"是第二学段"图形与几何"领域的内容，是在学生学习了长方形、正方形的面积概念、面积单位和面积计算方法，认识平行四边形并清楚其特征的基础上来进行教学的，为学习其他图形面积的计算提供了重要的知识基础和数学思想来源。

在该课的教学设计过程中，笔者翻阅了多种版本的教材，发现了一个统一的现象——学习材料的暗示性太明显。根据教材的编排，教师要给学生提供一张画有一条高的平行四边形纸片，而且这条高一定都是从对边的一个顶点开始画起的。学生还要准备一把小剪刀，这些都为学生产生割补、转化的意识提供了"触发点"。通过数方格的准备和学习材料的暗示，确实能促使部分学生在面对计算平行四边形面积这个新问题时产生割补转化的意识，从而使教材呈现的探究过程成为可能。但是，学生内心的真正思维没有暴露，学习行为没有真正发生，难免产生一种"被牵着鼻子走"的感觉。

本课从儿童的思维出发，通过情境导入，运用"问题提出"，充分暴露学生学习平行四边形的现状。在课的开始，为学生提供"无诱导"的独立探索周长相等的长方形和平行四边形的面积是否相等的机会，充分展现学生"原生态"的思维过程，让学生产生认知冲突，自觉地产生割补、转化的意识和方法。在真实的学习生成过程中，学生的认识从茫然逐步走向"恍然大悟"，从模糊走向清晰，从表面走向深刻。

本节课通过"问题提出"，充分暴露学生在学习该课时思维状况中存在的问题，真正做到从学生中来，到学生中去。每一个学习个体独特的思维方式和成果都得到了尊重。笔者认为，这才是最具挑战性的课堂，在这样的课堂中，教师才能全方位体现基于学生的生成资源展开教学的能力。

第二部分
"问题提出"教学案例与评析

评析

　　课程标准认为"问题提出"和数学的核心素养有着直接关系。值得指出的是,"问题提出"教学并不是一套脱离现有课程的独特系统,相反,它能够帮助教师更好地实现现有的课程和教学目标。如何处理好"问题提出"教学和现有的课程材料之间的关系是很多教师必须面对的问题,何老师的这节课在这方面给了我们很好的启示。

　　何老师在准备"平行四边形的面积"一课时,首先深入研究了四册通用教材的内容安排,发现这些教材都是通过割补、转化的方法把平行四边形转换为矩形,然后用学生已经掌握的矩形面积公式得出平行四边形面积的计算公式。虽然这样的引导确实能在视觉层面上让学生明白平行四边形面积计算公式的由来,也能在新旧数学知识点间建立连接,但是何老师显然不完全满足于这种步骤明确、预设引导"痕迹过于明显"的教学方法,而希望平行四边形面积和矩形面积的关系是通过学生在有生活意义的语境中自主探索并发现的。"问题提出"的教学方法确实在这堂课中有效地实现了这一教学目标。

　　首先,何老师创设了土地交换的问题情境,让学生针对周长相等的矩形和平行四边形交换的"公平性"这一具有现实意义的问题进行探索,而这样的自主探索自然就会上升到二者的面积比较这一数学层面。基于此,何老师给出了明确的指示语"根据这件事情,你想提出哪些数学问题?至少提出两个问题",让学生把直观的疑问上升到数学问题。

　　通过这一"问题提出"的过程,探索平行四边形和矩形的面积关系不再是教师预设主导的教学过程,而是建立在生活意义上的由学生自主探索主导的课堂互动。何老师把教材中两种图形面积关系的探讨转变成了学生"问题提出"基础上的问题解决。这样一来,原来教材中以教师为主导的图形割补活动就成为以学生主导的自主探索。这不仅能提高学生对知识的学习兴趣和理解能力,从长远看,也能提高学生用数学思维来观察世界、思考问题的核心素养。

案例12

复习课中的分类提问
——以"长方体和正方体"的复习课为例

■ 执教：浙江省杭州市萧山区长山小学　俞　波
　　评析：蔡金法

本课的教学设计基于学生已有的长方体和正方体的知识，用"问题提出"的方法来帮助学生建构抽象的数学概念和实际情境的联系，从而巩固长方体、正方体的表面积和体积的计算方法。通过组织学生对自己提出的数学问题的合理性的反思和探讨，帮助他们成为更好的问题提出者。

一、教材分析

"长方体和正方体"是人教版《数学》教材（2022年版）五年级下册第三单元的内容。教材对于小学阶段"图形与几何"领域的内容安排顺序如下：（1）一、二年级安排了观察物体和图形的运动；（2）三、四年级安排了长方形、正方形的周长和面积，四边形、平行四边形、梯形、三角形的认识和特性，以及图形的运动；（3）五、六年级安排了多边形的面积，圆的认识及其周长与面积，长方体、正方体、圆柱和圆锥的认识及其体积与容积，以及图形的运动。可见，平面图形的认识及其周长和面积的相关知识是本课的基础。但是，"长方体和正方体"也是学生立体图形学习的起始课，之前只是通过"认识图形（一）""观察物体"和"图形的运动"形成了对立体图形的初步感知。因此，本单元内容在立体图形的学习过程中发挥了基础性作用。

从整个小学阶段几何图形的学习内容来看，在"长方体和正方体"作为单元复习课时，首先，需要复习长方形和正方形等平面图形的面积与周长，这是学习立体图形计算的基础；其次，需要复习长方体和正方体的特征、表面积和体积，这是后续学习圆柱和圆锥等立体图形的基础；最后，需要学会解决多个长方体或者正方体组合的复杂问题，这是将数学与实际问题联系起来的纽带。

二、学情分析

从以往的教学经验来看，学生在长方体和正方体的复习课中表现出一种明显的特征：他们都能够一一列举出与本单元相关的知识点，在同学的帮助下列举得非常完整，而且也能很好地解决针对某一个知识点的数学问题。而一旦将多个零散的知识融合在某个立体图形中，就有很多学生不能顺利解决问题了。

究其原因，一是学生缺乏综合思考立体图形问题的全局思维，遇到问题之后往往从某一个或几个单独的平面思考，没有把问题放到整个立体图形知识体系中去综合思考和解决；二是学生对知识关联性缺乏认识，对于立体图形的相关知识更多的是单独理解和学习，尚缺乏将所有相关知识联系起来思考的能力；三是学生解决问题时会受限于自身的空间想象能力，他们所面对的很多问题是不提供实物、学具或者图示的，即使提供了图示，也无法完整地反映立体图形的所有信息。缺乏实物的问题解决训练不仅限制了学生想象的能力，还导致学生在被动的问题解决过程中无法建立各种知识点间的关联。因此，在本次复习课中，笔者尝试通过实物的辅助，以"问题提出"的方法帮助学生突破在传统的问题解决过程中的知识分散、空间想象力缺乏的局限。

三、教学设计

"问题提出"的教学方法之所以能帮助学生突破上述学习局限，至少有以下三方面的原因。

首先,"问题提出"可以改变以往呈现教学内容的方式。从教师提出问题、学生解决问题,转变为学生根据具体情境提出问题并共同分析问题,帮助学生更加全面地分析和掌握长方体和正方体的相关知识。其次,"问题提出"可以改变以往学生学习数学的思维方式。问题解决是学生遇到问题后去寻找相关知识的联系,"问题提出"是要求学生将长方体和正方体的相关知识联系起来加以思考后,再提出相应的数学问题。这样的思维模式有利于学生主动地将所学知识建立内在联系。最后,"问题提出"为学生发展空间想象能力提供了双向的思考路径。一般的问题解决教学是由学生根据他人的问题想象或画出图形以解决问题,是一个从抽象到具体的单向思维过程,而"问题提出"则是学生根据自己想象的或者他人提供的立体图形,提出、提炼并解决相应的数学问题,是一个不断从具体到抽象,再从抽象到具体的主动的双向思维过程。形象思维和抽象思维两者相辅相成、共同作用,有利于空间想象能力的全面、稳步提升。

综上所述,笔者以"问题提出""问题解决并归类""提炼数学思维"作为本课教学的三个层面,整节课围绕"问题提出"进行教学,实现大环节统领课堂。具体包括:(1)根据材料提出关于长方体和正方体的问题,独立、全面回顾单元内容;(2)分层、分类解决问题,特别是提出"动脑筋才能完成的问题",使不同层次的学生获得不同的发展;(3)在"不规则物体体积""多个物体合理包装"等问题解决后,提炼问题背后的数学思想,发展高阶思维。

四、教学过程

(一)任务1:根据材料提出问题

教师出示材料:(1)不同长度的小棒若干(4cm,6cm,20cm);(2)纸(能防水);(3)牙膏4支(无盒);(4)水。

师:请根据材料提出数学问题(要求关于"长方体和正方体"单元),可以是直接口答的,也可以是需要计算才能解决的,还可以是需要开动脑筋才能解决的。将你提出的问题填入表格中（表1）。

表1

能直接口答的问题	需要计算的问题	开动脑筋才能解决的问题
（1）	（1）	（1）
（2）	（2）	（2）
（3）	（3）	（3）

【设计意图】教师提供的这些材料中，小棒用于复习长方体和正方体的基本结构，它们的顶点、棱、面，以及这三者之间的关系。纸用于复习长方体和正方体的表面积和体积。牙膏、水用于长方体和正方体表面积与体积的拓展应用，特别是"不规则物体体积""多个物体合理包装"等问题的思考与应用。活动中，先让学生想一想，这有利于提升教学的开放度，拓展学生的思考空间，并在这个过程中慢慢培养学生独特的数学思考方式，也有利于后续提出问题更加顺畅。问题分成难易程度不同的三类，既使得不同层次的学生都能提出问题，也便于教师掌握全体学生的学习起点和学习目标。当然，三类问题也是分别朝着不同的教学目标设计的："能直接口答的问题"是为了复习长方体和正方体的基础知识，"需要计算的问题"是为了复习长方体和正方体的表面积和体积，"开动脑筋才能解决的问题"则是为了复习长方体和正方体相关知识的应用与拓展。

（二）任务2：提炼问题，分类解决

1.交流"能直接口答的问题"。

随机选择两名学生口述"能直接口答的问题"（表2），其余学生直接口答，教师根据学生口答板书相关知识点（顶点、棱、面，以及各部分之间的关系，长方体与正方体的异同点等）。

师：口答了这些问题之后，我们复习了哪些知识点？你还有什么补充？

表2

顶点、棱、面的构成	棱长、面积的计算
（1）正方体有几条棱？几个顶点？几个面？ （2）长方体的小棒可以分为哪几组？ （3）分别有长为4cm，6cm，20cm的小棒各4根，请问最多能搭出几个正方体和几个长方体？ （4）用4cm，6cm，20cm长的小棒做成的长方体，长、宽、高是固定值吗？	（1）用4cm小棒做出的正方体的棱长总和是多少？ （2）用20cm，6cm，4cm长的小棒，做的长方体的棱长的和是多少？ （3）用若干根4cm的小棒围成一个正方体，它的总面积是多少？

【设计意图】全面复习长方体和正方体的基本知识点，用"问题提出"的方式开展复习，其优势在于学生不仅理解了这些知识，还能够根据特定的情境用这些知识来提出自己的问题。值得注意的是，传统的问题解决是让学生简单地运用知识去解决他人提出的问题，学生几乎不会考虑问题的合理性。而"问题提出"则要求学生不仅需要运用已有的知识，而且更要通过对问题情境中数量关系的思考提出自己的问题，并进一步思考问题的合理性。对问题和情境的思考过程不仅让学生对问题有了更加积极主动的审视，而且更容易让学生活学活用所学知识。今后不管相关知识在怎样的情境"包装"下出现，学生都能够抽丝剥茧地把握问题的本质。

2.笔算"需要计算的问题"。

教师选择两名学生展示"需要计算的问题"（表3），请大家观察这些问题分别要计算什么内容。根据学生回答，教师板书（长方体和正方体的表面积、体积等），并选择大家提出的其中1—2个问题进行解决。

表3

表面积计算	体积计算	表面积和体积都要算	比较体积大小、计算容积
（1）一个长方体长6cm，宽20cm，高4cm，如果从中间将它截成两段，请问它的表面积有什么变化？ （2）长6cm，宽4cm，高20cm的长方体，全部围上防水纸，请问需要多少面积的纸？	（1）用12根长为4cm的小棒做的正方体的体积是多少？ （2）边长是4cm的正方体的体积是多少？ （3）一个高6cm，宽4cm，长20cm的长方体的体积是多少？	（1）用4cm，6cm，20cm长的小棒做的长方体的表面积和体积分别是多少？ （2）用6cm长的小棒做的正方体的表面积和体积是多少？	（1）用6cm长的小棒搭建的正方体体积大，还是用宽4cm，高4cm，长6cm的小棒所搭建的长方体的体积大？ （2）一个棱长为20cm的正方体，可以容纳10L的水吗？ （3）如果用若干根20cm的小棒围成一个正方体，再把它的其中五面粘上防水纸，往里面倒这个正方体$\frac{1}{4}$容积的水，水的体积是多少？ （4）一个长方体铁箱从里面量长是6cm，宽是4cm，高是20cm，水深4cm，往里面装每个体积为20cm³的铁块，这个铁箱能装多少个这样的铁块（水没有溢出）？ （5）往一个4×4×4（单位：cm）的正方体里面挤1支50ml的牙膏（全部挤进），还有多少空间？

【设计意图】学生展示自己的问题，并与同学提出的问题进行对比，从而更加深入地了解关于长方体和正方体的表面积和体积的问题也是有不同类别的：有的是知道棱长计算体积或表面积，有的是知道体积或表面积求棱长，甚至还有的需要通过各种计算后获得棱长再求体积或表面积，等等。通过解决同学提出的数学问题，巩固长方体和正方体表面积和体积的计算方法。这个解决问题的过程，同样是对照自己提出的问题是否合理、是否可以再改进、是否能让自己提出的问题更有价值的过程。在这个过程中，学生比较自主地实现了对知识的个体建构和社会建构。

3.思考"开动脑筋才能解决的问题"。

请学生思考"动动脑筋才能解决的问题"是怎么样的（表4），说一说这样的问题一般会提供怎样的信息，以及如何求解。根据学生回答，教师板书（合并包装的问题、长方体与正方体拼接的问题、不规则物体的问题等），并选择其中一个问题进行解决。

师：看看自己提出的问题属于哪一种（展示或补充不同种类的问题）？

表4

比较表面积、体积的大小	组合体的表面积、体积	容积计算
（1）边长是6cm的正方体与宽4cm，高6cm，长6cm的长方体，哪个表面积大？ （2）边长分别为4cm，6cm，20cm的三个正方体的体积之和是多少？	（1）如果在一个长6cm，宽20cm，高4cm的长方体上放一个边长4cm的正方体，那么这个组合体的总面积是多少？ （2）一个长方体，原来长20cm，每一次沿着长边锯掉4cm，截掉4段以后剩下一个正方体，请问这个长方体原来的体积是多少？ （3）在长20cm，宽6cm，高4cm的一个长方体的角上切去一个长为4cm的正方体，求剩余部分的表面积和体积。 （4）长、宽、高分别是4cm，6cm，20cm的4个牙膏盒如何包装更节省材料？	（1）长6cm，宽20cm，高4cm的长方体，上面开口，加入2cm深的水，放入一支牙膏，结果水刚好上升到4cm高，请问牙膏体积是多少？ （2）往6×6×6（单位：cm）的正方体里面灌注180ml的水，水位多高？ （3）有一个货箱体积为4×6×20（单位：m），最多能装下多少个边长为4m的小正方体？

【设计意图】对于要"开动脑筋才能做"的题目是什么样的，不同层次的学生会有不同的理解。通过这个环节，教师可以很好地了解这些学生的学习基础和学习能力。同时，这样的交流和思考过程不仅给了基础薄弱的学生进一步发展的机会，更为基础较好的学生提升数学学习能力创造了可能。先思考什么样的问题需要"开动脑筋才能做"，然后再让学生展示自己的问题，这样可以让学生站在更高的层面思考问题，避免陷入解决问题的忙碌中，而是行走在题目之外、问题之上的能力培养之路上。有了之前的思考，再对照自己提出的问题，能够让后面的问题解决具有更大的价值。学生不仅仅会关注题目的难易或者能否解答，更会分析清楚题目背后的数学思想。

（三）任务3：全面回顾问题

请学生从自己编的三类问题中，每类各挑选两个问题，组成一份可以考查同学学习水平的小练习，并在每个问题后面写上选择它的理由。

【设计意图】通过全方位回顾三类问题，让学生从统一的角度思考不同难度的问题。这份练习既可以帮助教师分析评估学生学习水平，以便及时调整后续教学，同时也能帮助学生在选题过程中学会思考并评估自己的学习程度和思考方式。让学生写出选择的原因不仅可以帮助教师更深入地了解学生的思维水平，也可以提高学生对数学思维的自我觉察能力。

五、教学反思

本课让学生根据具体的情境提出问题后展开教学，其最大的特点是学生转变了角色。以前是学生解决教师提出的问题，学生是接受知识检测的对象，而现在学生是掌控知识、运用知识的主体。即使是一些数学水平较弱的学生也有机会提出有价值的问题，并能学习提出更为复杂合理的数学问题。

研究型课堂不仅需要具备典型性，更需要具备可操作性。本课对于复习课如何开展"问题提出"教学是具有典型性的，学生根据教师给出的具体情境提出问题，然后围绕这些问题深入复习。本课对于"图形与几何"的"问题提出"教学是具有可操作性的，学生有机会将自己对图形的了解用具体的问题展示出来，然后站在一定的高度去全方位地分析和研究图形，整体把握所学内容。

评析

  复习课最重要的是强化知识链，形成知识结构，促进思维发展，而不是单纯的大量练习。俞老师的这节课以"问题提出"的方式，凸显了复习课的功能和价值。课例中，俞老师巧妙地运用了分类提问的方式，带领学生经历提出问题、提炼问题和解决问题的过程，并在问题提出和解决的过程中实现了对长方体和正方体知识点的回溯和综合应用，活动目的清晰，深度合理。

  任务1是一个"问题提出"任务。为了实现不同知识点的深度复习，俞老师采用了一种结构化的提问方式，要求学生根据材料提出"能直接口答的问题"、"需要计算的问题"和"开动脑筋才能解决的问题"。提问类型的划分增强了"问题提出"任务的指向性，既促进学生尝试自主、全面地回顾单元内容，也为任务2开始的结构化复习做了较为流畅的衔接。任务1的情境比较开放，通过小棒、纸、牙膏、水等生活物品使数学中的立体图形具象化，并且明确了学习目的。在任务1的基础上，俞老师带领学生结合复习要点对学生提出的问题进行了筛选和解决，通过任务2的分层、分类，实现对知识的深度理解。在"不规则物体体积""多个物体合理包装"等问题解决后，提炼问题背后的数学思想，使不同层次的学生获得不同的发展。任务3让学生根据提出的问题进一步巩固训练。在整个过程中，通过不断地对他人提出的数学问题和自己提出的数学问题进行评估与反思，有效地实现了个体建构和社会建构的良性互动。

  从这个案例中可以看出，"问题提出"的教学方式有利于学生在复习课中强化知识点的关联性。教师在实践这种教学方式的过程中，明确"问题提出"任务的目的是首要的，一个好的"问题提出"任务可以把整堂课串联起来，在问题提出和问题解决的良性循环中，实现数学知识学习的螺旋上升。

案例13

借助"问题提出"，突破原有认知
——以"圆的周长"的教学为例

■ 执教：浙江省杭州市萧山区新街第四小学　来铭杰　陈柏钢
　　评析：王　涛

小学六年级的学生已经学会直线图形的周长计算方法。直线图形的周长计算主要有两种解决思路：一是根据周长的概念，即封闭图形一周的长度，测量并计算出图形的周长；二是根据图形的特征，结合周长公式计算，如"正方形的周长＝边长×4"就是根据正方形的特征，只要测量出边长即可计算周长，可以减少测量次数。但由于圆是由一条曲线所围成的封闭图形，无法直接用直尺测量，在教学过程中，大多数教师通过"化曲为直"的方法进行教学，只重视圆周长的测量，而忽视了"圆出于方"的辨析。学生虽然有了动手实践的机会，但是无法将圆和三年级学习的正方形、长方形联系起来，导致所学周长的知识点比较零散，不能进行知识间的串联。查阅数学文献，笔者发现《周髀算经》中概括了圆与方的关系，它有两种解释：一种是以正方形的对角线中点为圆心，旋转后可以得到圆（图1）；另一种是不断地切去正方形的角后，转化成边数更多的正多边形，当边数越来越多时，就越来越接近圆（图2）。这两种解释都说明了正多边形与圆之间存在着某种必然联系，而通过"问题提出"，可以启发学生思考，有助于学生的概念性理解。

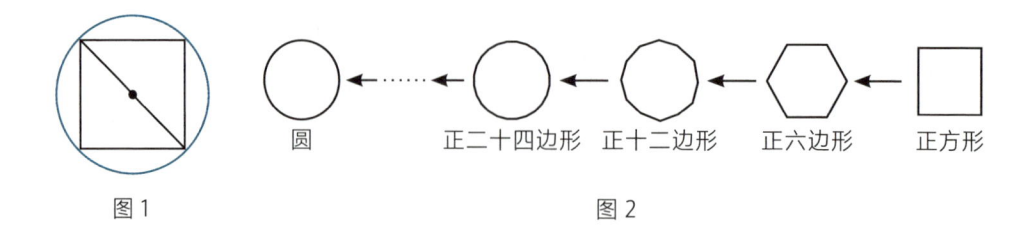

图1　　　　　　　　　　　　　图2
圆　正二十四边形　正十二边形　正六边形　正方形

一、教材分析

"圆的周长"一课的重点是理解圆周长的意义及圆周长计算公式的推导，难点是理解并掌握圆的周长公式及圆周率。圆周率这个概念较为抽象，学生不易理解，因此，本节课应着力培养学生的探究意识和探究能力，让学生经历动手操作、提出问题、自主发现知识形成的过程，发现"圆的周长总是直径的三倍多一点"。

笔者翻阅了人教版、苏教版、北师大版三套《数学》教材，发现各套教材都在"圆"这一单元编排了"圆的认识""圆的周长""圆的面积"这几节内容。（图3）其中"圆的周长"是学生在学习"圆的认识"后的进一步深化，为探究曲线图形的基本方法打下了基础，也为今后学习"圆的面积"以及圆柱、圆锥等知识做好了铺垫。

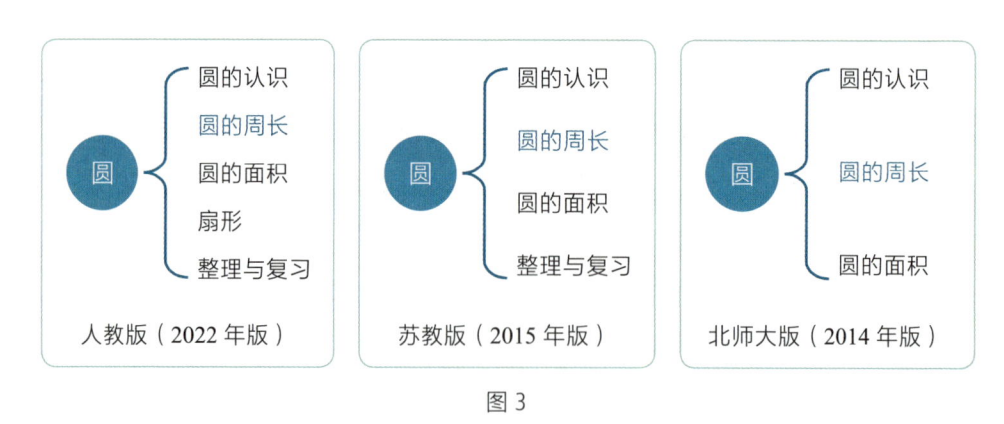

人教版（2022年版）：圆的认识、圆的周长、圆的面积、扇形、整理与复习

苏教版（2015年版）：圆的认识、圆的周长、圆的面积、整理与复习

北师大版（2014年版）：圆的认识、圆的周长、圆的面积

图3

人教版和北师大版《数学》教材都将"圆的周长"安排在六年级上册，苏教版则安排在五年级下册。不同版本的教材编排的内容虽然不同，但是对"圆的

周长"的引入都是在具体情境中感受圆的周长和它的直径的关系，以"化曲为直"引入圆的周长进行教学。笔者对人教版、苏教版、北师大版《数学》教材"圆的周长"这一单元的结构设置进行了统计与整理。（表1）

表1

版本	年级	所在单元及其名称	教学内容相同点	教学内容不同点
人教版（2022年版）	六年级上册	第五单元 圆的周长	用线绕圆形物体一圈，测量线的长度或圆形物体在直尺上滚一圈量出长度，即用绳测法和滚动法测量圆的周长	用铁皮分别在圆桌和菜板边缘箍上一圈，测量铁皮的长度
苏教版（2015年版）	五年级下册	第十单元 圆的周长		通过三种不同规格车轮各滚一圈的路程不同，发现圆的周长和它的直径有关
北师大版（2014年版）	六年级上册	第一单元 圆的周长		两种不同规格的车轮，轮子越大滚一圈就越远，发现圆的周长和它的直径有关

笔者发现，以上三个版本的教材虽然都试图让学生感受到圆的周长与直径有关，并学会用绳测法和滚动法测量出圆的周长，但由于圆周率较为抽象，大部分学生对其理解不够深刻。那么，如何帮助学生更好地在课堂中探索圆周率呢？考虑到"圆出于方"，笔者尝试将圆和正多边形之间建构联系，从而更直观地推导出圆周率。

二、学情分析

圆的周长是在学生理解了周长的概念，学会了长方形、正方形周长的计算方法，并初步认识圆的基础上进行教学的，它是学生接触曲线图形算法的开始。由于无法直接用直尺测量，其算法相较于直线图形周长的算法有很大不同。鉴于各套教材对"圆的周长"的引入分析各不相同，笔者认为有必要对学生的认知水平进行课前调查，以便把握学生对圆的周长的学习起点。

（一）调查内容

1.测量下面各图形在计算周长时所需的数据，并标在图上，然后分别求出它们的周长。（图4）

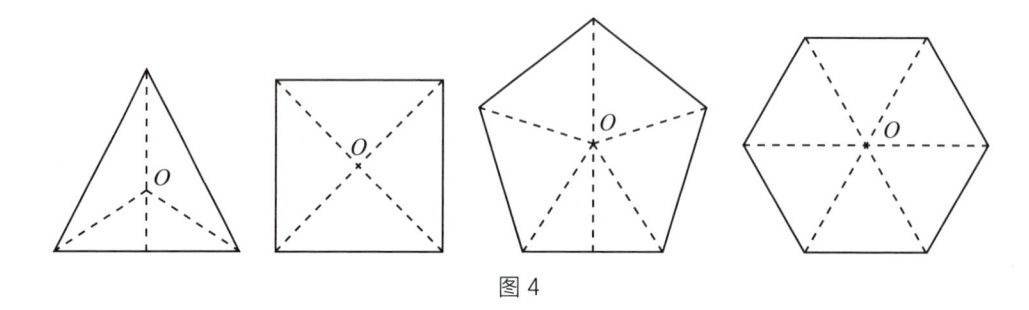

图4

【设计意图】学生通过实际测量每个图形的边长，分别求出它们的周长，以此更直观地感受周长的变化规律。

2.如果是正一百边形，你会由它想到什么图形？圆可以想象成什么图形？

【设计意图】学生通过观察、想象，借助正多边形的引入，发现正一百边形无限接近于圆，圆也可以想象成正无数边形，让学生初步体会到"圆出于方"。

3.上面的图形（图4），什么不变，什么在发生变化？

【设计意图】学生通过数据对比，发现"半径"（正多边形中心到顶点的距离）不变，边长和周长在发生改变。

4.你在计算哪一个或几个图形的周长时有困难，有什么困难？

【设计意图】调查学生在探索中遇到的难点，为后面的教学设计做好铺垫。

（二）调查方法

笔者选择了一所城郊学校，以人教版《数学》教材为例，在教学"圆的认识"之前随机抽取一个班进行调查,由学生独立完成。

(三)调查结果(表2)

表2

题目	答对		答错或者不答	
	人数/人	百分比	人数/人	百分比
第1题	12	33.3%	24	66.7%
第2题	27	75%	9	25%
第3题	10	27.8%	26	72.2%
第4题	11	30.6%	25	69.4%

(四)调查结果分析

1.整体答题情况。

六年级学生对直线图形的周长已经有充分的认识,并且能在给定边长和边数的情况下计算出正多边形的周长。从整体答题情况看,学生会借助直尺测量并计算正多边形的周长,但在计算边数较多的正多边形的周长时容易出错。

2.每题回答情况。(图5)

第1题,大部分学生主要是在解决正五边形和正六边形时出现测量或者计算错误,说明学生的计算能力需要加强。

第2题,正确率较高,大部分学生都能答出无限接近于圆,但对于可以把圆想象成哪个图形,少数学生答不出,无法将圆与正多边形建立联系。

第3题对学生的挑战性较强,大部分学生找不出变量与定量。

第4题是一道开放性题目,没有标准答案,但是很多学生没有做,说明学生在解决数学问题时已经习惯了要有标准答案。

学生解答情况样例如图5所示。

> 1. 测量并计算下面每个图形周长所需的数据，并标在图上，然后分别求出它们的周长。
>
> （图形：正三角形边长3.5cm；正方形边长2.8cm；正五边形边长2.3cm；正六边形边长2cm）
>
> 周长：3.5×3=10.5(cm)　　2.8×4=11.2(cm)　　2.3×5=11.5(cm)　　2×6=12(cm)
>
> 2. 如果是正一百边形，你会由它想到什么图形？圆可以想象成什么图形？
>
> 如果是正100边形，我会想到接近圆。
> 圆可以想象成正无数边形，正多边形边数越多越接近圆。
>
> 3. 上面的图形，什么不变，什么在发生变化？
>
> 各个顶点到O点的距离不变，顶点数、边长、周长在发生变化。
>
> 4. 在计算哪一个或几个图形的周长时有困难，有什么困难？
>
> 用直尺测量正五边形的边长在2.3~2.4cm之间，无法精确测量。如果正多边形边数较多，计算会比较复杂。

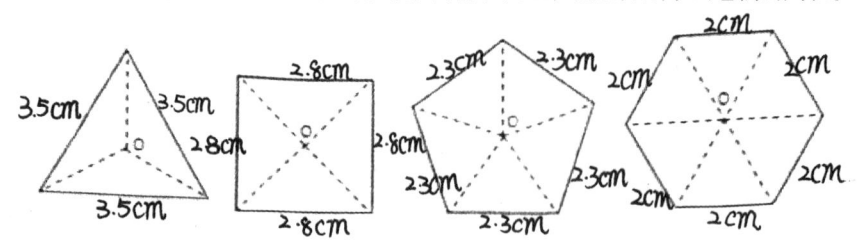

图 5

　　从调查数据可以看出，六年级学生已经会测量与计算直线图形的周长，并且对圆的特征有一定了解。虽然圆是曲线图形，正多边形是直线图形，两者有着本质的区别，但是通过类比与极限的思维方式，发现两者有着十分重要的联系，也正是这种联系的建立为研究圆周率与圆周长公式奠定了思想基础。

三、教学设计

考虑到"圆出于方",如果从学生已有知识基础"长方形和正方形"的话题引入,就能够同时将新旧知识完整地结合起来,有利于建构数学知识体系。笔者认为,在"正多边形的周长"与"圆的周长"之间建立联系,是探究圆周率的一个重要路径。在"圆的认识"一节课中,学生已经感受到,当正多边形的边数不断增加时,正多边形就越来越接近于圆,即它的形状、周长与面积均越来越接近于圆。因此,笔者设计让学生先通过测量、计算三个正多边形的对角线、周长,再提出数学问题,在分析、解决问题的过程中引导学生通过获得的数据进一步探究,发现偶数边正多边形的周长与对角线的变化规律,从而推导出圆的周长与直径的变化规律,进而总结出圆的周长计算公式,并加以运用。

从学生的角度出发,笔者首先希望培养他们的动手操作能力,借助直尺测量并计算出正多边形的边长和周长;其次,在学习活动中培养学生的观察和想象能力,在"直径"相等时边长变短,周长变长,无限接近于圆;最后,对圆的周长和什么图形有关进行猜想,进而得到验证,最后得出结论。

从教师的角度来看,首先通过记录、反思、归纳、整理学生的前测作业,提高课前预设能力;其次,通过研读资料,形成一套可操作的教学计划,准备制作一些关于正多边形和圆的教具、学具,帮助学生更好地理解"圆出于方";最后,借助数学教具,把抽象的圆的周长变为学生易于理解的正多边形的周长,从而提升课堂有效性。

四、教学过程

(一)任务1:出示图形,提出问题

教师出示课前制作的教具(图6),让学生说一说这些图形的名称,再把这三个教具合并到一起(图7),让学生提出关于图形长度的数学问题。

图6　　　　　　　　　　　　　　　图7

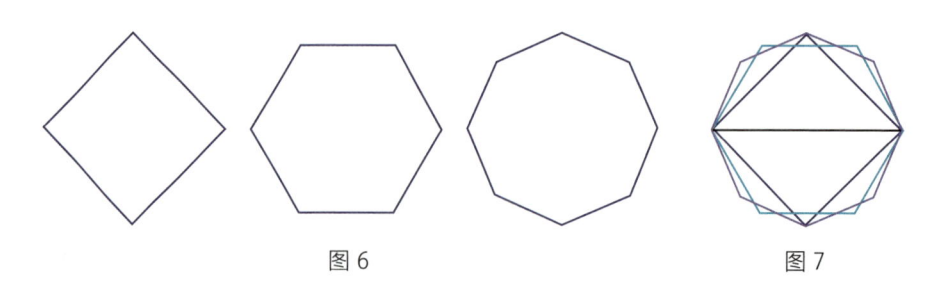

学生提出了很多问题，有数学问题，也有非数学问题。笔者选取了下面三个与本节课教学目标密切相关的问题进行教学。

生1：三个正多边形的对角线是否相等？

生2：三个正多边形的边长是否相等？

生3：三个正多边形的周长是否相等？

（二）任务2：借助数据，解决简单问题

顺应学生的思维，教师请学生测量自己练习纸上的三个图形的边长，并计算其周长。为了丰富数据，同一张练习纸上的三个图形的对角线一样长，根据对角线的长度又将全班学生的练习纸分成了三组，分别是2厘米组、4厘米组和5厘米组。（图8）

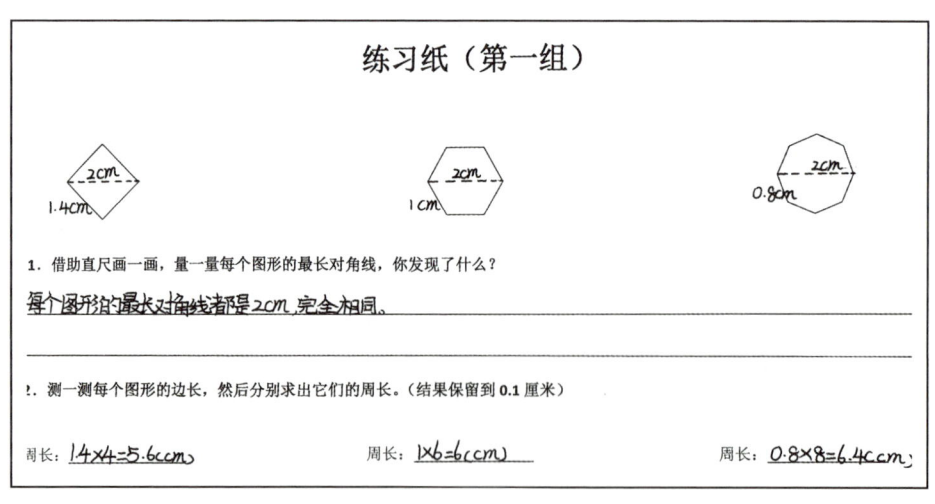

练习纸（第一组）

1. 借助直尺画一画，量一量每个图形的最长对角线，你发现了什么？
每个图形的最长对角线都是2cm，完全相同。

2. 测一测每个图形的边长，然后分别求出它们的周长。（结果保留到0.1厘米）

周长：1.4×4=5.6cm　　　周长：1×6=6cm　　　周长：0.8×8=6.4cm

图8

师：请同学们分别测量出三个图形的对角线与边长，然后我们一起核对。
学生测量后报出得数，师生一起核对、点评。（表3）

表3

图形		◇	⬡	⬯
第一组	对角线/厘米	2	2	2
	边长/厘米	1.4	1	0.8
第二组	对角线/厘米	4	4	4
	边长/厘米	2.8	2	1.5
第三组	对角线/厘米	5	5	5
	边长/厘米	3.5	2.5	1.9

师：观察上面的数据，可以解决前面的哪几个问题了？

生1：第1个问题，每组正多边形的对角线都是相等的。

生2：第2个问题，三个正多边形的边长不相等，而且边长随边数的增加而变短。

生3：第3个问题，正多边形的周长不相等。我发现，正多边形随着边数增加，边长变短，周长变长。

【设计意图】借助直尺测量，学生通过观察发现，当对角线长度为2厘米时，随着正多边形边数的不断增加，其边长不断变短。当对角线为4厘米和5厘米时也一样。通过观察推理，得到猜想：当最长对角线相同时，随着正多边形边数的不断增加，边长不断变短。

（三）任务3：借助工具，质疑猜想

师：有同学认为正多边形随着边数增加，边长变短，周长变长。你们同意吗？

生1：我不同意，正多边形的周长有时候是相等的，如对角线是4厘米时，正六边形和正八边形的周长都是12厘米。

师：当对角线为4厘米时，正六边形和正八边形的周长都是12厘米，与之前的猜想相矛盾，这是为什么？我们来看看结果（表4）。

表4

图形		正方形	正六边形	正八边形
第一组	对角线/厘米	2	2	2
	周长/厘米	1.4×4＝5.6	1×6＝6	0.8×8＝6.4
第二组	对角线/厘米	4	4	4
	周长/厘米	2.8×4＝11.2	2×6＝12	1.5×8＝12
第三组	对角线/厘米	5	5	5
	周长/厘米	3.5×4＝14	2.5×6＝15	1.9×8＝15.2

【设计意图】根据正多边形的周长公式周长＝边长×边数，可以分别求出对角线长度为2厘米、5厘米时正多边形的周长。通过观察推理，得到猜想：当最长对角线相同时，随着正多边形边数的增加，周长变长。但是当对角线长度为4厘米时，周长不再随着正多边形边数的增加而变长，验证猜想不一致，产生认知冲突。

师：同学们用直尺测量，不可避免地产生了一定的误差。我们用几何绘图软件可以精确地测量正多边形的边长。（用几何绘图软件演示测量后，出示图9）

```
                              A'
                             ╱╲
    AA'=2.8284……厘米  A ┄┄┄┤  ├┄┄┄ AA'·4=11.3137……厘米
                             ╲╱
                              B'
                           ╱─┴─╲
    BB'=2.0000……厘米   B ┄┤     ├┄ BB'·6=12.0000……厘米
                           ╲─┬─╱
                              C'
                          ╱───╲
    CC'=1.5307……厘米  C ┄┤       ├┄ CC'·8=12.2459……厘米
                          ╲───╱
```

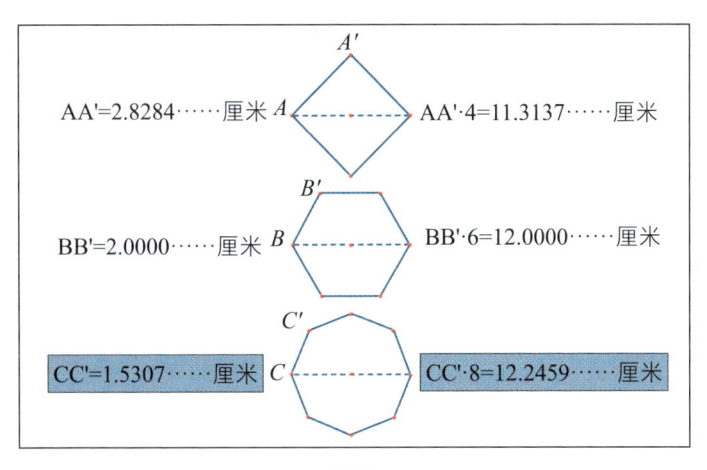

图 9

师：观察数据，你发现了什么？

生1：正六边形的周长正好是12厘米，而正八边形的周长比12厘米多一点。

生2：正八边形的边长也不是1.5厘米，而是1.53厘米多一点。

师：是的，由于直尺的测量精度仅能精确到毫米（0.1厘米），无法准确地测出相关的数据，造成了误差。

【设计意图】很显然，正确的结论应该是在对角线相等的情况下，边数越多，正多边形的周长越长。但是为什么对角线是4厘米的正六边形与正八边形的周长是相等的呢？如何利用这一组测量结果引导学生深入思考？笔者让学生用几何绘图软件重新测量这两个图形的边长，学生发现正六边形的边长正好是 2 厘米，但是正八边形的边长实际上比 1.5 厘米要多一点。由于用直尺测量不精确，产生了误差。

（四）任务4：借助工具，再次验证

师：是不是正如刚才那名同学的猜想，正多边形随着边数增加，边长一定变短，周长一定变长呢？

生：我们可以像刚才那样借助几何绘图软件来继续验证。

出示一个正十二边形，用几何绘图软件自动测量演示，引导学生观察数据（图10—图12）。学生发现，当这几个图形的对角线相等时，随着边数的增加，边长减小，而周长增大。

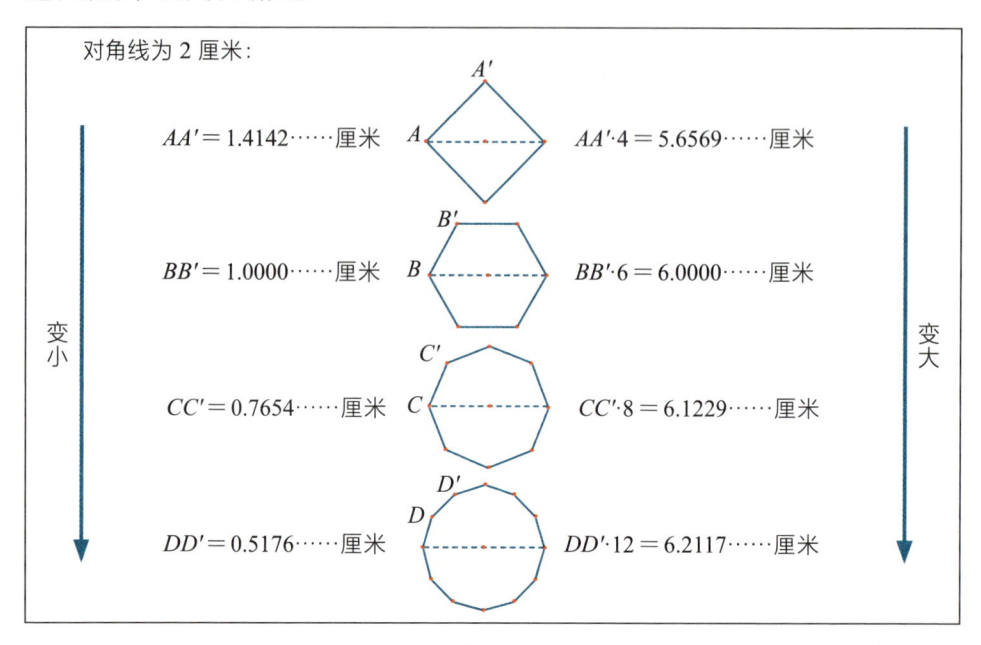

对角线为2厘米：

$AA' = 1.4142\cdots\cdots$厘米　　　$AA'\cdot 4 = 5.6569\cdots\cdots$厘米

$BB' = 1.0000\cdots\cdots$厘米　　　$BB'\cdot 6 = 6.0000\cdots\cdots$厘米

$CC' = 0.7654\cdots\cdots$厘米　　　$CC'\cdot 8 = 6.1229\cdots\cdots$厘米

$DD' = 0.5176\cdots\cdots$厘米　　　$DD'\cdot 12 = 6.2117\cdots\cdots$厘米

变小　　　　　　　　　　　　　　　　　　　变大

图10

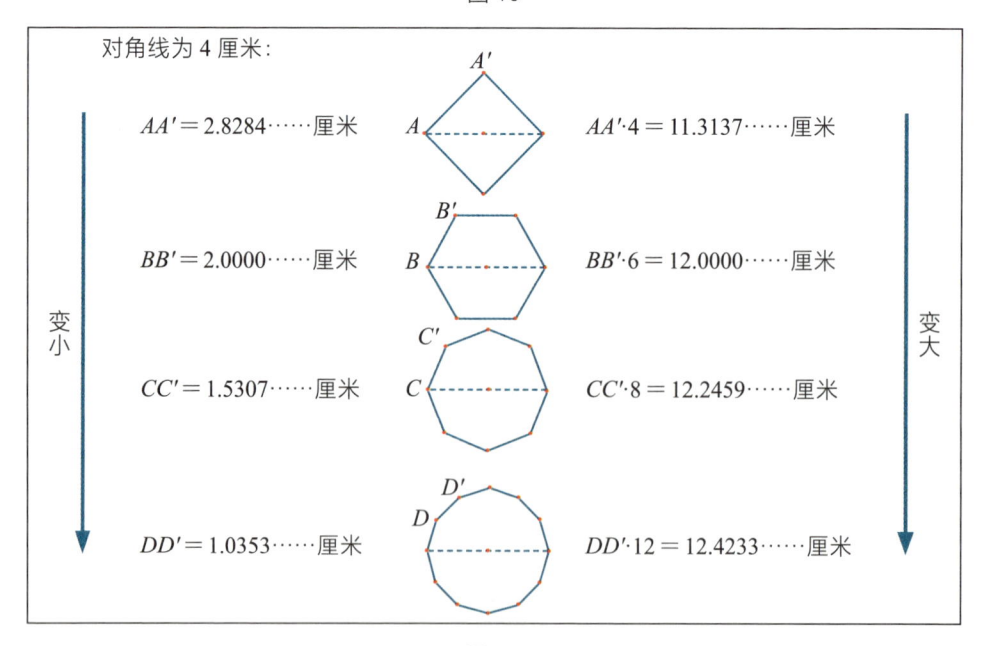

对角线为4厘米：

$AA' = 2.8284\cdots\cdots$厘米　　　$AA'\cdot 4 = 11.3137\cdots\cdots$厘米

$BB' = 2.0000\cdots\cdots$厘米　　　$BB'\cdot 6 = 12.0000\cdots\cdots$厘米

$CC' = 1.5307\cdots\cdots$厘米　　　$CC'\cdot 8 = 12.2459\cdots\cdots$厘米

$DD' = 1.0353\cdots\cdots$厘米　　　$DD'\cdot 12 = 12.4233\cdots\cdots$厘米

变小　　　　　　　　　　　　　　　　　　　变大

图11

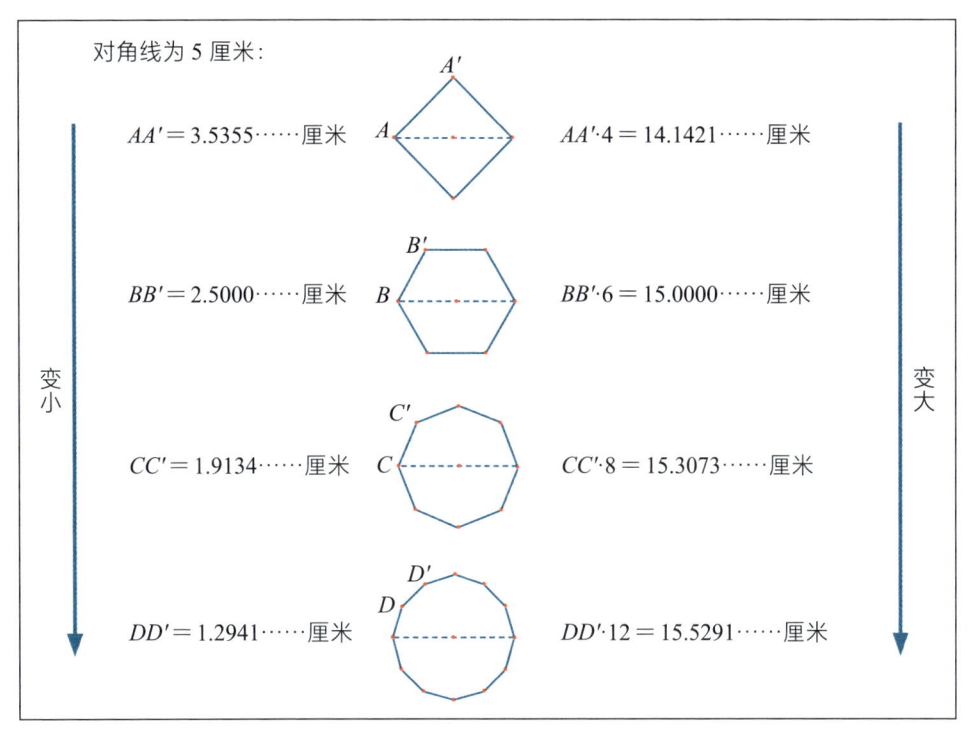

```
对角线为 5 厘米：
                    A'
AA' = 3.5355……厘米  A ◇   AA'·4 = 14.1421……厘米

                    B'
BB' = 2.5000……厘米  B ⬡   BB'·6 = 15.0000……厘米

                    C'
CC' = 1.9134……厘米  C ⯁   CC'·8 = 15.3073……厘米

                    D'
DD' = 1.2941……厘米  D ⬤   DD'·12 = 15.5291……厘米
```

变小 → 变大

图 12

【设计意图】在教师演示的基础上，学生观察边长、边数与周长的关系，形成假设：对角线相等的情况下，正多边形的边数越多，边长越短，周长越长。教师用几何绘图软件演示正十二边形的周长数据，借助数据让学生更直观地理解，验证假设成立。

（五）任务 5：分析与想象，获得结论

师：想一想，如果正多边形的边一直增加下去，这个图形会变成什么？（图 13）

生：圆。

师：当图形变成圆时，还能再变下去吗？

生：不能了。

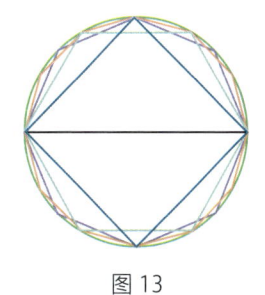

图 13

师：根据这个图形，你能提出哪些数学问题？

生1：圆的周长到底和什么有关？

生2：圆的周长和前面几个正多边形的周长相比，哪个更大？

生3：用它们的周长除以这条直径，会有什么规律？

生4：圆的周长怎么计算？

师：谁能解决上面的问题？

生4：我感觉圆的周长应该与它的直径有关，因为刚才从正四边形开始逐渐变成圆的过程中，直径一直是不变的。

师：真了不起！（指着图13中的直径）这条不变的对角线在圆中变成了直径。既然正多边形的周长和对角线有关，那么圆的周长就和直径有关。

生5：圆的周长最长，因为圆可以看作边数无限多的正多边形。

师：是的。当正多边形的边数不断增加时，原来一条条直的线段变成了一条完整、封闭的曲线，原来有棱角的多边形变成了光滑的圆。

生6：用圆的周长除以这条直径，得到的比值就是圆周率 π，这个值是不变的，我从课外书上看到过。

师：你真是个爱学习的孩子，课外知识这么丰富。到底是不是这样呢？下面再来看一组数据（表5）。横向对比，同一个图形虽然对角线不同，但是它的周长与"直径"的比值是一个固定值。纵向比较，在对角线相同的情况下，随着正多边形边数不断增加，它们的周长和直径的比值越来越趋向于3.14。数学家们早已发现，任意一个圆的周长与它的直径的比值是一个固定的数，我们把它叫作圆周率，用字母 π 表示，它是一个无限不循环小数，π = 3.1415926535……

表5

对角线	2厘米	4厘米	5厘米
	5.65685……÷ 2 = 2.8284……	11.31371……÷ 4 = 2.8284……	14.14214……÷ 5 = 2.8284……

续表

对角线	2厘米	4厘米	5厘米
B' B (六边形)	$6 \div 2 = 3$	$12 \div 4 = 3$	$15 \div 5 = 3$
C' C (八边形)	$6.12293\cdots \div 2$ $= 3.0614\cdots$	$12.24587\cdots \div 4$ $= 3.0614\cdots$	$15.30734\cdots \div 5$ $= 3.0614\cdots$
D' D (十二边形)	$6321166\cdots \div 2$ $= 3.1058\cdots$	$12.42331\cdots \div 4$ $= 3.1058\cdots$	$15.52914\cdots \div 5$ $= 3.1058\cdots$
(圆)	……	……	……

生7：哦，我知道了，圆周长＝直径×π。

师：是的，因为圆的周长和直径的比值为π，直径为d，周长公式可以表示为$C = \pi d = 2\pi r$。

【设计意图】在边数最少的三个偶数边的正多边形的测量过程中，形成初步猜想，发现用手工测量会产生误差，由此引出用几何绘图软件展示数据、验证猜想，再结合推理与想象，发现当"正多边形"变成圆时，对角线变成直径，这时，它的周长最长。这为进一步探究正多边形的周长与相应的对角线之间的倍数关系做好了铺垫。

五、教学反思

圆是学生在义务教育阶段接触的重要曲线图形，为了帮助学生理解与圆的周长有关的知识，联系之前学过的内容，教师从正多边形的周长引入，让学生通过自主探究、合作交流，感受从正多边形到圆的变化过程中其边长和周长的变化情况。同时借助画图、测量、猜想，理解圆周长的推理过程。最后运用数学软件，帮助学生建立正确的几何数据观念。

这节课以合作学习为基本形式，借助"问题提出"来教学。从学生反馈看，教学效果良好。整节课学生一直处于主动学习的状态，"学会提问""因问而学""问学交融"的理念得到了较好的体现。正如一名学生的课后感言，学习就是你带着很多的问题开启思考，然后尝试去解决它们，接着又产生了许多新的问题，再去解决，如此反复的过程。教师做研究又何尝不是这样？

　　这样的课堂对教师而言也是一种挑战。学生提出的问题形形色色，难度、层次不一。怎样处理这些问题，既考验教师的基本功，又考验教学智慧。利用真实的情境、真正的体验促使学生产生真问题；抓住契机，自然追问，引发学生对重难点的讨论，乃至辩论。如此，学生才能深度参与课堂。教师在课堂上的一切决定都应该是为了利于学生的学习，利于知识的获取、能力的提高和情感的发展。教者若有心，学者必得益。这节课也让笔者更加坚信小组合作学习的优势和"问题提出"教学的价值。

评析

　　"圆的周长"这节课的教学难点在于帮助学生认识 π 这个特殊的数及其在计算圆周长中的作用。现有的教材基本上都是安排教师直接测量不同圆的直径和周长，然后计算二者的比例。虽然这一过程也能帮助学生直观地看到 π 的数值来源，但是需要注意到周长和直径这种隐性的比例关系对学生来说有认知上的挑战性。这样的建构过程相对比较孤立，与学生已知的平面图形（如三角形、矩形等）的周长计算无法建立联系。来老师和陈老师的这堂课把知识链接往前延伸，依据古籍，不仅让学生看到了"圆出于方"的直观过程，还用"问题提出"来引导学生主动提出问题，让学生根据已有的几何图形的周长计算能力自主探索直径和周长的关系。这样的教学设计不仅使得知识间的关联更加紧密、完整，也在知识的探索过程中实现了更多学生的自主参与。

　　然而，要有效地用"问题提出"来实现这一节课的教学目标并非易事。

　　首先，在设计问题情境时，教师必须了解学生对目标教学内容的现有知识和关注点。在准备本课时,来老师和陈老师专门在另一个相似的班级里进行了调查,发现大部分学生都能直观地看到渐变的正多边形和圆的关系,而且部分学生已经开始关注到在中心点到顶点距离不变的前提下,正多边形边数改变时周长会发生变化。

在此基础上,来老师和陈老师设计了对角线相等的正方形、正六边形、正八边形作为问题情境,要求学生提出"关于图形长度的数学问题"。由于目标知识本身(周长和直径的关系)是比较抽象的、隐性的,为了让学生关注相应的知识点,来老师和陈老师的"问题提出"引导语特别明确了"关于图形长度的数学问题"。这可以避免学生过分关注与目标知识无直接关系的图形数学特征(例如角度、面积等),而将关注点集中于边长、对角线和周长上。这为学生提出有教学价值的数学问题打下了基础。

当学生提出三个与目标内容相关的数学问题后,教师先让学生用测量的方法完成问题解决,并在此基础上加入了正十二边形,让学生动态地思考并探索边数增加时图形各种长度之间的数量关系。此后,教师用和前面相似的问题情境,再次请学生进行"问题提出"。有意思的是,这次学生提出的问题更加聚焦于周长和对角线之间的关系,最终在探索中渐渐发现隐藏的比值 π。

在本节课中,课前调查为创设有效的问题情境提供了保障,合理的指示语让"问题提出"更有针对性,第一次"问题提出"后的问题解决又为第二次"问题提出"打下了基础。这样的"问题提出"设计让抽象隐性的 π 在学生的自主探索中慢慢浮现并被纳入其新的知识体系中。

案例 14

把"问题提出"作为学习的起点
—— 以"平均数"的教学为例

- 执教：浙江省杭州市萧山区河上镇大桥中心小学　王飞钢
  评论：蔡金法

平均数是一个重要的统计概念，它可以反映一组数据的总体情况，也可以作为一组数据内部各个数据之间的一个比较指标。在以往平均数的教学中，教师往往让学生从算法的角度理解平均数，教学的目标简化为一种单一的运算技能学习，甚至是解题技巧的训练，忽略了平均数的统计学意义，导致学生只会算但不理解。本课利用了"问题提出"的教学形式，期望从认知的基本规律出发，让学生经历"问题提出"的过程，主动思考平均数的相关知识，为主动学习提供空间。

一、教材分析

"平均数"是人教版《数学》教材（2022年版）四年级下册第八单元"统计"中的教学内容。对比人教版、苏教版、北师大版等教材，可以发现不同版本教材中该内容的教学思路是一致的，都是从实际生活出发，帮助学生理解平均数的意义，在解决简单实际问题的过程中，进一步积累分析和处理数据的方法，发展数据分析观念。

平均数是统计学中常用的一个统计量，现行人教版教材把平均数安排在"统计"中，强调了理解平均数意义的分量，突出了平均数的统计学意义，即平均数表示的是统计对象的一般水平，它是描述数据集中程度的一个统计量，不仅可以反映一组数据的一般情况，也可以用于进行不同组数据间的比较，以分析组与组之间的差别。这样的安排有利于学生提出平均数作为统计量的问题，如"为什么可以用平均数来表示一组数据的一般水平""平均数有什么用"等这些指向统计学意义的数学问题。

在平均数的学习中，教材既介绍了平均数的概念以及求平均数的方法，又注意结合实际情境，进一步根据统计表进行简单的数据分析，作出合理的推断。这样就把数据分析与解决问题结合在了一起，能够促使学生更好地理解统计在解决问题中的作用，逐步形成统计观念。

二、学情分析

授课前，学生已经学过收集和整理数据的方法，会用统计表和单式条形统计图来表示统计的结果，掌握基本的统计方法，建立了初步的统计观念。为了进一步了解四年级学生对作为统计量的平均数的理解情况，笔者在课前对37名学生进行了调查。测试结果如表1所示。

表1

问题	答题情况	人数	百分比
你听说过平均数吗？	听说过	34	91.89%
	没有听说过	3	8.11%
你认为平均数是一个怎样的数？请举例说明。	理解成每份数	14	37.84%
	用文字举例说明平均数	12	32.43%
	用算术法求平均数	5	13.51%
	其他或未做答	6	16.22%

调查发现，91.89%的学生在学习该内容之前已经听说过平均数，有45.94%的学生能用文字或用算术法来表示一组数据的平均数，同时有超过三分之一的学生望文生义，认为平均数就是将一个整体平均分后得到的每份数。结合学生

对"平均数"的举例说明，笔者认为他们具备提出一些有关"平均数"的数学问题的能力。因此，笔者认为教学该内容时，需要结合特定的材料，让学生进行课始提问，以学生提出的问题作为教学主线，组织课堂教学。这样的学习不仅能让学生经历"问题提出"的过程，在解决问题的过程中学会求平均数的方法，而且能帮助学生从数据分析处理的角度理解平均数的意义，掌握求平均数的方法。

三、教学设计

在"统计"这一单元中，平均数教学在前，复式条形统计图在后，其用意显而易见。平均数不仅用于比较两组数的水平高低，还应作为一个统计结果的指标。有鉴于此，笔者将围绕两个目标作为教学设计的起点：（1）平均数表示对一般水平的认识与理解；（2）突出平均数的"统计量"属性。基于以上两点，笔者对教材进行了这样的改编：沿用现实情境，将原本只有1个横向实物的单式统计图拓展成2个小组不同人数的条形统计图（图1）。以这样改编后的情境作为"问题提出"的素材，扩大了学生提出问题的范围，并在两组数据比较的过程中提炼出平均数的概念。教学时结合"问题提出"这一教学手段，学生能够从他人的问题中获得更多启发，从而获取更多信息来提出不同的问题。在问题的梳理分类过程中，通过分析与归纳将"最多""最少""总数"的问题与"平均数"具备的共性自然而然地联系在一起，突出了"平均数"的统计量属性。这些问题既能归结于平均数作为统计量的属性，同时又能引领后续的探索学习。

四、教学过程

（一）任务1：看图提出数学问题

课始，教师出示两个小组仰卧起坐个数统计图（图1），学生阅读统计图，获取数学信息，思考后分别提出了以下问题。

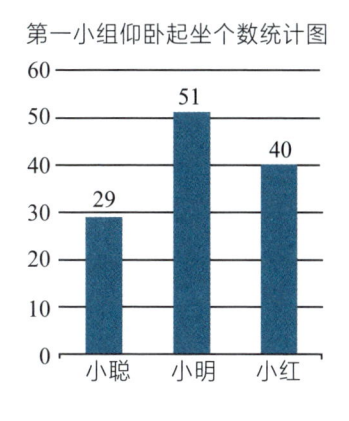

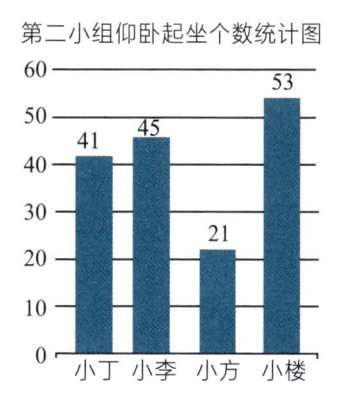

第一小组仰卧起坐个数统计图　　第二小组仰卧起坐个数统计图

图1

1. 第一小组谁做的仰卧起坐最多？谁做的仰卧起坐最少？
2. 第二小组谁做的仰卧起坐最多？谁做的仰卧起坐最少？
3. 第一小组一共做了多少个仰卧起坐？
4. 第二小组一共做了多少个仰卧起坐？
5. 哪一个小组的成绩好？
6. 第一小组平均每人做了多少个仰卧起坐？
7. 第二小组平均每人做了多少个仰卧起坐？

学生提问结束后，引导学生对提出的问题进行分析归纳：问题1和2都是筛选出一组数据中"最多"和"最少"这两个统计量，学生容易解答；问题3和4都对应"总数"这个统计量，学生需要计算才能解答，而解答这两个问题又是计算平均数的其中一个步骤；问题5需要利用平均数来比较两组数据的总体情况；而问题6和7是求单独一组数据的平均数。所以后三个问题是本节课的核心问题。

【设计意图】同时呈现两组学生仰卧起坐个数的统计图，让学生能够从统计图中获取更多的信息。又因为两组统计结果具有对比性，为学生提供了更多的探索数学"问题提出"的时间与机会，而他们提出的问题又能引领后续学习。

(二)任务2：分类解决问题

对问题进行分类后，开始考虑解决问题的思路。首先，学生通过观察两个统计图中各柱的长短以及标注的数据，能够直观地确定每组中谁做的仰卧起坐最多，谁做的仰卧起坐最少。其次，学生能通过独立计算，分别求得两个小组做仰卧起坐的总数。再次，解决问题5的方法与以往简单地比较两个总数的大小不同，需要利用"平均数"这个统计量，而平均数的学习是本课的重点所在。那么，在解决该问题时，需要学生在思辨中理解平均数可以作为评价一组数据总体水平的标准，再利用问题6和7习得求平均数的方法。

1.初探问题5，建立标准。

师：我们可以从怎样的角度去比较哪一个小组的成绩好？

生1：要比较哪个小组成绩好，只要比一比他们做的总数就行了。

生2：两个小组总人数不同，比较总数第一小组肯定吃亏。

生3：用每组中做得最多的那个去比较。

生4：那为什么不用做得最少的那个去比较？

师：看来，用不同的标准进行比较可以得到不同的结果。结合问题6和7，想一想，可以从什么角度进行比较。

生5：先算出各组每人平均做了多少个仰卧起坐，再进行比较。

师：这样比较与上面的方法有什么不同？

生6：这样比较考虑到每组做的总个数和总人数，更加公平。

【设计意图】对解决问题5的思路的探讨，有助于打破学生固有的比较总数大小的认知，通过讨论平均数和其他比较方法的不同，逐步感知到平均数的特点——一组数据中的每个数都会对其产生影响，这对平均数概念的形成和计算方法的习得都有帮助。

2.解决问题6，理解概念。

师：第一组每人平均做多少个仰卧起坐？四人小组合作探究完成。

（1）移多补少。

生1：我们小组的方法是小明做得最多，小聪做得最少，小红排中间，只要从小明做的次数中拿出11次给小聪，这样就能得到平均每人做了40个。

师：这个组的答案是平均每人40个，谁能结合统计图再来说一说？

生2：从小明多的部分中拿出11次给小聪，使得他俩都变成40次，与小红做的次数相等。（图2）

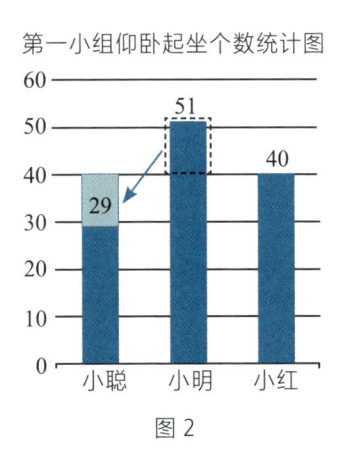

图 2

师：像这样把多的部分移补给少的，最后使得各部分同样多，在数学上叫作"移多补少"。"移多补少"后得到同样多的这个数叫作整组数据的平均数。但是当数据比较多，或者数据很乱的时候，用"移多补少"的方法不是很方便。

（2）先求和再均分。

师：除了利用"移多补少"的方法获得平均数，还有小组用"（29＋51＋40）÷3＝40"这样的算术法获得平均数。算式中的"29＋51＋40""3""40"分别表示什么？

生3："29＋51＋40"表示第一组做的仰卧起坐的总数，"3"表示有三名学生，"40"表示第一组每人平均做了40个。

师：平均数也可以用"总数÷人数"来计算，这种方法叫作"求和平均"。

（3）意义理解。

师：我们得到的"40"是哪几个数的平均数？能不能代表每人都做了40个？

生4：不能，只是"移多补少"和计算后得到每人平均做了40个。

师：那这个40代表了谁的成绩？

生5：代表了第一组学生的平均成绩。

师：把平均数40放入这组数据中，从大小上比较，它有什么特点？

生6：平均数在最多和最少之间，比最多的少几个，比最少的多几个。

师：的确如此，平均数不能代表一个人的水平，只能代表全组学生的整体水平。

【设计意图】学生对同伴提出的问题进行解答，并在解答过程中渗透求平均数的方法，将平均数与整组数据进行比较与关联，建立平均数的概念。

3.解决问题7，拓展认知。

师：请估计一下，第二组学生每人平均做了多少个仰卧起坐？

生1：最多的做了53个，最少的做了21个，我估计是37个。

以该生估计出来的数据比较第二小组4人所做仰卧起坐的个数，得出小丁多做了4个，小李多做了8个，小方少做了16个，小楼多做了16个。小方少做的和小楼多做的相互抵消后还比估计出来的平均数37多了12个。由此用"移多补少"再进行调整，最终得到第二组每人平均做了40个。（图3）

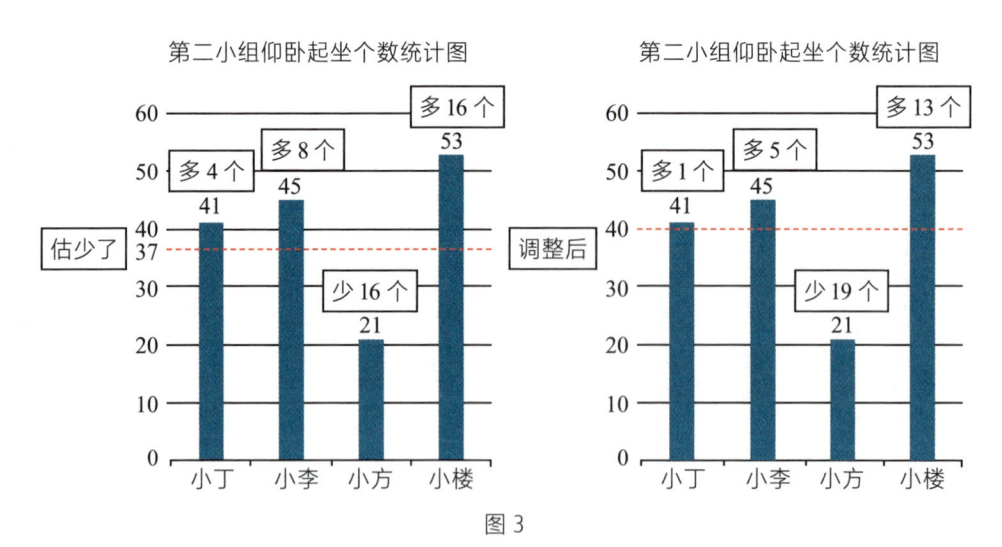

图3

【设计意图】平均数的概念是抽象的，而数形结合为学生理解这一抽象概念提供了图形表征。动手"移多补少"得到的平均数有别于计算获得平均数的方法，具象化了数学概念，将"平均数"作为核心，借助数形结合，不断比较，理清联系，最终帮助学生理解平均数的概念。

4.问题回归，完善认知。

师：我们得到两个小组平均每人都做了40个，这说明什么？

生1：这两个小组的成绩一样。

师：利用平均数我们能够顺利地确定两组学生的水平高低，在日常生活中一般用平均数进行此类比较。

【设计意图】进一步认识平均数的作用，完善学生的认知，从平均数的数学比较结果回归日常生活语境中的现实意义。

（三）任务3：变式深化

这一环节中，给第一小组增加一个变量，使统计人数由3人增加到4人，引导学生思考新的平均数可能会发生怎样的变化，并验证自己的猜想。

师：如果第一组增加一名成员小军，将会得到一个新的平均数，与原来的40个相比较会发生怎样的变化？

生1：变大、变小、不变都有可能。

师：以四人小组为单位，举例验证这名同学的猜想。

生2：如果小军做了44个，那么（29＋51＋40＋44）÷4＝41个，平均数变大了。

生3：如果小军做了40个，那么（29＋51＋40＋40）÷4＝40个，平均数不变。

生4：如果小军做了20个，那么（29＋51＋40＋20）÷4＝35个，平均数变小了。

师：平均数就是这样的一个数，一组数据中增加或者减少一个数，都可能使它发生变化。

【设计意图】从平均数变与不变的猜测，再到举例验证，丰富学生对平均数的认知，即一组数据中每个数都会对它们的平均数产生影响，从而培养学生的数据分析观念。

（四）任务4：练习巩固

平均数代表的是整体水平，不能代表个体水平，而学生很难理解其中的关系，会不由自主地将平均数作为个体水平的代表。为了突破这一认知障碍，教师设计了一道题：平均水深120厘米的一条河，一个身高130厘米但不会游泳的人能否安全过河？（图4）

图4

师：同学们，看了这些信息，你有什么想说的？

生1：我觉得他说得不对。因为河两边水浅，中间水深。

生2：我觉得是可以的，这条河可能各部分一样深。

生3：平均水深虽然只有120厘米，但是有的地方可能有150厘米。所以不一定能安全过河。

生4：这个平均水深120厘米是怎么来的？

生5：肯定是计算出来的。

师：通过对图中信息的解读，同学们提出了自己的观点和疑惑，非常了不起。我们不能单纯地比较120与130的大小,而是要从平均数表示一组数据的一般水平这个角度考虑问题。120只是代表了这条河深度的整体水平,有可能这条河的有些地方超过了130厘米,所以不会游泳的人不一定能安全过河。同时有的同学还对120是如何产生的有疑问,让我们一起来看大屏幕。(图5)

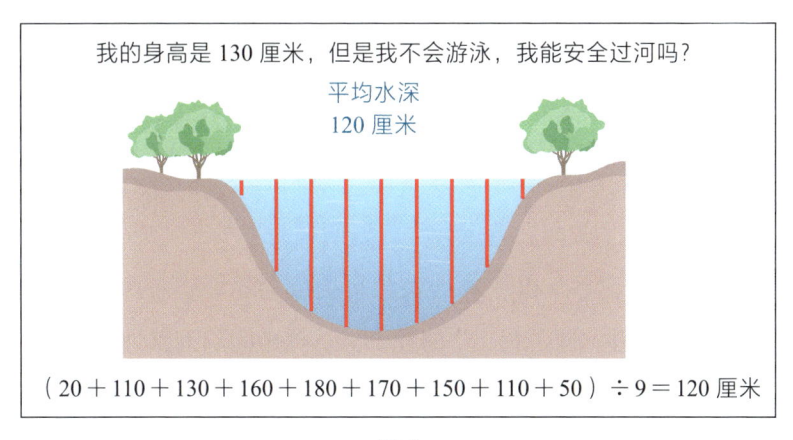

图中文字:我的身高是130厘米,但是我不会游泳,我能安全过河吗?平均水深120厘米

$(20+110+130+160+180+170+150+110+50) \div 9 = 120$ 厘米

图 5

【设计意图】 通过一个不适合用平均数判断的生活实例让学生进一步理解平均数的含义,通过观察分析提出观点和疑问,在辨析的过程中理解个体与整体之间的区别。针对学生的疑问,为数据的来源、统计的严谨性提供符合逻辑的推演,以此强化学生理解,拓宽知识外延。

五、教学反思

(一)学生"问题提出"的三个阶段

学生的"问题提出"要借助设置的情境和教师的引导,在获取信息之后按照引导的要求整合并提出自己所能解决的问题,也就是一种本能的知识外化。第一阶段,课始的问题具有一般性,即学生没有第一时间提出问题,但在问题出现后,依旧能够快速理解并解决,如"最多""最少""总数"的相关问题。随着问题数量的增多，学生获得的信息也在增加。第二阶段，课中产生新问题的机会和数量增加，如出现"平均数""谁的成绩好""变大、变小、不变都有可能"等问题，而这些问题的解决和辨析恰好是引领课堂的最好素材。第三阶段，课末对情境信息分析处理后提出观点和问题，如"我觉得这样不对""120cm是怎么来的"是经过"问题提出"教学后，学生对于具体情境的一种自然反应，即学生经历"问题提出"教学后，在脑海中形成了表达欲望和问题意识。

（二）学生"问题提出"更能突出平均数"统计量"的属性

整节课围绕着学生的问题开展教学，以问题为主线，达成目标1（平均数表示一般水平的认识与理解）和目标2（突出平均数"统计量"的属性），尤其是目标2的达成离不开学生"问题提出"的环节。从提出问题到整理问题的过程，教师旨在让学生理解：与"最多""最少""总数"等特征一样，平均数的得出需要用到所有数据，这正是统计量的属性。学生虽然没有统计量的具体概念，但通过对信息的整合，能够比较容易地提出像"最多""最少""总数"这样的问题，也就是说，在学生原有的认知结构中存在不同统计量的概念，只是缺少一个能够区分它们的标准。通过问题的整理分析，就能明白它们属于同一类别，借此突出这个标准下的统计量属性。

评析

课前准备中，王老师对教材和学生做了充分的了解。对于教材，王老师了解了人教版、苏教版、北师大版等版本的平均数内容，归纳了各版本教学思路的共性。对于学生，则是在课前调查了学生对平均数的理解程度和易错点——平均数就是将一个整体平均分后得到的每份数。这些准备为课例的设计提供了思路，辅助教师认识到理解平均数在统计中的含义对学生学习的价值。因此，王老师的教学中除了引导学生学会计算平均数，更为重要的是帮助学生认识平均数的统计学意义。

教学任务设计中，王老师把学生的问题作为学习的起点。在任务1中让学生观察统计图，提出数学问题。提问结束后，引导学生对问题进行归纳，得到本节课需要解决的核心问题。这种确定课堂核心教学内容的方式与以往的确定方式存在不同。以往的教学中，课堂上讲什么往往由教师依据教材、教辅和教学经验确定，确定的过程中有多大程度考虑了学生的学习基础是"不可见"的，主要是凭教师的教学经验。而"问题提出"教学给予了学生发声的机会，让学生在确定教学核心问题的过程中有了发声权，从而培养了他们宝贵的问题意识。同时，也让教师不得不考虑如何在教学中发掘、聆听、使用学生的"声音"。

在对学生的问题进行定位后，王老师开始引导学生通过任务2学习平均数的基本知识，了解概念和算法。任务3的设计主要源于课前调查后确定的平均数学习定位，让学生通过变式更好地认识平均数的意义，以及总体和个体之间的关系。

案例 15

酝酿真问题，生成真知识
——以综合与实践活动课"一亿有多大"的教学为例

> 执教：浙江省杭州市萧山区朝晖小学　倪宏芳
> 评析：蔡金法

学生学完四年级上册第一单元"大数的认识"后，对一亿的理解通常是这样的：

一亿是个很大的数；

一亿比一千万还大；

一亿是1个"1"加8个"0"组成的；

一亿是个九位数；

一亿中有10个一千万；

……

不难发现，学生知道一亿很大，但仅限于模糊的理解，缺乏具体直观的感受。通过学习探究，帮助学生建立大数的表象，经历研究过程，掌握研究方法，培养问题意识，是本课的重点。

一、教材分析

"一亿有多大"是人教版《数学》教材（2022年版）四年级上册第一单元结束后安排的一节综合与实践活动课，意在通过探究活动，经历猜想、实验、推理和对比，借助具体的事物来帮助学生感知一亿究竟有多大。一亿到底有多大，这对大多数学生来说都过于抽象，难以捉摸，学生只能通过"亿"与其他计数单位的转换计算，来模糊地感受其抽象的数量关系。怎样让这种模糊的感受尽可能地真实、确切一些？教材在学生学习了"亿以内的数"之后安排了这一节综合与实践活动课，意在通过具体、直观的对象帮助学生建立"一亿"的表象。教材安排的研究内容是一亿张纸的高度，当然，这个研究内容不仅仅局限于研究一亿张纸，还可以是一亿个生活中的其他物品。

二、学情分析

在本课之前，学生已经学习了大数的读写及组成，会计算多位数乘、除一位数，会使用计算器进行计算。从学生对一亿的理解不难发现，一亿在他们头脑中只是一个很空洞的大数——它是一个九位数，"1"后面跟了8个"0"。这些都是一亿这个符号表面的一些特点，并不能帮助学生建立具体的概念。例如，即使他们知道了一亿由10个一千万组成，但其实对其数量概念仍旧非常模糊，因为一千万本身就是非常抽象的，10个一千万这一抽象模糊的解释并不能有效帮助学生在脑海中建立一亿这一大数的具体表象。

三、教学设计

在"一亿有多大"的教学中，为帮助学生建立起大数的表象，很多教师会采用多种实验材料，甚至试图从学生感兴趣的内容出发开展研究。但在实际操作中发现，材料越丰富，研究过程中遇到的障碍就越多。比如在一次试教中，为了让学生研究自己喜欢的一亿样物品，课前请他们先将自己想研究的内容以问题的形式记录下来，结果学生提出的问题很丰富，有"一亿个足球场有多大""一亿只蚂蚁排好队有多长""一亿片银杏落叶有多重"等各种问题。课堂上请他们分组研究时，学生却都犯难了：一个足球场有多大啊？怎么测量蚂蚁的长度呢？银杏落叶太轻了，怎么称？有限的时间内，教师无法一一帮助他们解决，学生无法根据所得数据继续深入研究，最终没有获得真实的体验。与其蜻蜓点水式的面面俱到，不如有针对性地研究一个点。因此，本课教师通过组织学生研究"一亿粒米有多重"，帮助学生在未知的、抽象的一亿数量概念和已知的、具体的重量概念之间建立联系，以帮助他们理解一亿的概念。同时，通过由点到面、举一反三的方法，让学生在研究过程中发现新知识与新信息。最后以长作业[①]的形式，帮助学生运用所学概念拓展研究空间。

与传统的授课方式不同，本课以"问题提出"的形式引领课堂教学的全过程。整堂课以"问题提出"为起点设计研究方案，通过引导学生交流评价同伴方案，筛选合理可行的数学问题（一亿粒米有多重），通过实际操作（称不同数量米粒的重量）解决问题（一亿粒米重约2650千克）。在此基础上，通过加入新的信息（中国大约有1亿小学生，每个人每天大约吃400克大米），产生新的问题情境，让学生完成第二次"问题提出"的任务，并引导完成第二次的问题筛选和问题解决。最后将研究延伸到课外，在长作业中完成第三次"问题提出"，在较开放的问题情境中（从不同的角度看看一亿究竟有多大），让学生通过"问题提出"来运用所学的概念和研究方法。这不仅可以巩固学生对数学概念的理解，同时也可以培养他们的探究意识和能力。

四、教学过程

（一）任务1：梳理问题，揭示课题

1. 前测热身：统计学生想研究的内容。

师：如果请你借助生活中的常见物品来研究一亿有多大，你会选择哪种物品？请你想象一下，你想研究的一亿个物品会有多重、多长、多大呢？记录下来。

---

① 所谓长作业，即作业时间由课内延伸到课外，作业内容是对课堂所学内容的深化巩固与继续拓展。同时可以根据自己的研究需要，自由设定研究时间。在完成课外拓展作业的时候，学生还可以自己查找所需要的资料与信息，无形中也增强了学生的自主学习能力。

第二部分
"问题提出"教学案例与评析

学生想研究的内容包括：一亿粒米有多重？一亿张纸叠起来有多高？一亿辆汽车的占地面积有多大？……

【设计意图】学生想要研究的内容其实是非常丰富的，在课堂的40分钟内，不仅要研究自己提出的问题，还要根据研究结果再次提问并解决，时间紧张。因此教师在课前通过前测单，请学生把想研究的内容记录下来，收集并整理相关内容，以便大致了解学生的研究趋向。

2.课始梳理：哪些问题值得研究？

师：同学们想研究的内容很多，老师收集了部分同学的问题，请你们读一读这些问题，你们发现了什么？

生1："一亿吨水有多重"这个问题不对呀，已经告诉我们是一亿吨了，怎么还要问多重呢？

师：同学们提到的这些物品中，哪些比较容易得到？

生2：大米和白纸。

师：那么今天我们就以一亿粒大米为例，来研究一亿究竟有多大。

【设计意图】通过前测，教师收集了学生想研究的内容有哪些，这些研究内容是否有价值，学生的问题是否合理。在梳理问题的过程中，请学生当"小医生"，发现并修正同伴所提出的不合理问题，以便后续在调整修改的基础上将其作为继续深度研究的素材。每个学生都有自己想研究的内容，有时只是在语言表达能力或语言组织能力上有所欠缺。比如这个想研究一亿吨水有多重的学生，课堂上通过同伴的帮助，知道了可以代之以研究一亿滴水的重量，而且用这个研究结果来提醒大家节约用水非常有说服力。

（二）任务2：设计方案，探讨交流

1.设计方案：一亿粒米有多重？

四人小组讨论并确定一个比较合理的方案，同时思考在实施方案的过程中可能会遇到哪些问题，记录下来，汇报时请大家一起帮助解决。

2.交流方案：讨论方案的可行性。

出示学生方案：如果知道一粒米的重量，就可以算出一亿粒米的重量。

师：我们要研究的是一亿粒米的重量，为什么不选择直接称一亿粒米呢？

生1：米粒太小了，数出一亿粒应该要很久，估计一节课都数不完，所以我们先称一粒米的重量，再算一亿粒米的重量就行了。

生2：但是一粒米有多重？有什么办法可以知道它的重量呢？

师：像这样取出一部分来研究的方法一般被称为取样研究。没想到大家能用化繁为简的数学思想来解决复杂的问题，为你们点赞。同学们还发现了这个方案的一个小问题，那就是怎么样才能知道一粒米的重量。除了这个问题之外，还有别的问题吗？

生3：米粒的大小是不一样的，所以一粒米不能代表所有的一亿粒米。

师：是的，这确实是一个问题，你们有办法吗？

生4：我们有10个小组，可以多取几种米来进行研究。

【设计意图】方案的设计与交流，是为了更好地进行实践操作。小组讨论集众人之智，学习能力较强的学生的思维也能带动组内一些学习能力相对较弱学生的思维。但是那些学习能力较弱的学生，往往能提出一些"真问题"。"怎么称"就是一个非常现实的问题，提出"米粒大小不一样怎么办"这一问题的学生，其实他考虑到了小样本的不精准性，已经初步具备科学研究的精神。因此，给学生足够的时间讨论与交流，就能提出真实的问题。

（三）任务3：操作实践，解决问题

1.实践操作：小组合作解决一亿粒米有多重的问题。

师：老师事先准备了5种不同的大米，请按照你们刚才设计的方案进行研究。如果在实践操作中遇到新问题，请记录在"新问题记录单"中，若无法解决的可以向老师求助。

学生小组合作，实践操作。教师巡视，参与解决实际操作中遇到的各种问题。

2.解决新问题：帮助解决操作过程中产生的新问题。

小组1：我们小组觉得一粒米太轻了，于是我们数出了10粒米，但还是太轻了，几乎称不出重量。

师：发现新问题了，允许调整方案，可以尝试一下其他几组的取样方法。

小组2：我们打算数1000粒米称一称，但是数1000粒米有点麻烦，旁边小组的同学刚才提醒了我们，可以让小组里面每个人都数200粒或300粒。

教师鼓励学生调整策略。

3.汇报研究结果：各组汇报结果，再次发现新问题。

各个小组汇报研究结果，教师按大米的品种分5列记录板书。

师：对比各小组的研究结果，我们发现实验结果各不相同，即便是同一品种的大米，结果也不同。怎么办？

生：可以综合一下，取它们的平均重量。

师：这是个不错的主意。要算平均重量，可以把所有重量加起来，再除以份数。用计算器算一下，结果是多少？

学生用计算器计算结果并汇报。

生：我们计算之后发现，一亿粒大米大约是2650000克，也就是2650千克。

师：小小的一粒大米，它的重量微乎其微，但是聚少成多，一亿粒大米的重量，已经接近一头大象的体重了。

【设计意图】学生在二年级学过质量单位，却是第一次接触真正的称重。这正好给了学生一个亲身实践的机会，因为亲身经历了，所以学生能在实践中发现各种各样的问题。事实上，能发现问题的学生，往往是真实践、真思考的学生，也是收获最大的学生。该课进行时，平均数又是一个尚未接触的知识点，想到"综合一下"的学生，已经有了求平均数这种统计意识，这是非常了不起的。

（四）任务4：提供信息，提出并解决问题

1.根据信息，提出数学问题。

师：到此，我们研究得出一亿粒大米约重2650000克。老师再给大家提供两条信息：中国大约有一亿个小学生，每个人每天大约吃400克大米。根据这两条信息，你能提出哪些数学问题？

学生提出数学问题，教师收集整理：

（1）一亿个小学生每天吃多少大米？

（2）一亿个小学生一天能吃完一亿粒大米吗？

（3）一亿个小学生一天吃的大米有1吨吗？

（4）一亿粒大米可以让全国小学生吃几天？

（5）一亿粒大米能让一个人吃几天？

（6）一亿粒大米能让多少人吃1天？

2.解决问题，感受大数的实际意义。

师：同学们提出的数学问题，大约有这6种。想一想，哪个问题可以直接解决？

生1：问题（2），全国大约有一亿个小学生，一亿粒大米分给一亿个小学生，每人就1粒米了，早就吃完了，还远远不够。

生2：问题（4），一亿粒大米让全国一亿个小学生吃，每人吃一粒，一粒米怎么可能吃几天呢？这个问题问得不太合理。

师：哪几个问题其实是差不多的？

生3：问题（1）（3）都是在问一亿个小学生一天吃的大米有多少，解决了问题（1），问题（3）也就解决了。

生4：一个小学生一天约吃400克大米，一亿个小学生每天一共约吃40000000000克大米，也就是40000000千克，或者40000吨。

师：（出示载重量30吨的大货车）如果用这样载重30吨的大货车从同一个仓库，把全国小学生一天所需的大米运输出去，需要多少辆这样的大货车？

生：大约1333辆大货车！

师：是的，每辆大货车长10米的话，排起来大约13330米。全国小学生一天要吃掉的大米数量确实是惊人的。好，现在我们只剩下两个问题需要解决了。咱们分组解决。第一、二组解决问题（5），第三、四组解决问题（6）。

学生分组解决问题后交流。

生1：一亿粒大米让一个人吃：2650000÷400＝6625天。

师：如果按一年365天算，请你接着算一算，能吃多少年？

生2：6625÷365≈18年，18年啊！

生3：哇，每个小学生每天节约一粒米，可以让一个贫困地区的孩子吃到18岁呢！（学生都露出了不可思议的表情）

生4：2650000÷400＝6625人，一亿粒大米能让6625人吃一天。

师：我们学校大约有1600名学生，你想到了什么？

生1：一亿粒大米能让我们全校学生吃4天，还有剩余呢！

生2：也可以供4个我们这么大学校的所有学生吃一天。

师：看到这些数据，你有什么想法？

生1：我觉得我们应该珍惜粮食，因为我们周围的同学有一些浪费粮食的现象，全国的小学生如果都这样的话，浪费数量巨大。

生2："光盘行动"太有必要了。每个小学生只要节约一粒米，都可以让我从出生吃到18岁。

师：看来这节数学课你们收获非常大啊！真正体会到了一亿有多大，也明白了节约粮食的重要意义。

【设计意图】研究结果依旧是一个庞大的数据，如何让学生对这个数据有所感觉呢？当我们将它转化为学生熟悉的计量标准时，学生对研究结果就有了更直观的感受。1亿粒大米可以装满大约1333辆10米长的大货车，可供1个人吃18年，可供1600名左右的小学生吃4天。这些通过解决问题后再次得到的数据更加直观、易于理解。学生也特别享受这种直观感知，随之而来的还有意外的德育效果。

（五）任务5：布置长作业，完成自己前测想研究的问题

师：这节课我们研究了一亿粒米的重量，还挖掘到了光盘行动的数学依据。课前同学们还提出了很多想研究的内容，我们就用同样的方法，把它们作为课后长作业进行研究，从不同的角度看看一亿究竟有多大。

【设计意图】一节课所有人都只研究了一个内容，对于大部分学生而言可能是"不过瘾"的，因为自己提出的问题没有被研究。但通过一节课一个内容的扎实研究，大部分学生都能掌握研究一个问题的基本方法，因此，通过长作业继续研究他们原本想研究的内容，会更有方向和动力。

五、教学反思

（一）"问题提出"可以将抽象的数据转化为直观体验

作为一节数学综合与实践活动课，本课教学内容的操作性比较强。从学生参与活动开始，可以发现他们一直处于"发现新问题—解决问题"这样一种状态。数米、称米、如何优化操作，这些实践性问题，在操作过程中大部分能比较顺利地解决。但是当有了研究结果，而研究结果依然是一个大数据的时候，学生很难用他们已有的思维水平加以感知。而增加信息再次提问，给学生提供了根据自己的实际水平进一步处理数据的机会。在解决自己所提问题的过程中，学生又一次将抽象的大数转化成了贴合自身实际的、有利于理解的、相对可视化的数据。学生在这一环节中感悟最为深刻，他们感受到了"一亿"的大小，体会到了数据的不同呈现方式。

（二）"问题提出"可以将教材中的问题转化为自己的问题

将"问题提出"与数学活动结合起来，学生实践活动的目的性更强了。综合与实践活动的目的不是解决一个问题，而是解决一类问题；不仅是他人（教

材）的问题，更是与自己密切相关的问题。在这样的过程中，学生除了学到研究问题所需的方法与步骤之外，也培养了问题意识。通常，当得到研究结果的时候，很多学生觉得此项研究也结束了。而从本课中，学生意识到前面的研究结果可以作为信息呈现在新的问题中。"问题提出"教学让学生体会到了研究问题可以层层深入、环环相扣，也可以从自身实际出发提出问题、解决问题，这样才能成为学习的主人，促使学习真正发生。

评析

数学综合与实践活动课虽然强调学生的动手能力，但是本节课由于采用"问题提出"为主要的教学设计策略，使学生的"动手"和"动脑"、"问题提出"和"问题解决"、"抽象的数学概念"和"具体的生活经验"、"个人认知构建"和"课堂社会互动"都得到了自然有效的结合。

在课前的"问题提出"任务中，教师让学生选择生活中熟悉的物品来提出数学问题，研究"一亿"这个抽象的数学概念在具体的物品数和量关系上的具体体现。在这一过程中，为了提出数学问题，学生必须尝试在数学概念（一亿）和生活经验（物品的数和量）之间建立一定的联系。但是由于四年级的学生刚开始学习在日常生活中提出数学问题，他们提出的问题可能会缺乏合理性。加之本课是综合与实践活动课，需要用操作的方式来完成问题解决，除了考虑问题本身的数学性和在实际情境中的合理性，还需要加入可操作性这一维度。通过教师的逐步引导，学生完成对同伴问题的评估和讨论，最后确定了可操作的数学问题：一亿粒米有多重？这一评估过程让问题提出者和评估者之间产生了认知互动，形成了新的个体认知构建。问题提出者开始重新考虑自己所提问题是否合理，而评估者则首先要读懂别人所提的数学问题，而且要从数学、实际情境、可操作性三个方面进行评估。这样的思考过程不仅可以让学生接触到更多的数学问题，还能促进学生数学元认知的发展。

在确定了以"一亿粒大米有多重"作为问题解决的对象后，教师进一步引导学生对具体的操作方式"一次称多少粒米"进行质疑和讨论。这样的讨论，让学生进一步看到"问题提出"和"问题解决"之间的差距，于是在找到"可数性"和"可称性"的平衡点（1000粒米）后开始了动手操作。在每个学生都参与的情况下（每人数200粒或300粒）完成问题解决：一亿粒米重约2650千克。这一问题的答案不仅仅是第一次"问题提出"和"问题解决"活动的结束，也成为第二次"问题提出"和"问题解决"的开始。教师在这一答案信息的基础上，加入新的信息：中国大约有一亿小学生，每个人每天大约吃400克大米，提供了第二次"问题提出"的情境。第二次的"问题提出"活动不仅能让新学习的概念（一亿粒米有多重）在新的语境中与新的生活经历（自己每天吃大米的量）建立连接，也让学生自然感受到第一次的"问题解决"和第二次的"问题提出"之间的联系。这样的经历可以帮助学生从问题提出者到问题解决者的角色转换中成为更加主动的知识探索者。

除了帮助学生通过不断的"问题提出"和"问题解决"加深对数学概念的理解，这个案例的另一特点是大大提升了学生的参与度，帮助学生成为主动的知识探索者。"问题提出"的教学设计为不同水平的学生都提供了参与的机会，让他们都能成为课堂教学的贡献者。例如，在第一次"问题提出"中，有些能力较弱的学生提出了不合理的问题：一亿吨水有多重？这样的问题虽然不合理，但是这个参与过程本身就是"问题提出"者建立数学概念（一亿）和生活物品（水）联系的一次很好的尝试。特别是在通过课堂讨论评估后，学生不仅会对自己的问题有更深刻的认知，而且可以认识到自己不合理的问题仍然可以为产生课堂讨论作贡献。

在传统的授课过程中，数学水平较差的学生的声音往往很难被听到，更不可能成为课堂话语的中心。而"问题提出"不仅让课堂上的"弱势群体"的声音被很好地聆听，同时还为他们强势的操作性思维提供了发挥的平台。例如，在称米过程中，"怎么称"这个关键的操作性问题就是由这一"弱势群体"提出的，并得到了教师和同学的肯定和欣赏。这样的学习经历可以提升这些学生在数学学习上的自我效能感。

与此同时,这堂课中的"问题提出"教学也为水平较好的学生提供了更高层次的思考和交流机会。例如在评判过程中,那些能提出合理问题的学生有机会对自己的问题和同伴的问题进行更加抽象的元认知思考:对问题本身进行分析归类,从不同的角度(数学、实际情境、可操作性)多维度地分析问题的性质。

本案例的两个启示:一是"问题提出"教学可以形成"问题提出—问题解决—新问题提出"的循环;二是问题解决作为新问题情境的意义——学生也是问题情境的设计者和贡献者。

案例 16

在"问题提出"中促进学生深度学习
——以综合与实践活动课"确定起跑线"的教学为例

■ 执教：浙江省杭州市萧山区楼塔镇岩山中心小学　余钢杰
　评析：蔡金法

人教版《数学》教材（2022年版）六年级上册"确定起跑线"一课是在学生掌握了圆的概念和圆的周长等知识的基础上开展的综合与实践活动课。其教学内容一方面是让学生了解田径操场跑道的结构，引导学生探究跑道的组成及其特点，综合运用与圆有关的知识和方法来解决问题，学会确定起跑线的方法；另一方面是让学生体会数学在日常生活中的应用价值，增强学生应用数学的意识，不断提高他们的实践能力和解决问题的能力。

教学"确定起跑线"时，教师常常通过提问，师生互动交流，一步一步引导出起跑线之间距离产生的原因，通过填写表格、观察数据、发现规律，最终得到起跑线之间距离的计算方法。但在课后作业中，笔者发现这样的教学并没有让学生真正掌握起跑线之间距离产生的原因，而复杂的计算更使学生只停留在解决某一个几何图形周长的具体问题的层面，缺乏对这一计算方法在确定起跑线这一具体情境中的意义理解。

在了解到蔡金法教授"问题提出"的教学方式后，笔者发现这一方式不仅能给不同的学生提供不一样的学习机会，更能帮助学生深入思考数学问题中的关系。因此笔者考虑借助"问题提出"这一方式实施教学。

为了了解学生心中真正的疑惑与发现，笔者对学生进行调查，并让学生课前提出问题，即提出自己想到的、想要解决的、想寻求帮助的问题，然后根据学生的学情在课堂上进行互动交流。这一方法不仅让学习真正发生，学生探究主动性更强，更能使学生在这样的活动中收获学习数学所必需的素养。

一、教材分析

教材设计了三部分的活动：

一是"发现和提出问题"。教材以400米赛跑为背景，呈现起跑时的真实情况，引导学生对该生活情境提出一些疑问（如起跑线为什么不在同一条直线上），进而提出本活动的核心数学问题"各条跑道的起跑线应该相差多少"。

二是"分析和解决问题"。教材第二幅图呈现了小组学生测量相关数据的场景，旨在帮助学生了解一个标准运动场环形跑道的结构以及各部分数据。学生对已获得的数据进行整理，通过讨论明确：(1)两个半圆形跑道合在一起就是一个圆；(2)各条跑道直道长度相等；(3)每圈跑道的长度等于两个半圆形跑道合成的圆的周长加上两个直道的长度。在学生明确解决问题的思路和方法后，教材提供了一个表格。通过让学生分别计算各条跑道半圆形部分的直径、两条半圆形跑道的周长以及跑道的全长，计算出相邻跑道的长度之差，从而确定每条跑道的起跑线。

三是"发现和提出新问题"。教材在最后引导学生继续思考：200米赛跑中的跑道起跑线应如何设置？根据400米赛跑起跑线的设计原理，学生有了解决此类问题的方法与经验，因而能进一步思考200米赛跑的起跑线之间的距离是否也是相邻两条跑道的周长之差。这个环节不仅使学习不再停留在解决某一个具体问题上，而且让知识迁移自然地发生。

二、学情分析

跑步是学生喜爱的体育运动项目之一，六年级学生不仅会关注比赛的结果，对比赛的过程、规则等也会予以关注，但是对一些比赛规则及其原因缺乏必要的思考（如起跑线为什么不在同一条直线上、为什么终点线在同一条直线上），很少尝试利用自己学习的知识去解释一些现象。

教材提供的情境对有过运动会经历的学生来说并不陌生，即使没参加过运动会的学生也会有外圈距离比内圈距离长的生活经验，因此，教材中的这一教学情境可以作为课堂教学的切入点。但首要问题是要分析和理解周长差是如何产生的，这一点对学生来说可能有困难。基于学生已有的生活经验和知识基础，大多数学生已掌握周长的意义及计算方法，所以在教学中教师只作为活动的组织者、引导者与合作者，让学生自主探索内外圈的周长差是如何产生的。

三、教学设计

"确定起跑线"的素材中已经有明显的"发现和提出问题"和"分析和解决问题"的具体内容和要求。学生虽然对跑道并不陌生，但是很少站在数学的角度来观察跑道，因而课前活动就显得尤为重要。因此，笔者设计了一个课前"问题提出"活动，让学生从数学的角度去观察熟悉的生活情境并提出自己的数学问题。这样做不仅能让学生完整地经历和体会"发现问题—提出问题—分析问题—解决问题"的全过程，也便于教师了解学生对跑道的掌握情况，再结合学生所提出的问题、发现进行教学设计。下面对各任务的设计意图进行了归纳。

（一）课前提出问题，了解学习解惑

课前通过"问题提出"的形式进行调查，了解学生对起跑线问题的已有经验以及学生心中存在的疑惑。根据学生已有经验水平及提出的问题，引导学生自主探究，将"终点线为什么在同一条直线上"与生活实际紧密联系起来，体会不同跑道的起跑线不在同一条线上的缘由，激发学生探索数学奥秘的欲望。

（二）建立知识联系，促进深度思考

充分发挥学生的主体作用，尽可能地让学生展现自己的思维过程，通过猜

想、推理等活动，引导学生把复杂的问题简单化，最终确定解决问题的思路。

通过乘法分配律简化相邻跑道的距离差算式后，学生产生猜想、推理，进行验证，学习积极性高涨。由于在试教中学生并不理解"周长差＝2×道宽×π"这个模型，因此设计中拟通过"大圆直径等于两个小圆直径和"的模型来帮助理解，拉近与所学知识的距离，促进学生的深度学习真正发生。

（三）通过"问题提出"，促进方法迁移

"数学源于生活，服务于生活。"在400米跑道距离差研究的基础上，引导学生小组合作研究200米比赛起跑线的设置，增强学生分析问题、解决问题的能力。这样既能激发学生的思维活动，让学生对知识的理解达到一个新的高度，又能使学生体会到面对一些生活中出现的问题时要仔细分析，才能找出正确的解决方法。

四、教学过程

（一）任务1：课前提出问题，了解学习解惑

综合与实践活动课的学习内容比较复杂，学生要先理解学习情境，才能综合运用所学的知识来解决问题。因此，课前通过让学生观看视频，教师了解学生对起跑线的设置是否理解、理解程度如何。这样的调查有助于为后面的教学提供方向与素材。

1.课前观看400米比赛视频，学生提出问题。

（1）与本节课教学内容有关的问题。（图1—图4）

> 为什么在跑道上的起跑点的站位不同，而终点线却是一样的，这样跑公平吗？

图1

> 各跑道的起跑线相差多少米？

图2

> 为什么终点线一样？

图3

> 因为住里面的人近，所以安排远，外面的人远，所以安排离终点近。

图4

（2）与其他学科有关的问题。（图5—图6）

> 过弯时为什么跑步运动员要倾斜？

图5

> 跑道为什么设计成有弯道的？设计成直的跑道不是更好吗？

图6

2. 基于学生的问题，感受数学与生活的联系。

出示学生问题1：为什么终点线一样？

师：同学们，为什么每一条跑道的终点线都是在同一条直线上呢？

生1：这样方便运动员冲刺。

生2：一眼就能看出跑步名次。

生3：这样谁快谁慢就一目了然了。

师：终点线这样设计真的有它的道理。那么，不同跑道的起跑线怎样安排才公平呢？

生1：运动员不能在同一条起跑线上。

生2：如果在同一条起跑线上，那么就不公平了。

师：为什么不公平呢？

生3：因为每一圈的长度不一样，最里面一圈最短，最外面一圈最长。

【设计意图】从学生提出的问题看，他们对起跑线、终点线设置的问题较多。因此，抓住"为什么终点线一样"这一问题，让学生体会到终点线在同一条直线上的现实意义。在确定终点线在一条直线上的情况下，引发学生思考"为了公平，起跑线应该怎样设置"。这一思考过程不仅厘清了确定起跑线的现实原理，也启发了学生深入、全面地从数学的角度思考起跑线设计的"公平性"。

3.基于学生的问题,探究数学本质。

出示学生问题2:各跑道的起跑线相差多少米?

生1:因为2道比1道长,所以应该是2道的总长度减去1道的总长度。

生2:我认为只要用2道的圆周长减去1道的圆周长就可以知道起跑线之间的距离。

生3:对!因为直道长度是不变的,所以也就是两个圆周长之差。(图7—图9)

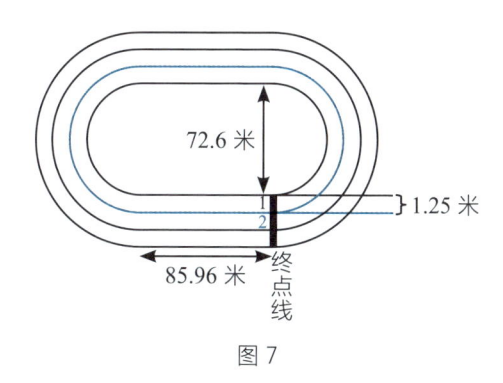

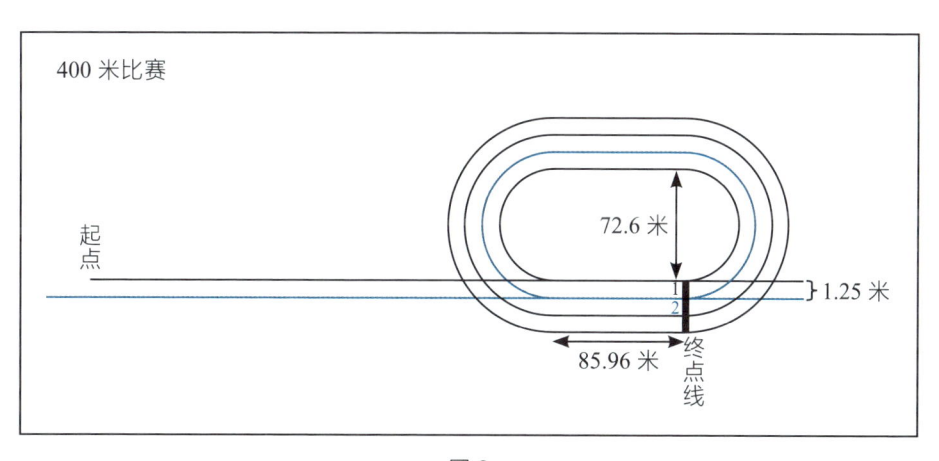

图 7

图 8

```
400米比赛
                            ┌─────────┐
                           ╱           ╲
                          │   ┌─────┐   │  ↕ 72.6米
 起                       │   │     │   │
 点                       │   │     │   │ }1.25米
 ─────────────────────────┤   │     │1  │
 ─────────────────────────┤   │     │2  │
                          │   └─────┘   │
                           ╲     ↔     ╱  终
                            └─85.96米──┘  点
                                          线
```

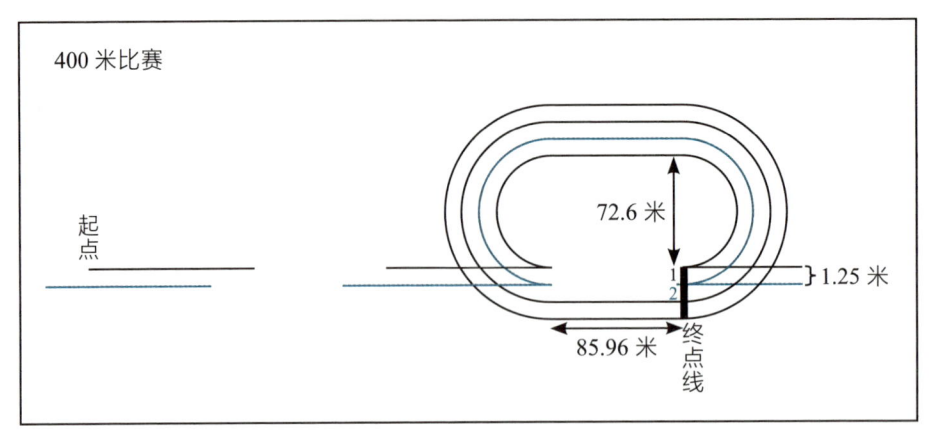

图9

【设计意图】以"相邻起跑线相差多少米"这一问题为突破口,引导学生思考、交流,将最初复杂的"相邻跑道的全长之差"化简为"相邻跑道的圆周长之差",加之化曲为直的思想及课件的辅助,使学生思维由浅到深、由抽象到直观,从而真正理解"相邻起跑线相差多少米"的本质。

4.基于学生的问题,拓展学生思维。

从课前收集到的问题来看,学生对跑道的设计提出了自己的想法。(图6)

生1:如果设计成直的跑道,那就需要400米长的跑道,太长了。

生2:800米、1500米还要更长,这样的话学校的场地肯定不够了。

生3:800米、1500米比赛可以在400米跑道上往返跑。

生4:这样折返的地方速度会变慢。而如果有弯道,运动员跑得会比较流畅。

【设计意图】数学来源于生活,合理利用学生提出的问题,引导学生大胆猜想,合理演绎,从生活经验来理解、解释跑道的设计原理,从学生所关心的现实问题出发探讨本堂课数学知识点的意义。

(二)任务2：建立知识联系，促进深度思考

对学生来说，想要知道两条跑道的距离差，最常用的方法是计算。但是跑道中的数据计算比较麻烦，也不便于学生进行观察比较，因此可以只列式不计算，借助乘法分配律，通过"猜想—验证"的"问题提出"活动建立距离差的模型。

1.通过问题解决，引出解决算理。

生1：因为刚才我们已经发现每条跑道的直道都是相等的，所以每一条跑道的长度可以用算式这样表示：第一道为 72.6×3.14，第二道为 $(72.6 + 1.25 \times 2) \times 3.14$，第三道为 $(72.6 + 1.25 \times 2 + 1.25 \times 2) \times 3.14$。

师：嗯，这样更简洁、清晰！

生2：第二道的长度减去第一道的长度，算起来比较麻烦。可以用乘法分配律来计算结果，有两项可以抵消：

$(72.6 + 2 \times 1.25) \times 3.14 - (72.6 \times 3.14)$

$= 72.6 \times 3.14 + 2 \times 1.25 \times 3.14 - 72.6 \times 3.14 = 2 \times 1.25 \times 3.14$；

$(72.6 + 2 \times 1.25 + 2 \times 1.25) \times 3.14 - (72.6 + 2 \times 1.25) \times 3.14$

$= 72.6 \times 3.14 + 2 \times 1.25 \times 3.14 + 2 \times 1.25 \times 3.14 - 72.6 \times 3.14 - 2 \times 1.25 \times 3.14$

$= 2 \times 1.25 \times 3.14$。

师：同学们真聪明，复杂的计算变得如此简单！

2.通过"问题提出"，衔接新旧知识，建立模型。

师：观察前面的计算，你有什么问题？

生1：为什么每相邻两条跑道的距离差都是 $2 \times 1.25 \times 3.14$？

生2：这个结果为什么都与 2×1.25 有关？

师：的确！这些问题是同学们心中最大的疑问，那么请同学们小组合作，一起来找一找问题的答案。

生1：我们小组通过画图，移动小圆的位置，发现 2×1.25 就是最小圆的直径，$2 \times 1.25 \times 3.14$ 就是最小圆的周长。（图10）也就是说，相邻跑道的距离差就是小圆的周长。

图10

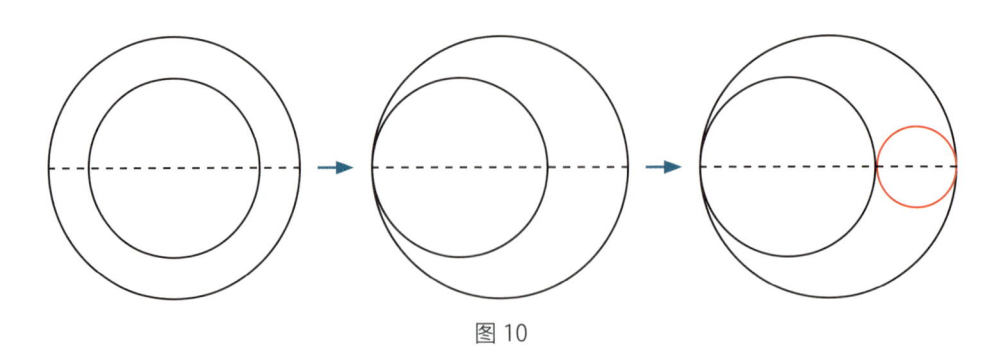

生2：因为相邻两条跑道的直径差都是2×1.25，所以周长之差都是2×1.25×3.14。

生3：我们在学习圆的周长时，有"大圆周长等于两个小圆周长之和"这一类知识和题目。（图11）现在我们研究的问题好像与以前学过的这个知识有联系，起跑线之间的距离就是大圆周长减去里面其中一个小圆的周长。

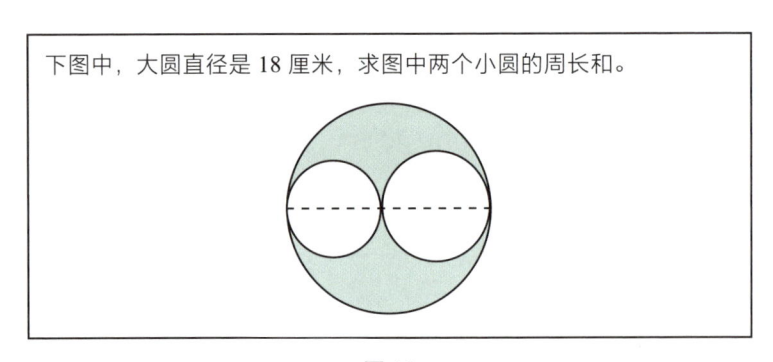

下图中，大圆直径是18厘米，求图中两个小圆的周长和。

图11

【设计意图】先用乘法分配律简化算式，然后使学生提出自己的疑问，再进行验证，从而在探究过程中主动把模型与所学知识建立联系，拉近与所学知识的距离，加深学生对模型的理解。

（三）任务3：解决新问题，强化建模

建立了知识的联系，学生对起跑线之间的距离有了更深的理解。结合400米起跑线的已有知识，引导学生自主探究200米起跑线之间的距离，可以进一

第二部分 "问题提出"教学案例与评析

步提升学生分析问题的能力。

1.教师提出新问题,学生自主研究迁移方法。

师:如果是200米比赛,起跑线之间的距离又是多少呢?

生1:和400米一样的吧。

生2:我觉得路程短了,起跑线之间的距离也变短了。

生3:因为200米只跑了一个弯道,肯定比400米起跑线之间的距离短。

师:请同学们相互合作,一起再探究200米起跑线之间的距离。

小组1汇报:比较200米跑道与400米跑道可知,每一道的长度是一条直道与一条弯道之和,而直道相等,距离差就是一条弯道的距离差。我们通过运用乘法分配律,发现相邻跑道的距离差都是$1.25×π$,也就是"道宽$×π$"。我们还发现200米起跑线之间的距离是400米起跑线之间距离的一半。

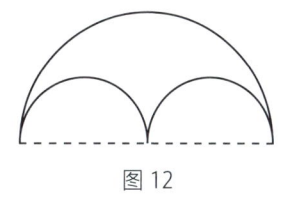

小组2汇报:我们小组画了图(图12),发现这跟以前"两条线路一样长吗"这个问题有关系。200米相邻跑道的距离差就是两条圆弧①②的长度差,因为圆弧①+圆弧③=圆弧②,所以圆弧①②的长度差就是最小半圆的圆弧长,也就是小圆周长的一半,$2×1.25×3.14÷2=1.25×3.14$,可以用$πr$表示。(图13)

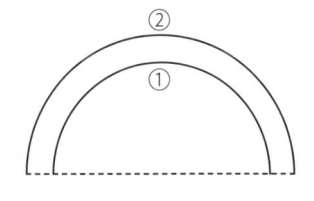

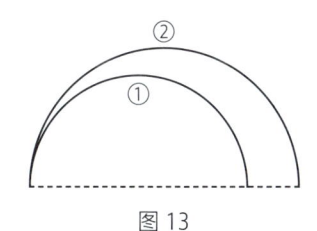

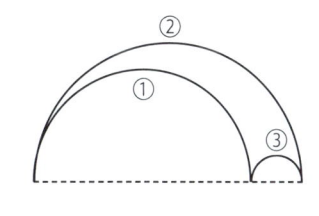

图12

图13

2.比较观察,强化用建模分析问题的能力。

师:研究了400米和200米的起跑线,你有什么发现?

生1:这两种比赛跑道起跑线之间的距离都是弯道的长度差,如果是400米跑道,就是两个圆的周长差;如果是200米跑道,就是圆周长一半的长度差。

生2:我知道了,$2×1.25×π$其实就是另一个圆的周长,$1.25×π$就是另

一个圆周长的一半,起跑线之间的距离与我们以前学过的知识有关系。(表1)

表1

项目	400米比赛	200米比赛
	72.6米，85.96米，1.25米	72.6米，85.96米，1.25米
相邻跑道距离差	2×道宽×3.14	道宽×3.14
联系	（大圆与小圆图示）	（两个半圆图示）

【设计意图】学生通过"问题提出"、小组合作的方式研究200米起跑线之间的距离，每一名学生都发表了自己的想法，在交流、讨论中，学生的倾听、概括、语言表达能力得到培养。学生根据已有经验，学以致用，迁移方法，提升解决问题的能力，积累解决问题的经验，同时在课堂总结中，归纳知识之间的联系与区别，促进了深度思维的发展。

五、教学反思

通过教学，笔者深刻认识到"问题提出"既是学生的权利和责任，也是教师将"学会"变为"会学"的有效教学方式。通过观看比赛视频，学生提出问题，而且会提出教师意想不到的问题，这正是学生最真实的学情，也是"我要学"的根本体现，是课堂中有价值的数学问题。抓住"为什么终点线一样"这一问题，让学生通过小组合作、讨论、辨析等活动交流这样设置的好处。在确定了终点线在一条直线上的情况下，引发学生思考"为了公平，起跑线应该怎样设置"的问题，不仅厘清了确定起跑线的原理，也培养了学生深入、全面地思考问题的意识。从最初的"相邻跑道的全长之差"到"相邻跑道的圆周长之差"，化繁为简、由浅到深、由抽象到直观，学生真正理解"相邻起跑线相差多少米"的本质。

学生通过乘法分配律得到相邻跑道的距离差都是 $2 \times 1.25 \times 3.14$，但这一模型到底是什么？它与学过的知识有什么联系？这些都是学生不曾考虑的。在与所学知识建立联系的过程中，模型的由来变得更加自然，学生的数学思维也得到了提升。在理解了模型的由来后，笔者提出了新的问题，让学生把学习到的建模能力迁移至新的情境中，从而进一步提升对知识的运用能力。

德国哲学家海德格尔曾说："教难于学，乃因教所要求的是：让学！"可见教学的本质就是让学生学，如何"让学"？笔者认为，"问题提出"的教学方式就是一条很好的途径。根据具体情境，学生提出问题，教师根据学生提出的问题合理安排教学过程，真正使课堂回归本真。学生就提出的问题进行小组合作探究，扩展了自主学习的时空，拓宽了学习的视野。在这样的"问题提出"教学活动中，学生学习的过程才有可能成为学科素养发展的过程。

评析

"确定起跑线"这节课的情境与校园生活联系紧密，但其中蕴含的数学知识较难理解。案例中，教师通过"问题提出"的方式帮助学生从实际的生活情境中抽象出几何模型，实现水平数学化；再以提问、交流的方式探究几何模型，在垂直数学化的过程中找到相邻跑道距离间的关系（体育中称其为"前伸数"）。

任务1是一个课前"问题提出"活动，通过这个活动，教师帮助学生熟悉起跑线，了解学生在起跑线场景中抽象出的数学问题。经过整理后，这些问题既可以作为学情分析的依据，也可以作为课堂教学的素材。课上，教师开始分类对学生问题进行解答，在对简单问题的解决中实现对场景的图形抽象，之后聚焦于相邻跑道距离间的关系。任务2针对的是困难问题的探究。教师先让学生依据常见的思路去计算相邻跑道之差，接下来让学生观察计算的结果，发现数学问题。由于学生对乘法分配律比较熟悉，因此自然可以很快地从数学公式中找到规律，进而提出自己的猜想，进行验证。此时，教师再抛出几何图形，辅助学生思考数学公式中规律的几何意义。任务3是对"起跑线"场景的一次变式探究，研究对象从400米跑道变为200米跑道，学生通过模仿探究过程，从而强化了用建模分析解决问题的能力。

从此案例可以看出，课前的"问题提出"活动对学和教都意义重大。

从学的层面来看，"问题提出"让学生在数学和生活之间建立联系，从数学的角度去理解生活情境，生活情境又反过来促进对数学的理解。例如，在课前任务中，让学生从数学角度观察并提出数学问题，从而对熟悉的跑道在数学层面上产生新的理解。而这些所提的质疑和问题都让后面所探讨的核心问题——跑道的周长差，成为帮助他们理解生活现象的数学问题。

从教的层面来看，课前"问题提出"至少起到了两个作用——了解学情，挖掘素材。在课例中，学生的课前"问题提出"帮助教师看到学生对跑道的关注角度和数学理解上的难点，从而可以设计有效的课堂活动来解决难点，提升学生的思维能力。例如，在案例中，余老师不仅让学生能对自己提出的数学问题做出解答，而且进一步通过归纳，发展了学生的数学建模素养。因此，可以说课前"问题提出"活动是以学生为中心的课堂教学的开始。

案例17

借助数学"问题提出",丰富综合实践经验
——以综合与实践活动课"邮政资费问题"的教学为例

▪ 执教:浙江省杭州市萧山区夹灶小学　李建良
　评析:蔡金法

"邮政资费问题"(以下简称"邮费问题")是人教版《数学》教材(2022年版)五年级上册"练习四"的内容,在2012年版教材中,这一内容还被安排在六年级下册总复习的综合与实践活动中(2022年修订版教材中已被移除)。这在教材的编排中不太常见,虽然2022年修订版教材做出了调整,但仍可见这一问题的教学难度。五年级上册"练习四"中的相关问题被安排在"出租车计费问题"之后。一般认为,在例题的学习过程中,学生已经对分段计费的问题进行了研究,积累了分类讨论解决问题的经验。因此,在解决邮费问题时,只要组织学生通过恰当的迁移,即可自行解答。但在实际教学中,由于邮费问题中邮寄目的地的远近、物品质量的轻重,再加上首重、续重的收费标准不统一,以及首重、续重的连续性等因素,使之比"出租车计费问题"的信息更加复杂。此外,学生对其中的本埠、外埠、首重、续重等概念没有太多的生活经验,很难厘清其中的关系,所以教学效果往往不如人意。为此,笔者尝试将这一内容以综合与实践活动的形式单独成课,采用"问题提出"教学,在深入解读邮政资费标准之前,让学生针对其中的疑难点提出疑问,以同伴互助答疑的形式清除探究过程中的认知障碍。在探究、解读邮政资费表之后,再次由学生自己提出实际问题,在问题中体现本埠、外埠、首重、续重等要素的组合,使之涵盖不同类型的问题,并在解决这些问题的过程中进一步加深对邮费问题的理解。

一、教材分析

邮政资费采用分段计费的方法，是分段函数的雏形。在学习这一内容之前，学生已经有了解决"出租车计费问题"的相关经验。两者的相似之处在于都采用了分段计费的方法，其区别在于分类的标准不同。出租车计费只有距离远近一个分类标准，且前段3km以内采用"一口价7元"。邮政资费则有两个分类标准：从横向看，可以分为本埠和外埠，两者收费标准不一；从纵向看，又可以分为首重和续重，它们各自又有不同的分段和资费标准，首重每20克分别收费0.8元和1.2元，续重每100克分别收费1.2元和2.0元，其中，超过100克的还必须同时兼顾首重和续重，把二者当作一个连续的整体来分析，这就大大提高了信息的复杂性。（表1）

表1 邮寄信函收费标准

业务种类	计费单位	资费标准／元 本埠资费	资费标准／元 外埠资费
信函	首重100克内，每重20克（不足20克按20克计算）	0.80	1.20
信函	续重101—2000克内，每重100克（不足100克按100克计算）	1.20	2.00

二、学情分析

可以预见，学生在解读、分析这些信息时，将会面临以下困难：一是对各个分段标准及相应的收费标准解读不清。如首重以每20克为一个收费单位，而续重则以每100克作为一个收费单位，如不加以仔细辨析，学生很容易将续重的收费单位也看作20克，"不足20克按20克计算""不足100克按100克计算"两个内容，也会对学生的认知造成较大的障碍。二是首重、续重、本埠、外埠4个概念的相互交叉和干扰。在实际问题中，会出现"首重—本埠""首重—外埠""续重—本埠""续重—外埠"四种组合，学生需要先根据问题中的情境选择对应的组合，再去寻找相应的数据，这无疑又增加了解决问题的难度。三是首重与续重之间的过渡与衔接存在困难。续重不是独立存在的，它是建立在首重的基础上的，而学生往往会产生孤立地看待问题的错误，容易把首重与续重割裂开来，忽视首重而重新单独计算续重的费用。

三、教学目标及"问题提出"设计

根据对教学内容、学生已有经验的分析以及对学习难点的预设，笔者将本课时的目标定位为：

（1）通过先分后合的方式解读邮政资费标准，体会分段计费的特点。

（2）根据对邮政资费标准的理解，解决具体情境中的邮费问题。

（3）体会复杂的问题是由简单的问题组合而成的，感受解决复杂问题的一般策略。

在教学过程中，"问题提出"主要在以下三方面帮助实现教学目标：

（1）根据信息提出疑问，解决邮政资费中的常识性问题，为探究数量关系扫清障碍。

（2）梳理问题，形成序列，在解决疑问的过程中深入解读邮政资费标准的构成。

（3）根据对邮政资费标准的理解，提出相关应用问题，在解决问题的过程中加深对邮费问题的理解。

四、教学过程设计及实施

在教学过程中，笔者先采用了常规的教学方法，同时出示邮政资费标准和实际问题，希望学生能迁移学习"出租车计费问题"时积累的经验，自主探究并解决问题。但由于邮政资费标准的复杂性以及教师对学生学习水平和特点分析不足，学生在尝试解决问题的过程中屡次受挫，以致探究的意愿大大降低，因此教学效果不甚理想。

随后，笔者又通过"问题提出"的方式再次进行教学，将邮政资费标准的解读和实际问题的解决分离开来，先组织学生对前者进行深入全面的理解，在此基础上，由学生自主提出实际问题并加以解决。在此过程中，学生能根据同伴所提问题中包含的要求，有效选择邮政资费标准中的相关信息，学习效果得到了明显提升。

（一）任务1：教师提问，引出学习内容

在新课导入部分，两次教学的安排没有明显差异，都是由教师提问，引导学生对邮费问题进行初步了解。

师：同学们，邮票有不同的面值，不同的信封上贴的邮票总面值也不一样，你知道为什么吗？

生1：因为信件的重量不同。

生2：还因为寄信的路程有的远，有的近。

师：两名同学说得很对，看来同学们对邮票已经有了初步的了解。你能从这份邮政资费标准中（表1）找到与质量和路程有关的词吗？

生1：我知道，本埠和外埠分别表示本地和外地。

生2：首重100克和续重101—2000克表示不同的质量。

生3：首重和续重有点像出租车问题里面的起步价和后续价格，但是出租车起步价是"一口价"，不用分很多档。

在导入环节，学生凭借经验，指出信封上邮票面值的大小是由信件的质量和邮寄的路程决定的，两者又可以分为首重、续重和本埠、外埠。同时，对首重和续重中包含的分档情况等具体信息有了初步的感知。

（二）任务2：学生质疑，解读复杂信息

本堂课的重点是邮政资费标准的解读，两次教学都先重点研究本埠资费的收费标准，但因为教学活动的组织形式、教学内容的呈现方式等原因，教学效

第二部分 "问题提出"教学案例与评析

果存在明显的差异。

1. 第一次教学。

在本次教学中,教师同时呈现邮政资费标准和实际问题(小亮寄给本埠同学一封135克的信函,应付邮费多少钱?),请学生用自己喜欢的方法表示邮政资费标准中的有关信息,并尝试解决问题。在独立思考的过程中,部分学生根本无从下手,只能用文字重复邮政资费表中的信息;另一部分学生即使能够用画图、列表等方法进行分析,也无法准确表示出全部信息。(图1、图2)这些表征中存在一些明显的错误:有的只能表示出邮政资费标准中的基本信息;有的虽然能表征首重和续重各自的计费方式,但无法将两者看作一个整体。因此,很多学生都无法顺利解决问题。

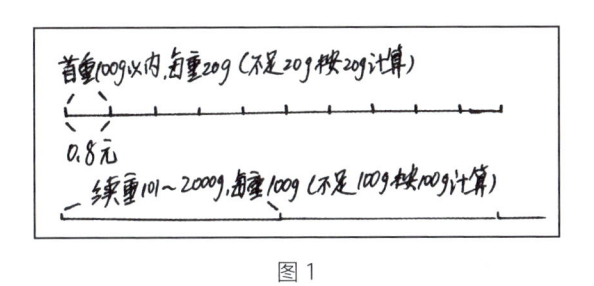

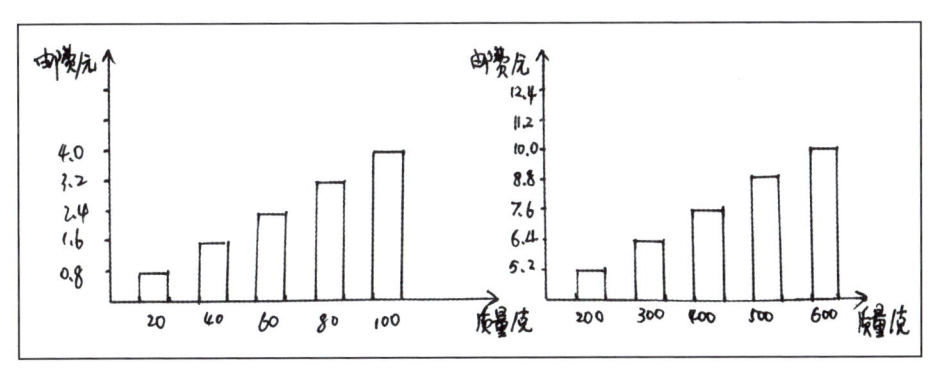

图1

图2

出现这些现象的原因,一方面是邮政资费标准中较为复杂的信息和关系对学生的思维产生了干扰,有的学生没有把握细节,有的学生缺乏全局意识;另一方面是教师的要求太过笼统,或者要求同时完成的学习任务太多,导致学生没有足够的耐心和可行的策略对信息以及问题进行逐步分析。最后，教师不得不多次引导，以右图的条形统计图为基础，组织学生通过几次改进，帮助他们较为完整、准确地认识了本埠邮政资费标准并解决了实际问题。

2.第二次教学。

根据第一次教学经验，针对学生在解读信息时易出现的浅层化、片面化、孤立化的倾向，教师更加注重引导学生对邮政资费标准进行深入解读和有效整合。同时，为了让更多的学生参与到活动中来，教学过程中由学生提出疑问，同伴解答，开展深入探究。

师：同学们，对于这张邮政资费表，你有哪些不明白的地方，请提出来。

学生提出的疑问如下：

（1）为什么外埠的邮费比本埠的贵？

（2）什么叫每重20克？

（3）首重100克可以分成几部分？

（4）续重的收费方式和首重有什么不同？

在学生提出疑问的环节，教师有意请不同水平的学生提问。从不同学生的疑问中可以看出，他们的关注点以及对数学信息的认知和困惑各不相同。一些学生仍然纠结于一些常识问题，一些学生能针对邮政资费标准中的局部信息提问，而一些学生则能看到标准中的关键部分并能以联系的眼光进行比较。解决这些不同水平层次的问题，可以逐步建构对研究对象的整体认知。同时，这些问题恰好涵盖了本埠与外埠、首重与续重这四个要素，逐个解决这些问题可以分解教学难点，将这些问题前后联系则可以保证探究活动的整体性与连续性。

在学生提出不同层次的问题之后，教师组织学生先集中研究本埠首重的资费标准，再通过迁移探究本埠续重和外埠首重、续重的资费标准。

师：前两个问题比较简单，谁能帮他们解释一下？

生1：因为外埠指外地，本埠指本地，外埠距离远，所以收费高。

生2：每重20克，就是说20克以内。比如1—20克都要0.8元，21—40克又要0.8元，但是不要忘了加上前面的0.8元，所以一共是1.6元。

师：好的，现在我们一起以本埠的邮资问题为例，来研究第3个问题。请你用自己喜欢的方式表示出来。

学生独立思考后全班交流。（图3）

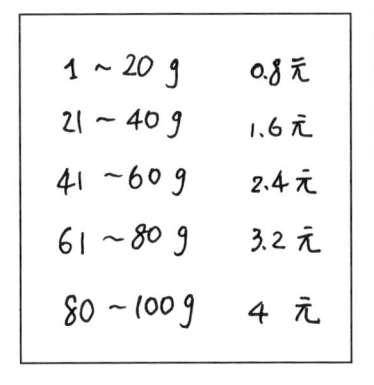

图3

师：大家用了不同的方法来表示首重的邮费，现在你能像刚才那样自己研究第4个关于续重的问题吗？

学生独立研究后汇报。

生1：续重和首重一样，也是分档的，但是续重是每100克为一档，每档是1.2元。

生2：也就是101—200克是1.2元，201—300克是2.4元。

生3：不对，应该把刚才100克所需要的费用加上去，101—200克应该是 4＋1.2＝5.2元，201—300克是6.4元。

师：是的，在大家的共同努力下，我们不仅看到了首重和续重的共同点，都是分段计费；也看到了它们的区别，分档的标准不一样，每档的收费也不一样。而且，我们还发现计算续重的收费时，不能只盯着续重看，还要和前面的首重联系起来。现在，我们已经完整地了解了本埠的邮政资费标准了。

随后，教师出示三幅统计图（图4—图6），请学生判断哪一幅可以用来表示本埠邮资。

图 4 本埠邮费统计图 1

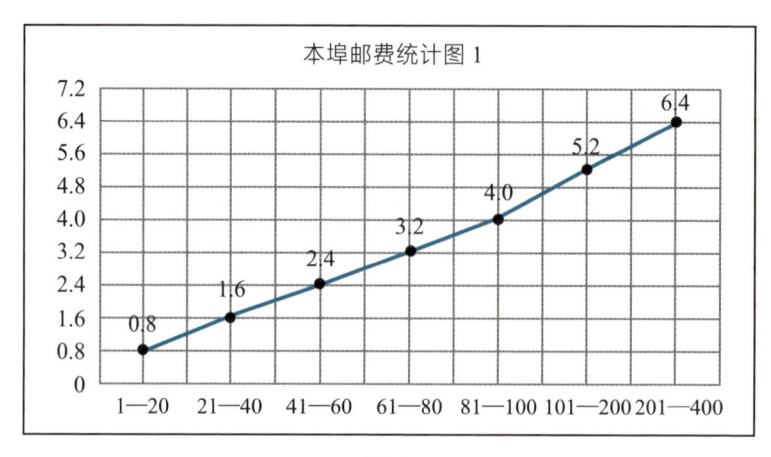

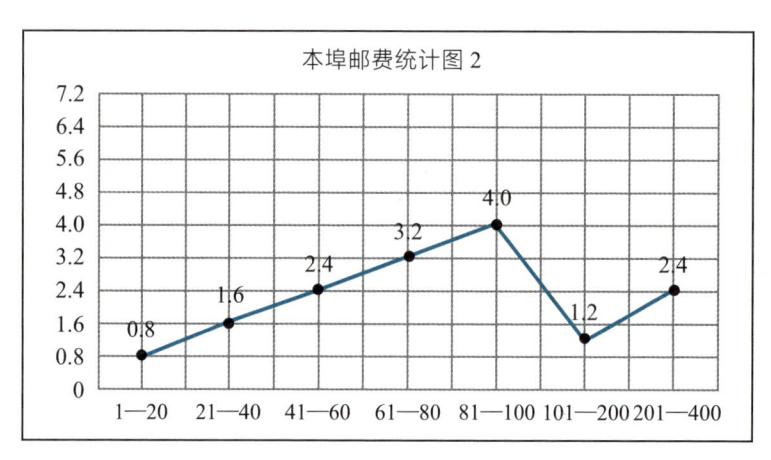

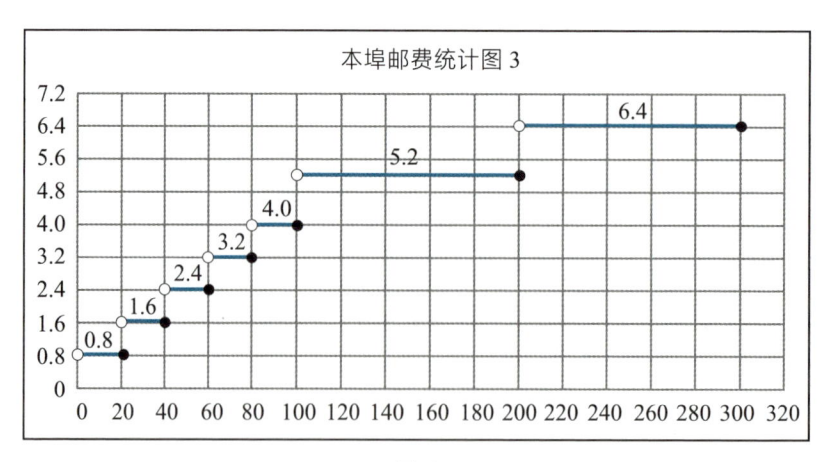

图 5 本埠邮费统计图 2

图 6 本埠邮费统计图 3

第二部分
"问题提出"教学案例与评析

生1：第二幅图不对。101—200克的邮费反而比前面的低了。

生2：第一幅图是对的。因为随着重量的增加，邮费也增加了，而且邮费也没有算错。

生3：我觉得不对。刚才我们发现，在1—20克的范围内，邮费都是0.8元，然后就是1.6元、2.4元、3.2元、4.0元，邮费不会出现其他的情况。第一幅图的邮费是连续上升的，不符合题目的意思，第三幅图应该是对的。

师：从这几名同学的回答中，我们得到了什么重要的发现？

生：我们要注意两点，第一点就是要寄的东西越重，价格肯定越高。第二点是在一个范围内，邮政资费是不变的。

生：他的意思是，邮政资费总的来说是上升的，但又分为不同的几档，每一档内的价格都是一样的。

师：是的，我们通过思考与解答同学提出的疑问，对邮政资费标准的各个部分有了详细的了解，对整个标准也有了全局的把握。

在此基础上，教师组织学生以小组合作的方式研究外埠资费标准。学生有了本埠资费的研究经验，很快就找到了外埠资费各段的收费标准。

在第二次教学中，学生的质疑发挥了重要的作用。所有研究的问题都来自学生的困惑，不同层次的学生提出的疑问形成了研究的序列。在答疑解惑的过程中，学生经历了简单问题快速解答、重点问题分步研究、结合图示完成建构的过程。全班学生都不同程度地参与了学习活动，在交流与合作的过程中，找到了恰当的分析问题和解决问题的方法。同时，这一过程使学生进一步体会到了综合与实践活动课的特点，意识到复杂的问题是由简单的问题组成的，在解决这类综合实践问题时，不能急于求成，而可以将其分解，逐个解决。

（三）任务3：问题提出，应用所学知识

在解决与邮费有关的实际问题的环节，两次教学也有较大的不同。

第一次教学的问题是由教师给出的，问题的形式和内容都比较单一。学生只是简单、机械地根据问题中的信息，将各段资费标准对号入座，没有充分发

挥学生的主体性。

第二次教学中，教师将主动权交给学生，仅再次呈现邮政资费标准，让学生自己提出与邮费有关的问题。学生提出的主要问题如下：

（1）王叔叔寄280克的信到北京（外埠）要多少邮费？（续重—外埠）

（2）李老师寄78克的信到上海（外埠）要多少邮费？（首重—外埠）

（3）我想给同班同学寄一封60克的信，要贴多少钱的邮票？（首重—本埠）

（4）我给在杭州（本埠）工作的舅舅寄一封信，125克，要贴多少钱的邮票？（续重—本埠）

师：同学们提的问题都很好，请你选择自己想要挑战的问题进行解决。

学生解决问题后，分类进行汇报与交流，并小结得出最优的解决策略。

生1：我选择了两个本埠的问题来解决。问题3很简单，直接在刚才的图中就可以找到答案，是2.4元。问题4要分成两部分，因为它已经属于续重了，所以前面100克就不用算了，是4元，再加上后面25克要1.2元，一共5.2元。

生2：我选择了首重外埠的问题，它和首重本埠的算法一样，只是单价不一样，78克属于首重的第4档，也就是$4 \times 1.2 = 4.8$元。

生3：续重外埠问题和本埠的也差不多，也是单价不同。前面首重部分要$5 \times 1.2 = 6$元，后面续重部分比首重超出了180克，所以是2个2元。前后加起来一共要10元。

师：谁能概括一下邮费计算的方法？

生1：先看是本埠还是外埠，再看是首重还是续重。比如本埠要看有几个20克就乘几个0.8元。如果是续重，那么首重的4元肯定满了，只要看超出部分有几个100克就乘几个1.2元，首重4元加上续重的邮费就是最终的邮费。

生2：外埠就是把本埠所有的单价都换成外埠的单价。我要提醒大家，如果超出100克，一定不要忘了把前面首重的邮费也加进去。

师：概括得非常完整，条理很清晰。

在这一环节中，教师只提出了一个要求，即"提出与邮政资费有关的问题"，其余具体的研究素材和研究过程都放手让学生自己去发掘与组织。在思考和提问的过程中，学生考虑到了邮政资费中的四个要素，提出了不同的问题。在自主选择问题进行解答时，学生也有意识地分成了本埠和外埠两类，并在汇报的过程中完成了对两类邮费计算方法的初步概括，同时进行了对比。在小结时，学生进一步概括了计算方法，使其变得更加简洁、清晰。不论是问题的提出还是解决，学生都展现了自己的水平，启发了彼此的思维，并在原有的基础上提升了能力。

五、"问题提出"在综合与实践活动课中的价值

"邮政资费问题"一课的教学实践证明，在综合与实践活动课中，"问题提出"教学是一种有效的教学手段。"问题提出"可以增强学生参与的积极性，提高活动的实效性。

（一）"问题提出"能促进学生全员参与

与其他领域的教学内容相比，综合与实践活动课的目标更加丰富、多元，体现了数学内容的层次性和多样性，并且特别注重学生的自主参与，重视学生的数学表达。"问题提出"教学可以充分发挥综合与实践活动课的教育价值。在邮政资费问题的教学中，不同水平层次的学生多次在不同的场合提出属于自己的疑问或数学问题。每名学生都为综合性问题的分析和解决提供了有效的素材，开展了个性化的学习，也从中感受到了自身的价值。

（二）"问题提出"能丰富活动的层次性

综合与实践活动课因其综合性的特点，很难把握教学的重点与难点，容易流于形式、浅尝辄止。"问题提出"教学能有效地解决这一难题，不同水平的学生提出的问题各不相同，如在质疑环节中提出有关邮政资费标准中的基本信息或复杂信息的疑问，或在解读资费标准之后提出不同层次的实际问题。这些问题对于解决综合问题都发挥了各自的作用，低层次的问题能为高层次问题的解

决做好铺垫，高层次的问题对低层次的问题形成了有效的提升。学生除了根据自己的实际情况提出属于自己的问题，还能听取其他同学的问题，改进自己的思维方式，提升自身的认知水平，使自己在原有的基础上得到更好的发展。

（三）"问题提出"能体现活动的综合性

综合与实践活动课重在"综合"，因此，教学过程中要把握活动目标的整体实现，不能只见树木不见森林。在"问题提出"的学习模式下，学生提出的不同层次的疑问或数学问题，通过整合形成了问题链，使学生的思维层层递进，随着问题的逐个解决，学生经历了完整的邮政资费标准的解读过程，其中既有对不同的分段标准和收费标准等微观细节的深入理解，也有对首重与续重的连续性和整体性的宏观认知，体现了学习内容和学习过程的综合性。特别是在对学习内容进行探究之后，再次由学生提出本埠、外埠、首重、续重四个要素两两组合得到的四种类型的实际问题，这能更好地增进数学知识与生活的联系，从而培养学生的问题意识和应用意识。

评析

综合与实践活动课对学生知识的综合应用和实际应用能力要求较高，是一项非常具有挑战性的内容。李老师通过反复教学、反思改进，利用"问题提出"的方式进行教学，破除了学生的学习困境，为综合与实践活动课的设计带来了新思路。整个教学过程促进了不同层次学生的深度参与，丰富了问题提出和解决的层次，突出了综合与实践活动课的综合性和实践性。

任务1中，李老师让学生根据表格信息提出疑问，关注邮政资费问题中的要点，以解决其中的常识性问题，为探究数量关系扫清障碍。任务2的开展，李老师经历了设计、实践、反思、再设计、再实践的过程。在第一次实践中，发现学生对于复杂信息捕捉能力不足、信息表征与呈现无序的问题。因此，在第二次设计教学中，组织学生以提问的形式说出自己的难点和疑问，帮助学生有序地整理这些问题，通过梳理形成问题序列，在解决问题的过程中，深入解读邮政资费标准的构成。熟悉构成后，李老师又通过任务3引导学生主动根据对关键信息的理解提出实际问题，在解决实际问题的过程中加深对分段计费方式的理解。

此外，案例中李老师的教学设计思路也是值得肯定的。为了把握好这节课的设计，李老师首先在教材分析中"看"到了内容的特点——这项内容出现两次，可见其重要性和难度。其次，结合以往的教学指出了衔接时间过长而导致的学生知识迁移困难，进而思考改进方案并预设了课堂中学生可能遇到的难点问题。最后，确定教学目标，依据目标体现"问题提出"对教学的价值，从而进行教学过程的再设计。

在案例中，李老师很好地运用了学生质疑和"问题提出"这两种教学手段。首先，让学生对问题情境中的内容进行质疑，厘清问题情境中不同数字的生活含义和数学含义。其次，在此基础上组织学生选择不同的数学信息提出各种数学问题。这样的顺序既符合学生"问题提出"的认知要求，而"问题提出"又反过来帮助学生对刚刚学习的数学概念产生更深入的理解。

参考文献

一、外文文献

（一）期刊论文

1. Anderson J. Acquisition of Cognitive Skill [J]. Psychological Review, 1982, 89(4): 369-406.

2. Brueckner L, Elwell M. Reliability of Diagnosis of Error in Multiplication of Fractions [J]. The Journal of Educational Research, 1932, 26(3): 175-185.

3. CAI J F, Brook M. Looking Back in Problem Solving[J]. Mathematics Teaching, 2006(196): 42-45.

4. CAI J F, CHEN T, Li X L, et al. Exploring the Impact of A Problem-Posing Workshop on Elementary School Mathematics Teachers' Problem Posing and Lesson Design [J]. International Journal of Educational Research, 2020.

5. CAI J F, HWANG S. Generalized and Generative Thinking in U.S. and Chinese Students' Mathematical Problem Solving and Problem Posing [J]. Journal of Mathematical Behavior, 2002(21): 401-421.

6. CAI J F, JIANG C L. An Analysis of Problem-Posing Tasks in Chinese and US

Elementary Mathematics Textbooks [J]. International Journal of Science and Mathematics Education, 2017,15(8): 1521-1540.

7. Cobb P. Where is the mind? Constructivist and Social Cultural Perspectives on Mathematical Development [J]. Educational Researcher, 1994, 23(7): 13-20.

8. Contreras J. Unraveling the Mystery of the Origin of Mathematical Problems: Using A Problem-Posing Framework With Prospective Mathematics Teachers [J]. The Mathematics Educator, 2007,17 (2): 15-23.

9. Ellerton N F. Engaging Pre-Service Middle-School Teacher-Education Students in Mathematical Problem Posing: Development of An Active Learning Framework [J]. Educational Studies in Mathematics, 2013, 83(1): 87-101.

10. English L D. Children's Problem Posing Within Formal and Informal Contexts [J]. Journal for Research in Mathematics Education, 1998,29(1): 83-106.

11. Fennema E, Carpenter T, Franke M, et al. A Longitudinal Study of Learning to Use Children's Thinking in Mathematics Instruction [J]. Journal for Research in Mathematics Education,1996, 27(4): 403-434.

12. Kotsopoulos D, Cordy M. Investigating Imagination as A Cognitive Space for Learning Mathematics. Educational Studies in Mathematics, 2009(70): 259-274.

13. Lavy I, Bershadsky I. Problem Posing Via "What If Not?" Strategy in Solid Geometry — A Case Study [J]. Journal of Mathematical Behavior, 2003, 22(4):369-387.

14. Leung S. Teachers Implementing Mathematical Problem Posing in the Classroom: Challenges and Strategies [J]. Educational Studies in Mathematics, 2013,83 (1): 103-116.

15. Nesher P, Greeno J, Riley M. The Development of Semantic Categories for Addition and Subtraction [J]. Educational Studies in Mathematics, 1982, 13(4): 373-394.

16. Silver E. On Mathematical Problem Posing [J]. For the Learning of Mathematics,

1994,14 (1): 19-28.

17. Silver E, CAI J F. An Analysis of Arithmetic Problem Posing by Middle School Students [J]. Journal for Research in Mathematics Education, 1996,27(5): 521-539.

18. Singer F, Moscovici H. Teaching and Learning Cycles in A Constructivist Approach to Instruction [J]. Teaching and Teacher Education, 2008, 24(6): 1613-1634.

19. Stickles P. An Analysis of Secondary and Middle School Teachers' Mathematical Problem Posing [J]. Investigations in Mathematics Learning, 2011(3): 2, 1-34.

20. Whitin P. Promoting Problem Posing Explorations [J]. Teaching Children Mathematics, 2004(11): 180-187.

（二）著作

1. Brown S, Walter M. The Art of Problem Posing [M]. New York: Psychology Press, 2004.

2. CAI J F, HWANG S, et al. Problem-Posing Research in Mathematics Education: Some Answered and Unanswered Questions [M]. // Mathematical Problem Posing, New York: Springer, 2015: 3-34.

3. Kilpatrick J. Problem Formulating: Where Do Good Problems Come from [M]. // Cognitive Science and Mathematics Education. New York: Routledge, 1987:123-147.

4. National Council of Teachers of Mathematics. Curriculum and Evaluation Standards for School Mathematics [M]. Reston, VA: NCTM, 1989.

5. National Council of Teachers of Mathematics. Principles and Standards for School Mathematics [M]. Reston, VA: NCTM, 2000.

6. University of Chicago School Mathematics Project. Everyday Mathematics:

Student Reference Book, Grade 2 [M]. Chicago, IL: McGraw-Hill Companies, Inc, 2012: 21.

二、中文文献

（一）期刊文献

1. 鲍建生,黄荣金,易凌,等.变式教学研究(续)[J].数学教学,2003(2):6-10,23.
2. 蔡金法,刘启蒙.课堂评估:作为有效教学的重要组成部分[J].小学数学教师,2017(5): 5-11.
3. 蔡金法.关于"通过问题解决进行数学教学"的研究综述——一些已经回答和尚未回答的问题[J].浙江外国语学院学报,2009(1): 28-36.
4. 蔡金法.小学数学教师的专业素养——以如何上好一堂课的视角来探讨[J].小学教学(数学版),2014(Z1):10-14.
5. 蔡金法,许天来.数学问题提出的例子、类型和内涵[J].小学教学(数学版),2019(14): 34-40.
6. 蔡金法,姚一玲.数学"问题提出"教学的理论基础和实践研究[J].数学教育学报,2019, 28(3): 42-47.
7. 陈丽敏,景敏.五年级小学生数学问题提出能力和观念的调查研究 [J].数学教育学报,2013, 22(2): 27-32.
8. 陈婷,徐红,徐冉冉,等.数学教师学习使用"问题提出"教学法的个案研究——以"用字母表示稍复杂的数量关系"为例[J].数学教育学报,2019, 28(2): 7-12.
9. 丁维虎.论小学数学质疑提问教学[J].教学与管理:小学版,2017(12): 32-34.
10. 丁玉华,曾令鹏."乘法分配律"教学实录与评析[J].小学数学教育,2017(11): 43-46.
11. 郭芬香.问题提出理念引领下的数学游戏课教学——以"汉诺塔"教学为例

[J].新课程, 2022(7): 87-89.

12. 郭健玲.激活学生思维 提高课堂效率——"确定起跑线"一课教学设计与设计意图[J].小学教学参考, 2014(5): 29-30.

13. 胡典顺, 蔡金法, 聂必凯.数学问题提出与课程演变：两个版本小学数学教材的比较[J].课程·教材·教法, 2015(7): 75-79.

14. 李士锜, 杨玉东.教学发展进程中的进化与继承——对两节录像课的比较研究[J].数学教育学报, 2003, 12(3): 5-9.

15. 李欣莲, 宋乃庆, 陈婷, 等.小学数学教师"问题提出"的表现研究[J].数学教育学报, 2019, 28(2): 1-6.

16. 欧小丽.于错误中见精彩[J].小学教学(数学版), 2015(6): 45.

17. 斯苗儿, 袁晓萍, 黄升昊, 等.任务驱动, 让课堂学习变得丰盈而有张力——"年、月、日"一课的教学改进历程[J].小学数学教育, 2015(7-8): 58-64.

18. 宋乃庆, 周莞婷, 陈婷, 等.小学数学教师"问题提出"的教学信念研究[J].数学教育学报, 2019, 28(4): 24-29.

19. 隋桂芝.奇妙的数学之旅——"农家小院"教学思考[J].小学教学(数学版), 2017(12): 25-27.

20. 汪秉彝, 吕传汉, 杨孝斌.中小学数学情境与提出问题教学——开放的数学教学[J].贵州师范大学学报(自然科学版), 2004, 22(1): 95-99.

21. 夏小刚, 汪秉彝, 吕传汉.中小学生提出数学问题能力的评价再探[J].数学教育学报, 2008(2): 8-11.

22. 徐晓霞, 陈松坡.质疑 释疑——"分数与百分数的互化"教学片段实录及评析[J].辽宁教育, 1999(11): 44.

23. 许天来, 蔡金法.作为教学目标和教学手段的数学问题提出[J].小学教学(数学版), 2019(10): 9-14.

24. 杨健辉, 张玮.努力提升学生体会"解决问题"全过程的实效性——"确定起跑线"教学的突破与改进[J].小学数学教育, 2016(7): 6-8.

25. 杨薪意, 蔡金法.在问题提出中拓展数学的理解——以"100以内数的整理与复习"一课为例[J]. 小学教学(数学版), 2016(1): 11-14.

26. 姚一玲, 蔡金法. 运用"问题提出"进行数学教学的理论基础[J]. 小学教学(数学版), 2019(14): 34-40.

27. 姚一玲, 徐冉冉, 蔡金法. 用"问题提出"诊断和评估数学教师的概念性理解[J]. 数学教育学报, 2019, 28(3): 30-6.

28. 于文华, 蔡金法. 美国小学数学教学中的问题提出活动及启示——以West Park Place Elementary School为例[J]. 数学教育学报, 2018(2): 61-65.

29. 喻平. 数学核心素养的培养: 知识分类视角[J]. 教育理论与实践, 2018, 38(17): 3-6.

30. 张丹, 吴正宪. 培养小学生问题提出能力的实证研究: 以小学数学教学为例[J]. 中国教育学刊, 2017(5): 100-104.

31. 张玲, 宋乃庆, 蔡金法. 问题提出: 基本蕴涵与教育价值[J]. 中国电化教育, 2019(12): 31-39.

（二）著作

1. 保罗·弗莱雷. 被压迫者教育学[M]. 上海: 华东师范大学出版社, 2001.

2. 蔡金法. 中美学生数学学习的系列实证研究: 他山之石, 何以攻玉[M]. 北京: 教育科学出版社, 2007.

3. 教育大辞典编纂委员会. 教育大辞典: 第一卷[M]. 上海: 上海教育出版社, 1990.

4. 李行健. 现代汉语规范词典[M]. 北京: 外语教学与研究出版社, 2010.

5. 人民教育出版社课程教材研究所小学数学课程教材研究开发中心. 义务教育教材教师教学用书 数学三年级 下册[M]. 北京: 人民教育出版社, 2016.

6. 邵汉民. 小学数学教学探究(下)[M]. 杭州: 浙江工商大学出版社, 2013: 1-9.

7. 中华人民共和国教育部. 义务教育数学课程标准(2011年版)[M]. 北京: 北京

师范大学出版社, 2012.

8. 中华人民共和国教育部. 普通高中数学课程标准(2017年版)[M]. 北京: 北京师范大学出版社, 2018.

9. 中华人民共和国教育部. 义务教育数学课程标准(2022年版)[M]. 北京: 北京师范大学出版社, 2022.

后记

星火开始燎原

  由一开始从未听说过问题提出以及问题提出教学，到将一个个问题提出教学案例呈现在读者面前，杭州萧山的教师经历了一个痛并快乐的过程。在这个过程中，教师们不仅增长了有关问题提出和问题提出教学的知识和技能，同时也坚定了用问题提出进行教学改进的信念。在过去四五年的实践中，我欣喜地看到教师在问题提出教学上变得越来越自信，而且已经可以去往全国各地"传经送宝"了。这表明他们不仅学有所得、学有所用，而且已经在理念上认同了"问题提出"教学，逐渐把"问题提出"扎根于他们的日常教学中。

  然而，正如星火微芒初显，"问题提出"教学的研究和实践才刚刚开始，任重道远。此书权作我们抛出的一块小砖，不仅期待全国各地热爱小学数学教学的同道能批评指正，更希望能引出各位宝贵的思想之玉，与各位一同努力，通过"问题提出"教学，提高学生的学习能力，培养他们的创造性思维，提升他们的创新意识，从而在课堂中真正实现2022年颁布的课程标准中所提出的提高学生数学核心素养的教学目标，同时也让"问题提出"的理念真正落实在我们的数学文化中。

　　这是我们"问题提出"教学系列丛书中的第一本。本书第一部分的5篇理论文章都已经发表在《小学教学（数学版）》杂志上，感谢许天来教授、贾随军教授、李欣莲教授、姚一玲教授又进行了重新修订；本书第二部分的17个教学案例是由萧山"问题提出"教学研究团队精心打磨而成，感谢萧山区教育局领导的大力支持；感谢萧山区教育发展研究中心的邵汉民、沈洋、余晓明、吴小燕等教师的倾心指导；感谢王涛教授以及莫延安、沈洋、李建良、俞波等教师前期的组稿、修改；感谢一起参与课堂磨课研究的萧山区中小学数学研修坚石班和新街合作学习工作室的全体成员；感谢浙江教育出版社的华琼、施润伊两位编辑的辛苦付出。尽管我们尽了最大的努力，但是缺点甚至错误在所难免，希望大家不吝赐教，帮助我们在后续的丛书系列中不断修正提高。

2024年4月于美国特拉华大学

图书在版编目（CIP）数据

小学数学"问题提出"教学案例研究 /（美）蔡金法，（美）王涛主编. -- 杭州：浙江教育出版社，2025.6.
ISBN 978-7-5722-9742-7

Ⅰ．G623.502

中国国家版本馆CIP数据核字第2025DK6851号

小学数学"问题提出"教学案例研究

XIAOXUE SHUXUE WENTI TICHU JIAOXUE ANLI YANJIU

［美］蔡金法　王　涛　主编

责任编辑：	吴　昊
文字编辑：	施润伊
封面设计：	周月文
美术编辑：	曾国兴
责任校对：	林栋楠
责任印务：	陆　江
出版发行：	浙江教育出版社
	（杭州市环城北路177号　电话：0571-88909737、88900061）
图文制作：	杭州林智广告有限公司
印刷装订：	浙江新华数码印务有限公司
开　　本：	710 mm×1000 mm　1/16
印　　张：	18.25
字　　数：	278 000
版　　次：	2025年6月第1版
印　　次：	2025年6月第1次印刷
标准书号：	ISBN 978-7-5722-9742-7
定　　价：	98.00元

版权所有　翻印必究

如发现印、装质量问题，影响阅读，请与承印厂联系调换，电话：0571-85155604。